公司治理迷局

毅伟商学院的16堂经典案例课

刘素 ｜ [加拿大] 包铭心（Paul W. Beamish）｜ 主编

北京大学出版社
PEKING UNIVERSITY PRESS

图书在版编目（CIP）数据

公司治理迷局：毅伟商学院的16堂经典案例课 / 刘素，(加拿大) 包铭心主编. — 北京：北京大学出版社，2018.4
ISBN 978-7-301-29375-1

Ⅰ.①公… Ⅱ.①刘… ②包… Ⅲ.①企业管理 – 案例 Ⅳ.①F272

中国版本图书馆CIP数据核字(2018)第037322号

书　　　名	公司治理迷局：毅伟商学院的16堂经典案例课 GONGSI ZHILI MIJU
著作责任者	刘素　〔加拿大〕包铭心　主编
策划编辑	徐　冰
责任编辑	裴　蕾
标准书号	ISBN 978-7-301-29375-1
出版发行	北京大学出版社
地　　　址	北京市海淀区成府路205 号　100871
网　　　址	http://www.pup.cn　　新浪微博:@北京大学出版社
电子信箱	em@pup.cn　　QQ:552063295
电　　　话	邮购部62752015　发行部62750672　编辑部62752926
印　刷　者	北京宏伟双华印刷有限公司
经　销　者	新华书店 720毫米×1020毫米　16开本　18.75印张　228千字 2018年4月第1版　2018年4月第1次印刷
印　　　数	0001—5000册
定　　　价	58.00元

未经许可，不得以任何方式复制或抄袭本书之部分或全部内容。
版权所有，侵权必究
举报电话：010-62752024　电子信箱：fd@pup.pku.edu.cn
图书如有印装质量问题，请与出版部联系，电话：010-62756370

推荐者序
PREFACE

  教学案例是一个个描述或基于真实事件而创作的故事，一般都包含与决策相关的信息与企业、行业背景，真实地勾勒出现实的商战情境，能够引领学生了解真实的商业环境，帮助他们更好地将商业理论应用于商战实践，有明确的教学目的。学习者通常需要在时间很短、信息不充分的条件下，像企业经理人一样，分析问题，制定合理方案，做决策，选择执行方案，并在课堂上进行交流讨论。

  好的教学案例有助于营造好的案例教学氛围，显著提升案例教学品质。本书从加拿大毅伟商学院案例库中精选了16个典型性案例，基本涵盖了公司治理课程涉及的主要议题，如董事会结构、过程与模式、股权结构和股东行为、公司治理风险与公司治理评价、利益相关者与企业社会责任、治理风险与治理评价、高管激励与行为、利益相关者与信息披露等。并且，案例涉及的大多数是国内外的知名公司，内容涉及个人或企业面对的公司治理决策、机遇和挑战，情节中的冲突感强烈，很容易让读者建立联想、发散思维。不仅适合在商学院案例教室中供学员讨论，也适合课堂之外的企业管理者在闲暇时进行阅读思考。

  出版这本书的另外一个意义是，它为想开发商业案例的教师们提供了很好的模版和启示。如果商学院的教师们能将手头熟悉的企业资源开发成案例故事，积极向国内外的案例库平台投稿——"将故事卖出去",那么不仅仅自己的研究和教学会从中获益,而且还能让全世界更多的管理师生、实践管理者得到多元化的学习素材,提升国际视野。

李维安

2018年1月

编者序
PREFACE

在中国这片企业管理创新和变革不断涌现的沃土上,每天都有精彩的公司治理故事上演。这为从事公司治理理论和实践研究的中国学者开发高质量的案例提供了丰富的素材和绝佳的机会。很多学者都希望能将这些引发无数人关注和争议、极富中国特色的公司治理故事开发成经典管理案例,并通过国际一流案例库将这些案例在世界范围内广泛传播。然而,碍于对案例版权使用的误解,以及对国外案例库入库标准、写作内容、语言门槛和发表流程等系列问题的担忧,大家对投稿国外一流案例库望而却步,无形中错过了很多本可以发表的机会。这本书从Ivey收录的23 000个案例中精选了16个与公司治理核心议题相关的案例,通过阅读它们,读者可以更好地认知、熟悉和掌握Ivey案例的写作风格和套路。

Ivey商学院有近百年的案例教学历史,是全球四大全案例教学商学院之一。作为世界第二大商业案例开发机构和中文案例最大的开发者,Ivey案例库拥有1 100个亚洲地区高水平的相关案例,超过1 000个Ivey案例含有中文译本,且每月均有最新中文案例上线。95%以上Ivey开发的案例有教学指导手册,Ivey案例库对每门管理课程设置和教科书章节精心设计了课程包(CourseMate)及案例包(CaseMate),协助教师挑选最符合教学目标的案例。

公司治理是一门理论性和实践性都很强,且属于多学科领域交叉的课程。采用案例教学会帮助学生在无风险情形下演练商业决策过程,显著提高学生分析问题和解决问题的能力。教师可根据不同教育程度选择使用中英文或双语案例，培养学生的国际视角，提高学校国际化程度。此外，依托Ivey的资源和指导，帮助教师与企业合作开发案例，并有机会透过Ivey的国际网络广泛传播，让学校在EQUIS、AMBA和AACSB等全球主流商管认证中增资。

如果学生都购买了此书，教师就可以合法地在课堂上使用和讨论这16个Ivey公司治理案例，免于单独向Ivey出版社申请按学生人数购买案例版权带来的不便，使用书的成本也低。教师可以登录https://www.iveycases.com/免费注册Ivey账号，这样就可以看到案例对应的教师指导手册，手册给予教师关于案例教学重点、课堂安排、教学预期、问题作业及额外资料等专业参考。

这本书既能为教师开发Ivey案例提供参考，又能帮助教师提升公司治理课程上采用案例教学的质量。最后，案例作者还能从Ivey销售其开发的案例中获取不菲的版税收益。如需了解Ivey案例库更多信息，欢迎邮件问询Ivey商学院亚洲案例中心：cases@ivey.com.hk。

期待和欢迎大家为自己或您的学生购买此书！限于时间和译者的水平，书中不妥的地方还请各位老师同学批评指正。

刘　素　山东财经大学

包铭心　加拿大毅伟商学院

2017年7月

目录
CONTENTS

第 1 堂课　　奥林巴斯与告密的总裁 / 1

第 2 堂课　　在iPhone上建立后门——道德困境 / 21

第 3 堂课　　Facebook ——首次公开发行股票 / 41

第 4 堂课　　J.P.摩根——学到的教训 / 73

第 5 堂课　　国际足联——精彩比赛与全球丑闻 / 85

第 6 堂课　　海信日立合资公司——开拓国际市场 / 111

第 7 堂课　　华为进军美国市场 / 129

第 8 堂课　　霍氏集团——中国家族企业里的职业经理人 / 145

第 9 堂课　　管理兄弟姐妹合作关系——翁氏集团 / 159

第 10 堂课　　PacificLink数字媒体——上市还是出售 / 165

第 11 堂课　Infosys——董事会层级的同行评审 / 177

第 12 堂课　Satyam公司的治理失败 / 195

第 13 堂课　百事可乐长春合资公司——资本支出分析 / 219

第 14 堂课　西捷航空公司——信息技术治理和公司战略 / 237

第 15 堂课　巴诺有限公司——尤凯帕委托书带来的挑战 / 257

第 16 堂课　贝恩资本和达乐一元店 / 271

第 1 堂课

奥林巴斯与告密的总裁[1]

本案例由Seijiro Takeshita和Christopher Williams撰写。此案例仅作为课堂讨论材料，作者无意暗示某种管理行为是否有效。作者在案例中对某些真实姓名等信息进行了必需的掩饰性处理。

未经Richard Ivey School of Business Foundation书面授权，禁止任何形式的复制、收藏或转载。本内容不属于任何复制版权组织授权范围。如需订购、复制或引用有关资料，请联系 Ivey Publishing, Richard Ivey School of Business Foundation, The University of Western Ontario, London, Ontario, Canada, N6A 3K7; phone (519) 661-3208; fax (519) 661-3882; e-mail cases@ivey.uwo.ca.

Copyright © 2011, Richard Ivey School of Business Foudation

版本：2012-02-24

2011年10月中旬，日本奥林巴斯（Olympus）新上任的总裁兼首席运营官迈克尔·伍德福德（Michael Woodford）被召去公司总部开一个紧急董事会议。会议计划于10月14日在日本的公司总部召开，目的是讨论关于企业并购中的管理问题。伍德福德是一位英籍人士，他是通过25年前，即1986年奥林巴斯的一次收购进入公司工作的。然而，这并不是一次普通会议。自2011年4月伍德福德担任总裁以来，他发现公司存在大规模的欺骗行为。他从委任的外部审计师报告中发现公司股东利益受到了严重损害。然而他向日本董事会提出的改革方案却遭到了否决。他坐在伦敦的办公室里思考着：应该如何策划这次即将召开的会议？该期待达成何种目标？该站在怎样的立场？又该通过怎样的方式去影响公司在当前及未来长期的管理决策？

公司概况

日本奥林巴斯公司成立于1919年10月。[2] 公司于20世纪20年代开发并推出了第一款显微镜，然后在1936年进军相机市场。[3] 1950年，奥林巴斯生产出了世界第一部工业内窥镜。[4] 截至2011年，奥林巴斯已是日经225指数领头的日本公司之一。奥林巴斯公司在全球内窥镜市场占有70%的份额[5]，同时也在积极向其他业务领域扩展，例如信息业务。[6] 截至2011年3月底的这一财年，公司销售总额的42%来源于医疗产品，12%来源于生命科学和工业器械，16%来源于影像设备，25%来源于资讯与通信，6%来源于其他领域。[7] 截至2011年3月31日，这家被视为"国际蓝筹股"[8] 的公司在全世界有将近40 000名员工，50%的销售额在日本，23%在美国，19%在欧洲，8%在亚洲和大洋洲。[9] 截至2011年3月底，公司的综合销售总额高达8 471.05亿日元，且公司拥有资本483.22亿日元。[10]

奥林巴斯的优势在于其在内窥镜市场占有主导地位。[11] "该公司的国际市场占有率达到惊人的70%。在内窥镜市场中，奥林巴斯有两大主要的竞争者——宾得［Pentax，由豪雅（Hoya）控股］和富士胶卷（Fuji Film），但它们都难以超越奥林巴斯。[12] 2011年3月，奥林巴斯的综合营业利润高达353亿日元。而仅医药生产部门利润就是693亿日元，这说明医药部门的利润填补了其他部门的亏损，如影像部门有超过150亿日元的亏损。[13]

表1.1展示了公司在2011年3月的各部门的销售情况，图1.1展示了2010年到2011年各部门营业利润的变化。

公司影像部门的核心产品是数码相机。奥林巴斯在该领域中属于中等规模企业。[14] 数码相机的市场开始两极分化，类似佳能（Canon）和尼康（Nikon）这样的大公司十分稳定，而像卡西欧（Casio）和奥林巴斯这样的中等规模的竞争企业则处于十分不利的市场地位。[15] 为了维持在数码相机市场的稳定收入，每个公司需要保持1000万台以上的相机销量来覆盖成本。[16] 竞争者还需要拥有高附加值的产品，如SLR相机（单反相机）来树立强大的品牌形象。[17] 2010年3月到2011年3月，奥林巴斯数码相机和单镜头反光相机的年产量分别为760万台和50万台。公司2012年的销售目标分别为870万台和80万台，这些数字被一些人视为过于乐观。[18] 另一个问题是仅仅在5年内，紧凑型相机的价格已比原先减少了一半：从2005年的21 300日元降到了2010年的10 500日元。[19] 奥林巴斯试图通过引进一条大型的制作新型无反光镜相机的生产线来寻求产品上的突破。[20] 但是类似佳能、尼康这样的强大竞争者进入这个市场只是时间问题。[21] 在可预见的未来，奥林巴斯影像方面业务的复苏几乎是不可能的——这部分业务已成为公司沉重的负担。[22]

表1.1 2011年3月奥林巴斯销售额分布表

部门	2011年3月（亿日元）	公司总销售额占比（%）
医药	3 507.16	40
生命科学/工业	1 140.95	13
影像	1 749.24	20
资讯/通信	1 893.54	21
其他	539.97	6
合计	8 830.86	100

资料来源："オリンパス株式会社，2011年3月期，決算参考資料，セグメント別売上高・営業利益2011"。

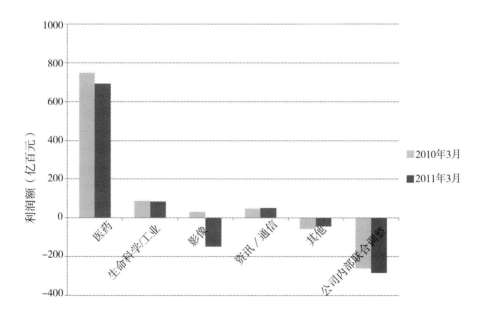

图1.1 2010年3月至2011年3月奥林巴斯各部门利润额分布

资料来源："オリンパス株式会社，2011年3月期，決算参考資料，セグメント別売上高・営業利益2011"。

菊川刚领导时期的扩张（1996—2001）

曾任奥林巴斯主席与董事长11年的菊川刚（Tsuyoshi Kikukawa）拓展了公司的数码相机业务。[23] 从1996年到2001年的5年里，菊川将该部门的年销售量提升至超过1 000亿日元。这一成就使菊川于1998年晋升为高级常务董事，并于2001年成为总裁。菊川明确表示，领导一个1万亿日元销售额的公司是他的梦想。这个目标如果实现，意味着公司通过建立、发展新的支柱产业，能将2001年3月4 667亿日元的销售额几乎翻倍。[24] 在菊川的领导下，奥林巴斯开始大踏步进入更多业务领域，包括打入一些与奥林巴斯现有产业没有什么联系的领域。[25]

2010年5月，奥林巴斯成立了奥林巴斯创客公司（Olympus Business Create，OBC）。这个新创公司管理着许多新业务，包括一个宠物服务公司和一个DVD制造公司。这些产业与奥林巴斯的核心产业内窥镜和数码相机没有任何关系。[26] OBC旗下经营了约100多家公司，绝大多数都不是上市公司，因此外人也很难得知这些公司的具体业务及管理细节。[27] 2001年3月，就在菊川成为总裁之前，奥林巴斯拥有71家子公司及附属公司。2011年3月，就在菊川成为董事长之前，这一数字增长到了1 999个。[28] 而他决定通过多元化战略开拓更多新业务的原因之一，就是数码相机产业的增长放缓。[29]

奥林巴斯在菊川刚的积极扩张下，公司的有息负债已在2011年3月底达到6 488亿日元。到2011年6月底，公司的资本充足率为13.5%，远远低于日本对于蓝筹股所认可的30%的经验法则。[30] 2011年9月底，公司的资产负债率是432%，在日经225指数中位列第12，在非金融股中位列第6。[31]

伍德福德的加入（2011）

2011年2月11日，奥林巴斯宣布其非执行总监兼欧洲总裁迈克尔·伍德福德将成为奥林巴斯的总裁兼首席运营官，菊川刚则将于4月1日成为董事长兼首席执行官。[32]

作为一个大型的日本公司，雇用一位外籍总裁是很罕见的，特别是一个海外子公司的雇员。一般来讲，大多数的外籍总裁要么来自被收购企业的公司，要么就是曾在一家资金雄厚、关系强大的公司就职。[33] 例如，日本旭硝子（Asahi Glass）的前总裁图尔特·钱伯斯（Stuart Chambers）来自皮尔金顿（Pilkington Japan）（旭硝子在2006年收购了皮尔金顿），以及尼桑（Nissan）总裁卡洛斯·古森（Carlos Ghosn）来自于资金雄厚的雷诺集团（尼桑在1999年成为了雷诺集团的一部分，雷诺集团持有尼桑44.4%的股份）。[34]

因此，许多在会议室的董事们在获知一个年仅50岁的外国人即将成为下一任总裁时，都倒吸了一口气（事实上他"插队"越过了25位排在他之前的董事成为总裁）。[35] 2011年4月1日，英国国籍的迈克尔·伍德福德被任命为在日本已有92年历史的光电/医疗设备公司奥林巴斯的总裁。

伍德福德在1981年开始他的职业生涯，在一家名为奇美得（KeyMed）[36]的英国外科手术器械制造公司担任销售员。1986年，这家公司成为奥林巴斯的全资子公司。[37] 伍德福德很高兴能出任奥林巴斯总裁，尽管他曾是奥林巴斯欧洲区的总裁兼董事长，[38] 但他还从来没有当选过董事会的常务董事。当被问及他将采用什么样的管理方式时，伍德福德回答说他想创造一种不惧怕冲突和矛盾的企业文化。[39] 然而，菊川刚提醒伍德福德，常务董事及他的直接下属员工的工资与奖金是由菊川刚掌控的，而非伍德福德。[40]

图1.2显示了该公司在2011年年度报告中报告的管理结构。附录1.1显示了2011年6月董事会的成员列表。附录1.2显示了公司的集团组织结构图。

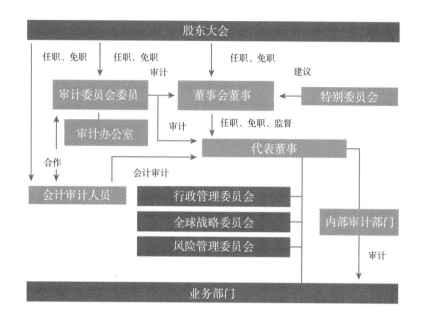

图1.2 奥林巴斯管理架构（2011）

资料来源：*Olympus Corporate Social Responsibility Report Digest,* Olympus Corp., 2011.

在2011年2月14日，宣布新总裁后的第一个交易日，奥林巴斯的股价上涨了5%。许多人预计公司结构将重新调整。[41] 在4月就职后，伍德福德下达了一项计划，要在4年内显著降低销售成本，以及行政及一般开支（SGA）与销售额的比率，争取到2015年3月时将该比率降至27%（2011年3月为34%）。[42] 他还表示，若数码相机部门继续产生赤字，他会考虑关闭该部门。[43]

很多人预期外籍总裁们会对公司进行无情的大规模重组等改变，[44] 尽管事实是他们在对日本公司的实际管理中常常"寸步难行"。由于市场预期伍德福德会制定进一步的合理化措施（尤其是相机部门），奥林巴斯的股价保持了坚挺。[45] 归功于公司发布的新型内窥镜产品和新总裁的削减成本措施，奥林巴斯的股价持续上升。[46] 收购主要以一些预期能为公司创造快速盈利的项目为主。[47]

图1.3显示了宣布伍德福德升职后该公司股票价格的变动。

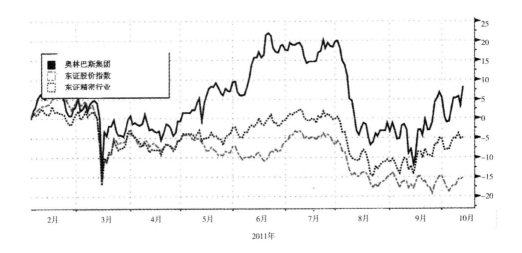

图1.3　股价变动：奥林巴斯、东证股价指数、东证精密行业（2011年2月1日至10月3日）

资料来源：Bloomberg.

令人惊讶的真相及伍德福德的震惊

2011年7月份，伍德福德的一个朋友给了他一篇杂志文章的译本，并坚持说"这很重要"。[48] 这篇关于奥林巴斯的文章来自于一本当月发行的名为FACTA的杂志，它记载了奥林巴斯近几年来一系列大规模的侵吞公款行为。

FACTA[49] 文章透露了四个问题。

隐瞒的三次大型收购

2006年到2008年之间，奥林巴斯先后收购了三家总额超过700亿日元、与其核心业务基本无关的企业。然后第二年就停止了这几家公司几乎所有产品的销售。[50] 而且这三家公司的销售额均未超过2亿日元。考虑到流通股数量、市盈率和购买价格，分析师曾推断，奥林巴斯期望这三家公司在收购后的四五年内，销售额翻数十倍至数百倍。

奥林巴斯没有公开任何有关这三家公司的收购事宜。如果被收购公司的利润或净资产相对购买者来说很小，东京证券交易所不会强制收购公司披露其收购情况。

同时，2008年9月雷曼的危机也帮助隐瞒了奥林巴斯的收购行为，因为在当时，一个公司清理其一半的资本并不罕见。

以2 700亿日元收购一家英国公司的神秘事件

奥林巴斯2008年2月对英国医疗设备公司Gyrus的收购留下了很多悬而未决的问题。奥林巴斯购买Gyrus的价格是2 117亿日元，比它在伦敦股票市场的交易价多加了40%。这个购买价在当时是十分昂贵的。令人惊讶的是，奥林巴斯还在2010年3月以599亿日元购买了Gyrus的优先股。奥林巴斯从谁手中收购的这些优先股至今仍然是个谜。Gyrus确实是个盈利能力很强的公司（同时也是一家医疗设备公司），但是在被奥林巴斯收购时，其年销售额仅为500亿日元，其公司总资产为1 000亿日元。许多局外人认为，2 700亿日元的购买价很不合理。此外，Gyrus一半的总资产基础是商誉。[51]很多市场人士表示，他们从没见过一个公司的商誉会在收购中增加。

奥林巴斯公布了Gyrus的销售额，却没有公布进一步的详细消息。奥林巴斯有约1 000亿日元的商誉。此外，Gyrus用总价值600亿日元的商誉与商标投资了该项收购。这些数字并没有作为商誉被计入无形固定资产，但是有可能被隐藏在"其他类别"中。如果奥林巴斯一次性注销这些商誉，那么这将抵消掉奥林巴斯的实际合并后的资本。如此不负责任的管理已经导致了对奥林巴斯财务基础的损害：其合并后资本已由2007年3月的3 342亿日元减少到了2011年3月底的1 637亿日元。

与咨询顾问间的可疑关系

奥林巴斯与它的咨询公司环球公司（Global Company，GC）有着可疑又复杂的关系。环球公司可能参与了奥林巴斯的并购业务。环球公司不仅是奥林巴斯并购业务的顾问，还将风险资本引入奥林巴斯。环球公司几乎是ITX（一家100%由奥林巴斯控股的子公司，主要管理新投资的业务）的另一只手臂。环球公司的总裁，是野村证券（Nomura）前雇员，也是ITX总裁的兄弟，而ITX在当时已经在快速地推进它的风险投资业务。这些资本投资中的许多项目是不成功的，而且是由奥林巴斯创客公司管理的。奥林巴斯创客公司现在已成了奥林巴斯的一个"潘多拉盒子"。

金融市场的疑虑

截至2011年3月的财政年度里，奥林巴斯换算后的外币收入高达负的1008亿日元。该损失远远超过其他同规模、同行业的公司（如尼康）。分析师怀疑可能还有更多未查明的损失。

伍德福德成为总裁的消息引起了人们的关注，因为他是一个超越了他前面25位董事的外籍非执行董事。下一个候选人是负责医疗设备的执行副总裁。然而，总裁的变化并没有结束菊川时代。菊川并没有放弃他作为CEO的立场。

在日本，根据推测，公司的不道德行为会导致其退市。伪造会计报告就是其中的一项。[52]很多这样的情况还会面临被逮捕或被刑事起诉的处罚。[53]

伍德福德离开日本两周，于2011年8月1日返回。[54]他了解到，菊川已命令其他员工不得告诉自己有关这篇文章的事。[55]第二天，当伍德福德对质菊川时，菊川告诉他没有什么可担心的。他说这件事就是一个典型的小报纸哗众取宠。[56]同时，伍德福德感觉到董事会正在幕后进行一个更大的掩盖真相的活动。[57]当伍德福德去找副总裁莫里（Mori）问个究竟时，他得到的只是没有任何意义的模棱两可的回答。[58]伍德福德开始发火了，他质问莫里到底谁是他的老板。莫里的回答是"董事长菊川"。[59]伍德福德随后再度离开了日本，开始商务旅行和暑期休假。[60]

进一步的揭露与董事会的问题

2011年9月20日，日本杂志*FACTA*（两个月前披露了最初的消息）出版了10月刊，提供了更多关于奥林巴斯的爆料。伍德福德发表声明称，他将亲自签字确认所有账目，而且他需要所有涉及风险的交易资料，以及任何后续交易资料。[61]

9月29日，伍德福德和一名英国的同事会见了菊川和莫里。[62]伍德福德要求菊川将CEO的位置交还给自己。他认为，自己目前拥有的权力不足以完成他作为总裁的职责。他还要求菊川以后不要再参加公司的任何管理会议。[63]菊川回绝了。但是伍德福德表示，如果他无法成为CEO，他将辞去总裁一职。[64]如果伍德福德辞职，奥林巴斯的管理问题将公诸于众。[65]

9月30日，奥林巴斯董事会任命伍德福德为首席执行官。[66] 然而，在董事会上，其他董事向伍德福德提出质疑："你一定早已了解Gyrus的事，为什么还要再提它？""为什么将所有的邮件和材料都发给审计师？"伍德福德怀疑，董事会里的董事们仍然在听菊川的命令行事。[67]

当天晚上，伍德福德前往伦敦，决定委托普华永道会计师事务所（PricewaterhouseCoopers，PwC）进行调查。他认为，奥林巴斯自己的内部调查具有严重的局限性。[68] 10月10日，伍德福德收到了PwC发来的中期报告。该报告称，在一系列的投资后，有价值12.87亿美元的股东权益凭空蒸发了。[69] 第二天，即10月11日，伍德福德将PwC的报告及一封13页的信件发给了菊川和莫里，要求他们辞职。[70]

决策时刻

然后，伍德福德收到了在10月14日去日本召开紧急董事会的通知。这次会议的主要议题是关于并购的管理方面的问题。[71] 他坐在伦敦的办公室里思考着：应该如何计划这次的会议？能期待些什么？该站在怎样的立场？又该通过怎样的方式去影响公司在当前及未来长期的企业管理方面的决策？

附录1.1 奥林巴斯董事会成员组成（2011年6月）

职业	姓名	职业始于	年龄
理事会兼董事会会长	Tsuyoshi Kikukawa	奥林巴斯	70
理事会兼董事会主席	Michael Woodford	奇美得	51
理事会兼执行副总裁	Haruhito Morishima	奥林巴斯	63
理事会兼执行副总裁	Hisashi Mori	奥林巴斯	54
理事会兼高级常务官	Masataka Suzuki	奥林巴斯	60
理事会兼高级常务官	Kazuhisa Yanagisawa	奥林巴斯	63
董事会成员兼高级董事总经理	Shuichi Takayama	奥林巴斯	61
董事会成员兼行政管理官员	Takashi Tsukaya	奥林巴斯	59
董事会成员兼行政管理官员	Kazuhiro Watanabe	奥林巴斯	58
董事会成员兼行政管理官员	Makoto Nakatsuka	奥林巴斯	59
董事会成员兼执行官	Shinichi Nichigaki	奥林巴斯	56
董事会成员兼执行官	Hironobu Kawamata	奥林巴斯	53
外部董事	Yasuo Hayashida	顺天堂大学医院 (Juntendo University Hospital)	67
外部董事	Hiroshi Kuruma	日本经济新闻 (Nihon Keizai Shinbun)	66
外部董事	Junichi Hayashi	野村证券 (Nomura Securities)	59
全职审计员	Hideto Yamada	奥林巴斯	64
全职审计员	Tadao Imai	奥林巴斯	65
审计员	Makoto Shimada	科宝 (Copal, 现为日本电产科宝, NIDEC Copal)	68
审计员	Yasuo Nakamura	三菱丽阳株式社会 (Mitsubishi Rayon)	68

资料来源：オリニパス株式会社，2011年3月期，セグメント別売上高・営業利益2011。

附录1.2 奥林巴斯集团组织结构

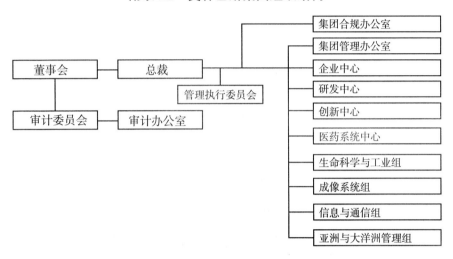

资料来源:《组织表》,www.olympus.co.jp/jp/corc/profile/org_chrt/,于2012年1月10日访问。

注释

1. This case has been written on the basis of published sources only. Consequently, the interpretation and perspectives presented in this case are not necessarily those of Olympus Corporation or any of its employees, 2011.

2. Olympus Company Outline 2011, Olympus Corporation 2011.

3. "先進企業、のはずが" ["The Firm Should Have Been a Blue Chip"], Asahi Newspaper, November 9, 2011, p. 9.

4. "内視鏡が拓く新しい未来 オリンパスの医療事業 2011["Endoscope that Creates a New Future-Olympus's Medical Business, 2011"], Olympus Corporation, 2011

5. 会社四季報2011年秋号/Company Handbook 2011, autumn version], Toyo Keizai, 2011.

6. "日経会社情報2011年秋号" ["Nikkei Corporate Information 2011, autumn version"], Nikkei, 2011.

7. Japan Company Handbook, winter 2011, Toyo Keizai, 2011.

8. "オリンパス社長辞任" ["Resignation of Olympus's President"], Sankei Newspaper, October 27,2011,P. 3.

9. "Corporate Profile, 2011," Olympus's Corporation, 2011.

10. "Olympus Company Outline, 2011," Olympus Corporation, 2011.

11. Hidekatsu Watanabe, "新社長が何を打ち出すかは注目されるものの、映像事業は依然として厳しい" [Expectatio for New President to Come Up with a Nea Plan, but Lmaging Business Still Tough], Mizuho Securities Co., Feb 21,2011.

12. "オリンパスの内視鏡神話に揺らぎ" ["Weakness Cited on Olympus's Unbreakable Endoscope Business"], Reuters, November 25, 2011.

13. "オリンパス株式会社2011 年3 月期決算参考資料" ["March 2011 Term Olympus Corp. Financial Account-Reference"], Olympus Corporation, 2011.

14. 会社四季報2011 年秋号[Company Handbook 2011, autumn version], Toyo Keizai, 2011.

15. "デジカメ、1000 万台で明暗" ["Digital Camera, 10 Million Units Deciding the Fate of Success"], Nihon keizai shinbun, May 31,2011, p. 9.

16. Ibid.

17. "デジカメ再編加速" ["Reorganization of Digital Camera Market Accelerating"], Nihon Keizai Shinbun, Ltd., July 2, 2011, p. 9.

18. Hidekatsu Watanabe, "会社側が12/3 期計画を公表したが、楽観的な予想と思われる" ["Company's March 12 Earnings Estimate Seems Optimistic"], Mizuho Securities. Co., June 20, 2011.

19. Total Shipments of Digital Cameras 2011, CIPA, Camera & Imaging Products Association, 2011.

20. "オリンパスが新社長に50 歳の英国人を抜擢、グローバル化加速へ" ["Olympus Appoints a 50-Year-Old Foreigner as the New President, Globalization to Accelerate"], Toyo Keizai Shikiho, prompt version, February 14, 2011.

21. "躍進するミラーレス一眼カメラ、ニコン参入はあるか" ["Will Nikon enter into Rapidly Growing Mirror-less SLR?"], Nihon Keizai Shinbun, electronic version, January 10, 2011, http//www.nikkei.com/,accessed on December 7, 2011.

22. Hidekatsu Watanabe, "新社長が何を打ち出すかは注目されるものの、映像事業は依然として厳しい" ["Expectation for New President to Come Up with A New Plan, but Imaging Business Still Tough"], Mizuho Securities Co., Ltd. February 21, 2011.

23. "老舗企業はどこで躓いたのか" ["Where Did the Time-honored Firm Go Wrong"], Nikkei Business, October 31, 2011, p. 13.

24. "オリンパス、内視鏡好調の陰で" ["Olympus, Behind Its Success of Endoscopes"], Nihon Keizal Shinbun, November 12, 2011, p. 9.

25. "老老舗企業はどこで躓いたのか" ["Where Did the Time-honored Firm Go

Wrong?"], Nikkel Business, October 31, 2011, p. 14.

26. "オリンパス、内視鏡好調の陰で" ["Olympus, Behind Its Success of Endoscopes"], Nihon Keizai Shinbun, November 12, 2011, p. 9.

27. Ibid.

28. Ibid.

29. "老老舗企業はどこで躓いたのか" ["Where Did the Time-honored Firm Go Wrong?"], Nikkei Business, October 31, 2011, p. 14.

30. "オリンパス社長辞任" ["Olympus's President Resigns"], Sankei Newspaper, October 27, 2011, p. 3.

31. Calculated from Bloomberg data: Nikkei 225 Debt-Equity Ratio, Bloomberg, December 12, 2011.

32. "オリンパス：社長、初の外人起用" ["Olympus, Foreign President to Be Appointed for the First Time"], Mainichi Newspaper, February 11, 2011, p. 7.

33. "オリンパス、グローバル戦略推進" ["Olympus Accelerating on Global Strategy"], Sankei Newspaper, February 11, 2011, p. 11.

34. Ibid.

35. "M&A果断、改革に挑む英国人" ["British Challenging on Reform, Drastic Measures to Be Taken on M&A"], Nihon Keizai Shinbun, electronic version, February 10,2011, http://www.nikkei.com/, accessed on December 8, 2011.

36. "有価証券報告書" ["Financial Statement,"], Olympus Corporation June 29, 2011.

37. 2011 KeyMed Ltd. Company Website, Olympus KeyMed, 2011, http://www.keymed.co.uk/, accessed on December 10, 2011.

38. "解任劇の真相を話そう" ["Let's Talk about the Truth of the Dismissal Incident"], Nikkei Business, October 31, 2011, p. 12.

39. "販管費削減、一年で黒字に" ["Cut in SGA, Turning to Black in a Year"], Nihon Keizai Shinbun, May 22, 2011, p. 17.

40. "解任劇の真相を話そう" ["Let's Talk about the Truth of the Dismissal Incident"], Nikkei Business, October 31, 2011, p. 11.

41. "オリンパス、英国人社長誕生が意味するもの", ["What the Birth of a New British President Means for Olympus"], Nihon Keizai Shinbun, electronic version, March 7, 2011, http://www.nikkei.com/,accessed on January 10, 2012.

42. Ibid.

43. "販管費削減、一年で黒字に" ["Cut in SGA, Turning to Black in a Year"], Nihon Keizai Shinbun, May 22, 2011, p. 7.

44. "オリンパス社長解任", ["Olympus President Dismissed"], Tokyo Yomiuri Shinbun, October 15 2011, p. 8.

45. "オリンパス、新社長による合理化期待で株価上昇" ["Olympus: Share Price Rising Thanks to Expectation of Rationalization by the New President"], Nihon Keizai Shinbun, etectronic version, May 16, 2011, http://www.nikkei.com/,accessed on January 10, 2012.

46. "オリンパス株反発、新製品効果で中期高成長期待", ["Olympus Share Rebounds, Expectation of Mid-Long-Term Growth Backed by New Products"], Bloomberg, June 17, 2011.

47. "オリンパス株が続伸、下期回復とコスト削減で今期純利益2.4倍へ" ["Olympus Share Continues to Rise, Net Profit Jump 2.4 Fold Thanks to Second Half Revival and Cost Reduction"], Bloomberg, June 20, 2011.

48. "解任劇の真相を話そう", ["Let's Talk about the Truth of the Dismissal Incident"], Nikkei Business, October 31, 2011, p. 9.

49. "オリンパス「無謀M&A」巨額損失の怪", ["Mystery of Huge Loss-Olympus's Reckless M&A"], FACTA, August 2011, pp. 7-10.

50. Ibid.

51. Goodwill is the difference between the current value of net asset and its purchase price.

52. "オリンパス上場維持4つの関門"，["Olympus: Four Obstacles over Maintaining Its Listings,"], Nikkei Veritas, November 27, 2011, p. 14.

53. "オリンパス損失隠し"，["Olympus Hiding Losses,"] Sankei Newspaper, November 9, 2011, p. 3.

54. "解任劇の真相を話そう"，["Let's Talk about the Truth of the Dismissal Incident"] Nikkei Business, October 31, 2011, p. 9.

55. Ibid.

56. "オリンパス前社長「これは組織的犯罪"，["Olympus's Previous President: This is an Organized Crime,"] Sankei Newspaper, October 22, 2011, p. 10.

57. "解任劇の真相を話そう"，["Let's Talk about the Truth of the Dismissal Incident,"] Nikkei Business, October 31, 2011, p. 9.

58. Ibid.

59. Ibid.

60. Ibid.

61. Ibid.

62. Ibid.

63. Ibid.

64. Ibid.

65. Ibid.

66. "オリンパス前社長、ＣＥＯ就任　会長らに時に辞任要求　２週間で解任"，["Olympus's Ex-president, Assigned as a CEO → Asking Chairman to Leave-Dismissed in 2 Weeks,"] Nihon Keizai Shinbun, October 18, 2011, p. 9.

67. "解任劇の真相を話そう"，["Let's Talk about the Truth of the Dismissal Incident,"] Nikkei Business, October 31, 2011, p. 10.

68. "解任劇の真相を話そう"，["Let's Talk about the Truth of the Dismissal Incident,"] Nikkei Business, October 31, 2011, p. 11.

69. Ibid.
70. "巨額の投資損失の追及が理由 解職―オリンパス前社長の反撃", ["Counterattack by the Olympus's Ex-president: Dismissal Due to Pursuit of Large Investment Loss,"] Shukan Diamond, October 29, 2011, pp. 12-13
71. "解任劇の真相を話そう", ["Let's Talk about the Truth of the Dismissal Incident,"] Nikkei Business, October 31, 2011, p. 11.

第2堂课

在iPhone上建立后门[1]
道德困境

本案例由Tulsi Jayakumar和Surya Tahora撰写。此案例仅作为课堂讨论材料，作者无意暗示某种管理行为是否有效。作者对某些真实姓名等信息进行了必要的掩饰性处理。

未经Richard Ivey School of Business Foundation书面授权，禁止任何形式的复制、收藏或转载。本内容不属于任何复制版权组织授权范围。如需订购、复制或引用有关资料，请联系 Ivey Publishing, Richard Ivey School of Business Foundation, The University of Western Ontario, London, Ontario, Canada, N6A 3K7; phone (519) 661-3208; fax (519) 661-3882; e-mail cases@ivey.uwo.ca.

Copyright ©2016, Richard Ivey School of Business Foundation

版本：2016-04-28

第2堂课　在iPhone上建立后门
道德困境

2016年2月，苹果计算机公司（以下简称"苹果"）CEO蒂姆·库克（Tim Cook）就一起引发激烈公开辩论的问题表明了立场。辩论涉及苹果的旗舰产品iPhone手机，双方就权利和责任展开了争论。[2] 一方面是苹果和数字版权组织倡导保护客户数字隐私，而另一方面是美国政府和联邦调查局（FBI）在保护国家安全方面寻求苹果和其他技术公司的支持。

这场辩论的导火索是美国政府和联邦调查局寻求和要求苹果帮助解锁一部iPhone手机，手机主人是一名恐怖分子，曾参与在加利福尼亚州圣贝纳迪诺发生的恐怖袭击。联邦调查局认为这部从被杀害的恐怖分子手中收回的电话将对恐怖袭击动机提供重要线索，并提供关于恐怖主义网络和活动的重要证据。联邦调查局要求苹果公司为恐怖分子的iPhone建一个"后门"——本质上是一个新版本的苹果操作系统（iOS）软件——可以帮助联邦调查局解锁手机，并且一次解锁就能获取这个手机过去的所有信息。然而，库克出于苹果对客户数字隐私和安全的承诺拒绝了政府的这项要求。

库克以保护客户数字隐私为理由，拒绝听从美国政府要求在恐怖分子的iPhone上安装一个一次性的访问入口。苹果保护客户隐私的义务是否比其为国家安全做出贡献的义务更重要？库克和苹果管理团队在这个决定中面临什么困境？这个困境应该如何解决？

苹果的iPhone和iOS

史蒂夫·乔布斯（Steve Jobs）和史蒂夫·沃兹尼亚克（Steve Wozniak），两位大学辍学者，在1976年创立了苹果。公司的愿景是让小型、用户友好的电脑可以用于家庭和办公室。苹果的初始产品——Apple I和Apple II——彻底改变了计算机行业。苹果公司的销售额从1978年（苹果公司公开上市的年份）的780万美元[3]增加到了1980年的1.17亿美元。[4]1990年，公司盈利达到历史新高。然而，该公司的市场份额在这个高峰之后开始下降。

乔布斯于1985年离开公司，1997年又重新回归。[5]随后苹果推出了一系列产品，包括个人电脑（iMac）、便携式数字音乐播放器（iPod）、移动通信和媒体设备（iPhone和iPad）、各种相关服务和软件（iOS，iTunes Store和iCloud），以及配套产品（Apple TV和Apple Watch）等。[6]其中而，iPhone带来的销售收入占苹果2016年收入的三分之二，是苹果的旗舰产品，并使得苹果在2011年至2016年1月期间获得并保持"世界上最有价值的上市公司"的地位。[7]

第一部iPhone于2007年6月29日发布，分为4GB和8GB两种版本。然而，苹果的移动革命则要归功于iOS（以前的iPhone OS）——一个移动操作系统的创建。苹果最初在2007年开发了iOS，并将它用于iPhone和iPod Touch。接下来，苹果开发了更高版本的iOS来支持其他设备，如iPad和Apple TV。截至2015年第三季度，苹果已经销售了超过11亿部iOS设备。[8]截至2015年6月，苹果的App Store包含超过150万个可用的基于iOS的应用程序，[9]下载量超过1 000亿次。[10]

苹果大约每年对iOS操作系统提供一次主要更新。截至2016年2月8日，77%的设备使用iOS 9，17%的设备使用iOS 8，剩下6%的设备使用较早的操作系统。[11]

截至2015年12月的财政季度，报告显示苹果的销售增长放缓。iPhone及其他苹果产品均表现不佳。iPhone的销售额同比增长不到1%，而上一年的销售额增长了50%。iPad的单位销售额比上年下降了25%，iMac的销售额下降了4%。[12]尽管如此，苹果对其旗舰产品iPhone依然充满信心。库克认为，iPhone的流行为公司提供了一个"持久的基础"。[13]

顾客隐私和苹果

苹果的商业模式是基于销售产品，而不是获取数据。这种商业模式与行业中的其他企业不同，例如谷歌，它借助收集数据开发定向广告来获得收入。库克长期以来一直倡导保护客户隐私。在2010年的一个技术会议上，库克对客户隐私清楚地表明了自己的观点："对于隐私，（苹果）与（硅谷）的一些同行一直有着截然不同的观点。"因此，苹果公司在iPhone中建立了显示手机及其用户所在位置的功能后，出于对客户隐私的保护，将是否使用此功能完全留给了用户去选择，顾客才是那个可以控制应用程序是否能够使用手机位置数据的人。[14]

由于消费者越来越多地将iPhone用于个人信息存储，以及消费者对潜在使用和滥用个人信息的高度敏感性，库克对客户隐私的保护采取坚定立场。2013年6月，在美国中央情报局（CIA）前雇员和美国政府合约制员工爱德华·斯诺登（Edward Snowden）揭露美国政府大规模监视事件曝光之后，解决隐私保护问题成为当务之急。

被称为"棱镜"（Prism）的监视系统——本质上是用于2007年发起的反恐数据收集工作的系统——"允许美国国家安全局（NSA）接收一系列美国互联网公司持有的电子邮件、视频剪辑、照片、语音和视频通话、社交网络详细信息、登录和其他数据"，[15]这些互联网公司也包括苹果公司。[16]

更具体来说，斯诺登的揭露对苹果产品防止被篡改和确保客户隐私的能力提出了质疑。由此看来，CIA已经篡改苹果产品十余年，在硬件中嵌入秘密监视工具，并修改苹果软件更新以便收集有关应用开发者的数据，对它们的客户进行系统的监视。盛怒之下的苹果客户写信给库克，对苹果的承诺和确保用户隐私的能力表示了深深的担忧。[17]

与此同时，互联网和社交媒体越来越多地被用于计划和组织国际恐怖袭击和"传播、宣传、煽动暴力，吸引新人"的活动。[18]使用秘密的、私人的聊天室和加密的互联网留言板促使了监视程序如棱镜的出现。在一个恐怖主义威胁日益严重的世界中，苹果和其他技术公司都面临着来自执法机构要求分享它们的客户和设备信息的更多压力。作为对棱镜事件的解释，奥巴马总统说，"你不能同时拥有百分之百的安全性、百分之百的隐私和零不便。"[19]技术公司，特别是苹果公司，则认为信息共享请求危及了客户的安全和隐私。

微软、雅虎、Facebook和苹果等技术公司解决政府请求和自己客户隐私保护冲突的方式之一是与公众分享（在法律允许的范围内）政府定期请求的细节和范围。[20] 例如，据苹果披露，在2015年前6个月，它收到了来自美国政府的750至999件与国家安全相关的请求，影响了0.00673%的苹果客户。[21]

尽管如此，客户仍然担心，作为回应，苹果实施了必须由第三方应用程序的开发人员选择才能加密的更加严格的加密措施。[22] 直到iOS 6，只有内置的苹果应用程序会默认加密；第三方应用程序的开发人员必须选择才能加密。然而，到2013年，苹果已采取措施确保第三方应用数据也受到保护。在iOS 7中，苹果开始"在默认情况下加密存储在客户手机上的所有第三方数据，直到（客户）重新启动后首先解锁（手机）"。[23] 当公司设计iOS 8时，它确保即使是苹果自己的工程师也无法从手机和电脑中提取数据。[24]

库克在2014年9月给苹果客户的公开信中重申苹果对隐私的关注："安全和隐私是我们所有硬件、软件和服务的设计基础，包括iCloud和像Apple Pay这样的新服务。"[25]

他补充道："我们的业务模式非常简单——我们销售优秀的产品，我们不会根据您的电子邮件内容或网络浏览习惯构建个人资料来销售给广告客户，我们不会从您存储在iPhone或iCloud上的信息中'获利'，我们不会阅读您的电子邮件或您的短信以获取信息向您进行营销，我们的软件和服务旨在使我们的设备更好。朴素而简单。"[26]

库克强调了信任的问题，他说："我们对保护您隐私的承诺来自我们对客户的深刻尊重。我们知道您对我们的信任来之不易。这就是为什么我们现在并将永远努力来赢得和维持它的原因。"[27]

圣贝纳迪诺轰炸和苹果

2015年12月2日，一对已婚夫妇——28岁的赛义德·里知旺·法鲁克（Syed Rizwan Farook）和29岁的塔许芬·马里克（Tashfeen Malik）在加利福尼亚州圣贝纳迪诺的一个名叫"内陆"的区域中心枪杀了14人,并造成22人受伤。受害者是圣贝纳迪诺卫生部门的雇员们,他们在区域中心为残疾人提供服务的会议室里举行了一次假日聚会。(FBI)说,有证据表明此次袭击是基于"广泛计划"的,它正在将该袭击作为一种恐怖主义行为进行调查。[28] 法鲁克是县卫生部门的检查员,中途离开了聚会,与他的妻子一起返回并射击他的同事。这对夫妇后来在与警察的枪战中被杀。恐怖组织ISIS(Islamic State of Irap and the Levant)声称,这两名被杀害的嫌疑犯是该组织的支持者。

调查的一个关键重点是检查夫妇的电话、旅行、计算机和其他记录,以确定袭击背后的动机,并确定在夫妇的租屋中发现的临时炸弹实验室的来源。[29] 然而,可以追踪其数字足迹的证据几乎全部被射击手们摧毁了。他们的计算机的硬盘驱动器失踪了,当局在射击现场附近的一个垃圾桶里发现两个相对较新的被打碎了的手机。[30] 最终,一个由法鲁克的雇主提供给他的iPhone在法鲁克夫妇的车上被找到了。[31]

这部iPhone不是法鲁克的财产,而是他的雇主的。他的雇主圣贝纳迪诺县同意对该手持电话进行调查[32],但调查人员担心尝试解锁手机的过程中存储在iPhone上的数据将被彻底和永久删除。联邦调查局在袭击发生几天之后寻求苹果公司的帮助,苹果"提供了它所拥有的数据,遵守有效的传票和搜查令……让联邦调查局可以找到苹果工程师为他们提供建议,并在他们的努力下提供了一些关于调查选项的最佳想法"。[33] 然而,联邦调查局希望苹果提供更进一步的帮助。他请求苹果对法鲁克使用的加密iPhone进行解锁。联邦调查局希望苹果公司对这个iPhone建立后来被广泛熟知的"后门"。奥巴马政府和苹果的律师进行了两个月的谈判,[34] 但最终,苹果拒绝默许联邦调查局的要求。

政府的立场

美国政府和科技公司之间关于加密实践的争执已经有十多年了。2010年,奥巴马政府提出立法草案,迫使像谷歌和苹果这样的技术公司向政府提供未加密的数据。该草案类似于在克林顿政府期间强制电话公司必须建立政府机构可以监听的数字网络的立法。如果新的立法草案被接受,将对客户隐私支持者产生极大的打击。然而,斯诺登2013年的揭露导致了对美国政府的大规模批评,奥巴马政府决定不再继续推进其所提议的法案。[35]

圣贝纳迪诺案被证明是争执的爆发点。美国政府表示,它将"不放过案件中的每一条调查线索",因为他们欠受害者及其家属一个解释和交代。因此,当政府律师和苹果之间的会谈失败时,美国司法部向加利福尼亚州中部地区联邦法院提出申请,要"了解一切可能跟圣贝纳迪诺攻击有关的信息"。[36]

联邦检察官在其初次提交申请时表示:

> 政府要求苹果帮助访问……设备来确定包括法鲁克和马里克可能与谁通信,以计划和实施枪击,二者可能在事件之前和之后前往和返回的地方,以及提供其他关于他们和他人参与致命枪击更多的信息。[37]

检察官进一步声称,法鲁克的设备可以加密到使其内容"永久无法访问的程度",而"苹果拥有帮助政府完成搜索的专门的技术手段"。[38]

根据这一请求,美国联邦法院法官通过了一项命令,指示苹果向联邦调查局提供"合理的技术援助"。通常情况下,如果10次解锁尝试都不成功的话,原来的安全系统会把iPhone里的数据全部清除。苹果提供的帮助是通过操控软件的方式让苹果的安全系统瘫痪。[39]如果安全功能被禁用,调查员可以尝试尽可能多的组合以解锁电话。

苹果的立场

苹果对客户隐私的立场主要是由其首席执行官蒂姆·库克推动的。库克在1998年作为高级管理人员加入苹果,并在很大程度上作为一个幕后的执行官。他已经成为最近最直言的企业高管之一。

蒂姆·库克

2011年10月,库克开始担任苹果的首席执行官。从那时起,他就环境、社会和员工等人权和企业责任的各种问题发表了意见,其中一些倡议对企业盈利造成了不利影响。这种领导方法符合库克的价值观和个人原则，这从他2015年5月对乔治华盛顿大学的毕业生发表的毕业演讲中就可以看出来。库克的演讲提及公正和不公正，阐述他"个人价值观并不独立于工作场所而存在"的观点。他认为"它关乎找到你的价值观，并致力于实现它们。找到你的'北极星'（north star），做出选择，有些很容易，有些却是很困难的，有些甚至会让你质疑一切。"[40]

库克还提到了他之前一直选择在工作领域之外保持他的价值观，直到他加入苹果。库克指出，正是在这时，他意识到只将工作视为工作，并在工作之外保持价值观的做法使他"感到漂泊和没有方向，就像苹果（乔布斯重新加入苹果之前）一样"。[41]

在劝告年轻的毕业生不要保持沉默和只做被动观察者时，库克说："边界线不是你想生活的地方。世界需要你在舞台上。有一些问题需要得到解决。不公正需要结束。有的人仍在遭受迫害。"[42]

库克相信"对于那些被给予了许多的人，被要求付出的也会很多"的格言。他意识到自己有回馈（社会）的责任，因为他自己承认他"被给予很多"。[43]

2014年，库克公开他是同性恋，他承认在那之前他对个人隐私的渴望阻止了他将此事公之于世。[44] 苹果在库克领导下发表关于供应商和工厂工人工作条件的年度报告，这是一种史无前例的主动，表明了苹果公司新的开放的文化。此外，在库克的领导下，苹果采取了被投资者批评的非商业计划，包括一些环保计划等。[45] 库克在一次股东大会上捍卫着这些计划，称"苹果应该做一些事情"，因为"它们是正确的，是时候该做这些事情了"。[46] 他相信他只是代表苹果长期以来关注这些问题的文化，即使这些问题以前没有被公开讨论过。库克表明，"想成为投入池塘的一颗鹅卵石，带来改变的涟漪。"[47]

作为一个首席执行官，库克非常重视文化上的适应能力，甚至解雇了一个不能适应苹果文化的高管。此外，公司文化本身正在缓慢和微妙地发生着改变。不像乔布斯，库克信任他的高层领导人，并与他们一起共同成为公众的焦点。另外，他不像乔布斯那样不理会公司的慈善活动，库克主张并鼓励员工奉献。公司在库克的领导下变得更加开放和透明。[48]

尽管许多人批评库克无法复制乔布斯的传奇，但苹果仍在持续创新。在库克的主导下，Apple Watch于2015年3月推出。公司的财务状况仍然"基本健康"[49]，其分拆调整股票价格从2011年8月乔布斯去世时的54美元增加到2015年3月的126美元。[50] 苹果的市值超过7 000亿美元，是埃克森美孚和微软公司的2倍。苹果是第一家跨越这个级别的公司。它在库克领导下的现金管理记录也令人羡慕。因此，尽管库克分配了926亿美元的股利并进行苹果的股票回购，苹果的现金储备仍超过1 500亿美元，是2010年的3倍。[51] 然而，自2015年7月以来，其股价一直在下跌，从2015年3月的126美元下跌至2016年2月25日的96.76美元。实际上，2016年2月，谷歌的母公司Alphabet的股价上涨了3%。[52] 由此产生的更高的市值导致Alphabet取代苹果成为世界上"最有价值的上市公司"——一个苹果自2011年开始拥有的头衔。[53]

库克的各种承诺在他自己、他的股东、他的员工（作为公司领导）及苹果之外的更大的社会之间有矛盾吗？

库克给顾客的信

苹果以一封库克写给苹果客户的1 100字的公开信对联邦法院的命令做出了回应，概述了苹果为什么拒绝政府的要求。[54] 库克的信中警告说，政府令人恐惧的破坏隐私的要求"从根本上破坏了我们政府旨在保护的自由和解放"。库克将政府的要求描述为"美国政府过度"的情况。[55] 所表达的苹果立场包括以下内容：[56]

- 美国政府要求苹果公司创造一些"（过去）没有"和"被（苹果）认为太危险的东西"（即iPhone的后门）。

- FBI希望苹果为一个iPhone（圣贝纳迪诺恐怖分子的手机）创建的软件（iOS的一个版本）"有可能解锁任何人物理占有的任何iPhone"。这种软件当时苹果也还没有。

- 任何人都不能保证这个后门的使用仅限于特定情况。"一旦被创建，该技术可以在任何数量的设备上反复使用"。苹果指出，这个"后门"相当于物理世界中一把万能钥匙,"能够打开数亿把锁"。

· 后门的建立将打破加密的每一个目的。"一旦用于解锁加密数据的信息(被)知道了,或者绕过该代码的方式被揭露了,那么设备的加密能被任何知道的人破解。"

· 苹果努力把客户数据远置"甚至(超越)我们能触及的范围,因为我们相信你的iPhone中的内容与我们无关"。

· 苹果面临一个道德的困境,"政府要求它破解自己的用户,破坏其数十年来在保护客户免受黑客和网络犯罪分子干扰方面的安全性的进步。具有讽刺意味的是,为iPhone建立了强大的加密功能以保护苹果用户的工程师,将被命令削弱这些保护,使(其)用户变得不安全"。

最终,苹果的拒绝"遵守法院命令,不管这样做的技术可行性"的行为被视为"是基于其对其业务模式和公共品牌营销策略的担心。"[57]

脏手问题

库克和苹果公司的管理团队(那些既有权力又要承担复杂责任的人)面临的困境可以被描述为"脏手问题"(Dirty-Hand)。哈佛大学伦理学教授巴达拉科(Badaracco)用这种表达方式,来描述管理层所面临的"权利与责任"困境下的艰难的道德选择。[58] 正如巴达拉克所说,"说到底,管理上的道德困境是在不同的道德之间、在不同的责任领域之间的冲突。"[59]

管理者承诺的4个领域

私人生活的承诺:在个人层面,在私人生活领域,管理者致力于抽象的、普世的原则,例如讲真话和避免对他人造成伤害。私人生活的道德在每个人之间是不同的,由"宗教信仰(到)哲学、文学及他们所崇拜的人的生活或他们自己的生活和思考"所产生的信念等因素塑造。[60]

作为经济代理人的承诺:管理者道德要求的第二个领域,作为经济代理人,他们为股东的利益和使他们的财富最大化而服务。

作为公司领导人的承诺：这个责任领域存在的原因在于，作为公司的领导者，管理者的决策对其公司雇员的生活水准与幸福指数有巨大的影响。[61]

超越公司边界的责任：管理者还对自己公司之外的人和组织负有责任，因为"公司与政府机构、工会或——通过战略联盟——与客户、供应商甚至竞争对手有着复杂的关系"。[62]

作为解决"权利与责任"两难问题解决的框架，巴达拉克建议了四个问题：

· 哪一种行动将带来最大的好处和最小的伤害？

· 哪种选择能最好地为其他人的权利而服务，包括股东权利？

· 我可以生活在符合我公司的基本价值观和承诺的哪些计划中？

· 在世界上哪种行动是可行的？[63]

第一个问题与后果有关。根据约翰·斯图尔特·穆勒（John Stuart Mill），道德决定就是以最小的成本、风险和危害为最大数量的人带来最大利益的决定。

第二个问题关注的焦点在于权利。对美国人来说，这个问题要归功于托马斯·杰斐逊（Thomas Jefferson）的《独立宣言》草案。生命、自由和追求幸福是人们最基本的权利之一。因此，当企业高管寻找各种解决困境的方法时，他们也需要考虑可能受到威胁的各种权利。

第三个问题，其根源来自亚里士多德的哲学和一些宗教理论，与良知和价值观的相互作用有关。面临"棘手情况"的企业高管，会问自己"作为一个人和特定公司的领导人，他们可以采取什么样的行动"。[64]

第四个问题归因于现代政治理论之父尼古拉·马基雅维利（Niccolo Machiavelli），并且在其方法中是务实的。在他自己关于这个问题的写作上，巴达拉科指出：

> 在任何情况下，理论上可能有几个选项可以调和相互竞争的基于权利提出的要求。然后关键的问题变成了：考虑到管理层在组织中的实际权力，公司的竞争力、财力和政治优势，各种行动计划的可能成本和风险，以及可用于行动的时间，什么是实际可行的？[65]

联邦法院给苹果五天时间来回应其命令。库克面临的道德困境是什么？他将做出怎样的选择？应该支持客户隐私，还是应该支持国家安全，让人们有权不生活在一个因数字技术发展而让国际恐怖主义威胁跨越国境的世界里？库克应该如何处理这个"权利与责任"的问题？这是身为最有价值公司首席执行官的库克人生中的关键时刻吗？

注释

1. This case has been written on the basis of published sources only.Consequently,the interpretation and perspectives presented in this case are not necessarily those of Apple or any of its employees.

2. Joseph L.Badaracco,Jr., "Business Ethics:Four Spheres of Executive Responsibility," *California Management Review 34,* no.3(Spring 1992):64-79.The word "right" has been used in its sense of "morally good,justified or acceptable." According to Badaracco,management decisions often involve conflicts of "right versus right,of responsibility versus responsibility" and not issues of right versus wrong.Throughout the case, "right" is used in this sense.

3. All currency amounts are in U.S.dollars unless otherwise specified.

4. Angelique Richardson and Ellen Terrell, "Apple Computer,Inc.," Library of Congress Business Reference Services,April 2008,accessed February 19,2016,www.loc.gov/rr/business/businesshistory/April/apple.html

5. Richardson and Terrell,op.cit.

6. To understand how the company introduced a range of innovative products after 1976,see The Apple Timeline, www.theappletimeline.com,accessed February 21,2016

7. "The World's Most Valuable Brands," *Forbes,* accessed April 6,2015,www.forbes.com/powerful-brands/list.On February 2,2016,Google's Alphabet,with a market cap of $547.1 billion,overtook Apple,with a market cap of $529.3 billion,to become the world's most valuable public company;Ari Levy, "Google Parent Alphabet Passes Apple Market Cap at the Open," CNBC.com,February 2,2016,accessed February 19,2016,www.cnbc.com/2016/02/01/google-passes-apple-as most-valuable-company.html

8. Evan Niu, "How Many iOS Devices Has Apple Sold?" Motley Fool,November 16,2015,accessed February 21,2016, www.fool.com/investing/general/2015/11/16/ios-

devices-sold.aspx.

9. Sam Costello, "How Many Apps Are in the App Store?" About Tech, September 10,2015,accessed February 21,2016, http://ipod.about.com/od/iphonesoftwareterms/qt/apps-in-app-store.htm

10. "Cumulative Number of Apps Downloaded from the Apple App Store from July 2008 to June 2015(in Billions)," Statista, accessed February 21,2016,www.statista.com/statistics/263794/number-of-downloads-from-the-apple-app-store

11. Developer App Store,Apple,accessed February 21,2016,https://developer.apple.com/support/app-store

12. Brett Howse, "Apple Reports Q1 FY2016 Results:Record Revenue Despite Flat iPhone Sales," Anand Tech,January 26, 2016,accessed February 17,2016,www.anandtech.com/show/9991/apple-reports-q1-fy-2016-results-record-revenue-despite-flat-iphone-sales

13. Katie Benner, "Apple Says Sales of iPhones Have Slowed," *New York Times*,January 26,2016,accessed February 17, 2016,www.nytimes.com/2016/01/27/technology/apple-earnings-iphone-sales.html.During this quarter, however, revenue from Apple services grew by 26 per cent,and that from a category known as "other products" —which included the Apple Watch—increased by 62 per cent.

14. Katie Benner and Nicole Perlroth, "How Tim Cook,in iPhone Battle,Became a Bulwark for Digital Privacy," *New York Times*,February 18,2016,accessed April 5,2016,www.nytimes.com/2016/02/19/technology/how-tim-cook-became-a- bulwark-for-digital-privacy.html

15. Leo Kelion, "Q & A：NSA's Prism Internet Surveillance Scheme," BBC.com,June 25,2013,accessed February 21,2016, www.bbc.com/news/technology-23027764

16. Other firms involved in this surveillance scheme included Microsoft and its Skype division,Google and its YouTube division,Yahoo,Facebook,AOL,and PalTalk(a lesser-known chat service owned by AVM Software).

17. Benner and Perlroth,op.cit.

18. See Adam Goldman and Lara Jakes, "Online Forums Provide Key Havens for Terror Plots," *Times of lsrael*,August 15, 2013,accessed April 5,2016,www.timesofisrael.com/online-forums-provide-key-havens-for-terror-plots;Dan Rivers, "How Terror Can Breed Through Social Media," CNN.com,April 28,2013,accessed February 19,2015, http://edition.cnn.com/2013/04/27/world/rivers-social-media-terror.

19. Kelion,op.cit.

20. Ibid.

21. "We Believe Security Shouldn't Come at the Expense of Individual Privacy," Apple,accessed February 21,2016, www.apple.com/in/privacy/government-information-requests.

22. Encryption referred to encoding information so that only people with the key to un-encode the information could read it. Encrypted phones could be unlocked with the passcode used to unlock the phone on its home screen.Some phones, including newer iPhones,alse included a secure computer chip that carried a key-in hardware.Apple was the first major smartphone producer to make encryption an option,beginning with the iPhone 3.Encryption became the default as of the release of the iPhone 5.Elizabeth Weise, "What Does It Mean that a Phone is Encrypted?" *USA Today,* February 20,2016, accessed February 21,2016,www.usatoday.com/story/tech/news/2016/02/20/phone-encryption-iphone-apple-qa/80623208

23. Henry Hoggard, "Privacy,Enterprise,and Security Changes in iOS 7." MWR Infosecurity,November 23,2013,accessed February 20,2016,www.mwrinfosecurity.com/our-thinking/privacy-enterprise-and-security-changes-in-ios-7

24. Benner and Perlroth,op.cit.

25. Mikey Campbell, "Tim Cook Touts New Apple Privacy Policies in Open Letter to Customers," Apple Insider,September.

26. Campbell,op.cit.

27. Ibid.

28. "What Investigators Know About the San Bernardino Shooting," *New York Times,* December 10,2015,accessed February 21,2016,www.nytimes.com/interactive/2015/12/02/us/california-mass-shooting-san-bernardino.html.

29. Faith Karimi,Jason Hanna,and Yousuf Basil, "San Bernardino Shooters 'Supporters'of ISIS,Terror Group Says," CNN.com,December 6,2015,accessed February 18,2016,http://edition.cnn.com/2015/12/05/us/san-bernardino-shooting.

30. Karimi,Hanna,and Basil,op.cit.

31. Kevin Johnson and Jessica Guynn, "Apple Ordered to Break into San Bernardino Shooter's iPhone," *USA Today,* February 17,2016,accessed February 21,2016,www.usatoday.com/story/tech/news/2016/02/16/apple-san-bernardino- iphone-magistrate-order/80478844.

32. Johnson and Guynn,op.cit.

33. Tim Cook, "A Message to Our Customers," Apple,February 16,2016,accessed February 17,2016, www.apple.com/customer-letter.

34. Eric Lichtblau and Katie Benner, "Apple Fights Order to Unlock San Bernardino Gunman's iPhone," *New York Times,* February 17,2016,accessed February 18,2016,www.nytimes.com/2016/02/18/technology/apple-timothy-cook-fbi-san-bernardino.html.

35. Lichtblau and Benner,op.cit.

36. Johnson and Guynn,op.cit.

37. Mike Levine,Jack Date,and Jack Cloherty, "DOJ Escalates Battle with Apple Over San Bernardino Shooter's Phone," ABC News.com,February 19,2016,accessed February 21,2016,http://abcnews.go.com/US/doj-escalates-battle-apple- san-bernardino-shooters-phone/story?id=37056775.

38. Levine et al.,op.cit.Apple phone systems had a function that automatically erased the

access key and rendered the phone permanently inaccessible after 10 failed attempts.

39. Kim Zetter, "Apple's FBI Battle is Complicated:Here's What's Really Going On," *Wired,February* 18,2016,accessed February 24,2016,www.wired.com/2016/02/apples-fbi-battle-is-complicated-heres-whats-really-going-on.

40. Dylan Tweney, "Apple CEO Tim Cook Tells Graduates: Values and Justice Belong to the Workplace," Venture Beat, May 17, 2015, accessed February 24, 2016, http://venturebeat.com/2015/05/17apple-ceo-tim-cook-tells-graduates-values-and-justice-belong-in-the-workplace.

41. Tweney, op. cit.

42. Ibid.

43. Adam Lashinsky, "Apple's Tim Cook Leads Different," *Fortune*, March 26, 2015, accessed February 24, 2016, http://fortune.com/2015/03/26/tim-cook.

44. Timothy Donald Cook "Tim Cook Speaks Up" *Bloomberg*, October 31, 2014, accessed February 19, 2016, www. bloomberg. com/news/articles/2014-10-30/tim-cook-speaks-up.

45. Benner and Perlroth, op. cit.

46. Ibid.

47. Lashinsky, op. cit.

48. Ibid.

49. Ibid.

50. Split-adjusted stock prices referred to the share prices after adjusting for stock splits over the company's lifetime. This process facilitated an accurate comparison between the historical and current stock prices. Each time a stock was split, the cost of a single share went down. Hence,share prices had to be adjusted appropriately to reflect true performance.

51. Lashinsky, op. cit.

52. "Apple Inc.(AAPL)," Yahoo! Finance, accessed February 26, 2016, https://in finance.yahoo.com/echarts?s=AAPL#symbol=AAPL; range=.

53. Ari Levy, Google Parent Alphabet Passes Apple Market Cap at the Open, CNBC.com, February 2, 2016, accessed February 19, 2016, www.cnbc.com/2016/02/01/google-passes-apple-as-most-valuable-company. html.

54. Cook, op.cit.

55. Ibid.

56. Ibid.

57. This was the view expressed by the government in its filing to the federal court. Levine et al., op. cit.

58. Badaracco, op. cit.

59. Badaracco, op. cit., 66.

60. Badaracco, op. cit., 66-67.

61. Badaracco, op. cit., 70.

62. Badaracco, op. cit., 72.

63. Badaracco, op. cit., 75.

64. Badaracco, op. cit., 76.

65. Ibid.

第3堂课

Facebook [1]
首次公开发行股票

本案例由Ken Mark在Deborah Compeau、Craig Dunbar和Micheal R. King教授的指导下撰写。此案例仅作为课堂讨论材料，作者无意暗示某种管理行为是否有效。作者对真实姓名等信息进行必要的掩饰性处理。

未经Richard Ivey School of Business Foundation书面授权，禁止任何形式的复制、收藏或转载。本内容不属于任何复制版权组织授权范围。如需订购、复制或引用有关资料，请联系 Ivey Publishing, Richard Ivey School of Business Foundation, The University of Western Ontario, London, Ontario, Canada, N6A 3K7; phone (519) 661-3208; fax (519) 661-3882; e-mail cases@ivey.uwo.ca.

Copyright ©2011, Richard Ivey School of Business Foudation

版本：2013-01-25

Facebook 第3堂课
首次公开发行股票

介绍

"整个市场都在等待Facebook的上市,"乔纳森·麦克尼尔(Jonathan Mcneil),CXT科技基金的首席分析师在2012年5月16日对基金投资委员会说了这番话。此时备受期待的Facebook首次公开发行正在筹备中,按计划在3个小时内,麦克尼尔要代表CXT科技基金最终向Facebook的主承销商摩根士丹利表示他们是否对这笔交易感兴趣。"我们已经做了分析,并且我们很愿意就是否应该买Facebook首次公开发行的股票给出建议。",麦克尼尔边说边用手指着Facebook的初步招股说明书。

最初股票的市场定价在20至30美元之间,然后股价升至34至38美元之间,这家成立8年的公司总估值将超过1000亿美元。这个价格将成为当年最大的一次IPO,也是美国历史上第二大IPO。这个交易也似乎让机构投资者和散户投资者产生了浓厚的兴趣,但是这个估值——接近12个月收益的100倍,以及12个月销售额的26倍——似乎十分昂贵,即使按照技术标准同样如此。然而,Facebook改变了消费者在网上的互动方式,推动了社交媒体的兴起。这种爆炸式增长似乎将改变公司广告的投入方式,而Facebook无疑将会获得更多的广告份额。

公司历史和回顾

> Facebook最初不是为了想要创立一家公司。它是为了完成一项社会使命而建立的——让世界更开放,连接更紧密。
>
> ——马克·扎克伯格,2012年5月16日,摘自Facebook初步招股说明书

Facebook是马克·扎克伯格(Mark Elliot Zuckerberg)和他的四位室友在2004年2

月份于哈佛大学创建的。网站是按照当时哈佛大学不同宿舍间流传的一种贴有学生照片和姓名的花名册而命名的。Facebook被设计为一种社交工具，能够让朋友在互联网上相互联系。在经历了最初与大学行政部门的一个争论后，哈佛的Facebook正式成立，扎克伯格又把这个社交工具推广到美国和加拿大的其他大学。至2004年的年中，扎克伯格从哈佛大学退学，注册成立了Facebook公司，并将公司搬到了加利福尼亚州的帕洛阿尔托（Palo Alto），在那里，Facebook成功吸引了它的第一位投资者——贝宝（PayPal）的联合创始人彼得·泰尔（Peter Thiel）。至2006年年末，Facebook开始对所有13岁以上的人开放，并成功吸引了约1 200万用户，成为互联网上第七大繁忙的网站。

在2006年3月，扎克伯格拒绝了一个以7.5亿美元的价格收购该公司的提议，他认为Facebook起码值20亿美元。[2] 他的这份乐观估计于2007年10月得到了印证，当时微软公司以2.4亿美元收购了Facebook公司1.6%的股份，因此Facebook公司估价为150亿美元。[3] 之后Facebook持续快速增长，在2008年8月到2009年4月期间，其活跃用户数量翻倍达到了2亿。[4] 为了帮助管理公司的增长，扎克伯克雇用了经验丰富的管理人员，任命谢莉·桑德伯格（Sheryl Sandberg）为首席运营官，并任命戴维·埃博斯曼（David Ebersman）为首席财务总监。2009年9月份，扎克伯格在博客上公布Facebook已拥有3亿用户，实现正现金流量。在这之后，Facebook的用户数量以惊人的速度持续增长，至2010年7月达到5亿，2011年9月达到8亿，并于2012年4月达到9亿。图3.1提供了记录Facebook发展的一个时间脉络。

2004.02·在哈佛大学以thefacebook.com的名字被创建
2004.09·推出Facebook涂鸦墙，用户可以通过该论坛向朋友发出信息
2004.12·收入记录：38.2万美金
MAUs：1 000 000
2005.05·支持的大学网络数量增长至800
2005.09·加入了高中网络。
2005.10·加入部分国际院校网络并推出了照片显示功能
2005.12·收入记录：900万美元
MAUs：6 000 000

（续表）

2006.04・推出移动版Facebook 2006.05・将Facebook的可用性扩大到工作网络中 2006.08・推出Facebook AP的第一版 2006.09・广泛开放注册引入新闻提要 2006.11・与20个合作网络开发共享特征 2006.12・收入4 800万美元 MAUs：12 000 000
2007.05・推出由65位开发者和85个运行程序组成的Facebook网络平台 2007.11・推出自助广告平台和Facebook个人网页 2007.12・收入记录：15 300万美元 MAUs：58 000 000
2008.04・推出可提供用户之间发送即时消息的即时聊天功能 2008.12・推出下一迭代的Facebook平台，Facebook链接 　　　・语言支持扩充至23种，包括法语、德语和西班牙语 　　　・收入记录：2.72亿美元 MAUs：145 000 000
2009.02・推出"喜欢"按键功能，能够让用户关注在Facebook上和Facebook以外自己感兴趣的东西 2009.05・推出Facebook网页支付 2009.12・收入记录：7.77亿美元 MAUs：360 000 000
2010.04・推出Graph API，这是一个Facebook平台新的编程接口；一套可使任何用户与Facebook社交平台相结合的简单、易操作的组件 2010.10・推出群组功能，该功能提供了一个共享空间，供用户们分享和讨论有共同兴趣的话题。 2010.12・收入记录：19.74亿美元 MAUs：608 000 000
2011.09・推出动态时报——一个Facebook用户主页的加强更新版 　　　・推出下一迭代的Open Graph 2011.12・收入记录：37.11亿美元 MAUs：845 000 000

* MAUs：指年底月活跃用户总数

资料来源：Facebook FORM s-1/A, *Red Herring*, May 16, 2012.

图3.1　Facebook 发展时间轴

在此期间，Facebook从马克·安德瑞森（Mark Andreessen）、雷德·霍夫曼（Reid Hoffman）和马克·平卡斯（Mark Pincus）等这样的天使投资人，以及Accel Partners、Greylock Partners和Meritech Capital Partners 等风险投资机构那里筹得了资金。虽然这些交易都是秘密进行的，依据两家IPO之前的线上股权交易平台 SecondMarket公司和SharePost所报告的交易，Facebook在2010年12月的隐含价值已经达到了410亿至570亿美元之间——自微软投资以来几乎增长了两倍。[5]

考虑到社交网络公司的普及程度和不断升高的热度，金融市场参与者们都知道，Facebook的公开上市只是一个时间问题。承销商们在2012年2月传送的最初的招股说明书上称，Facebook的计划是通过出售数量不详的A类普通股。IPO的目的是为现有股东们建立一个公开市场，并确保在未来能够进入公开股权市场。这项筹集到的资金将被用作营运资本和企业其他方面。

Facebook的商业模式

Facebook为用户提供了一个网络平台，可以让用户分享评论、上传照片，以及向朋友和家人推荐经历体验（喜欢的东西）。据2011年8月的一份行业报告显示，Facebook在其计划书里大胆地提出了欲将全球20亿网民都联系起来的目标。在截至2011年12月31日的财年里，Facebook 创造了37亿美元的总收入，其中有10亿为净收入，分别较上一年增长了88%和65%。表3.1 提供了Facebook的综合财务报表。

表3.1　Facebook 综合财务报表

	年度			季度	
	截至 12 月 31 日			截至 3 月 31 日	
合并运营报表（百万美元）	2009	2010	2011	2011	2012
收入	777	1974	3711	731	1058
成本和支出					
主营业务成本	223	493	860	167	277
营销	115	184	427	68	159
研发	87	144	388	57	153
管理	90	121	280	51	88

（续表）

	年度 截至12月31日			季度 截至3月31日	
成本和支出合计	515	942	1955	343	677
运营收入	262	1032	1756	388	381
净利息与其他收入/支出	-8	-24	-61	10	1
税前收入	254	1008	1695	398	382
预提所得税	25	402	695	165	177
净收入	229	606	1000	233	205
普通A股和B股股东的净收入/亏损	122	372	668	153	137
计算每股收益的股数（百万）					
基本	1020	1107	1294	1240	1347
摊薄	1366	1414	1508	1488	1526
普通A股和B股股东每股净收益/亏损（美元）					
基本	0.12	0.34	0.52	0.12	0.10
摊薄	0.10	0.28	0.46	0.11	0.09
合并的资产负债表数据（百万美元）	截至3月31日	认股权预计值	认股权+IPO预计值		
现金和有价证券	3910	3910	10311		
营运资本	3655	3980	10381		
固定资产	1855	1855	1855		
总资产	6859	7184	13585		
总负债	1587	1587	1587		
总股东权益	5272	5597	11998		

资料来源：Facebook FORM S-1/A, Red Herring, May 16, 2012.

广告收入占了Facebook 2009年收入的98%，2010年的95%，以及2011年的85%。Facebook给广告商提供的机会主要是基于用户提供的人口统计信息、表现出的兴趣和社交联系，来划分细分用户及针对特定用户群体发布广告。Facebook要求用户以自己真实的身份在线活动。任何被上传到Facebook的信息都会成为公司所有。另外，Facebook还绘制了用户和他们朋友之间的连接，并建立了一个巨大的专有数据库来记录他们曾经"喜欢"过的产品或服务。基于这个数据库，广告商就可以根据用户的喜好和社交联系，为他们提供定制化的服务和产品。这种特殊的方法被Facebook称为"社会情境"，并相信基于社会情境的广告会更好地被消费者所接受。在2011年，全球的广告花费约为5 880亿美元，当时预计到2015年将达到6 910亿美元。同时在线广告花费预计将从2010年的680亿美元增至2015年的1 200亿美元。[6]

Facebook的收入来自于其付费业务，而其中的绝大部分来自于Zynga——一个在线游戏公司——在社交游戏里使用的虚拟商品的销售。此类业务的收入分别为2009年的1 300万美元，2010年的1.06亿美元，并在2011年达到了5.57亿美元。在2011年，消费者在游戏和社交网络中购买了90亿美元的虚拟商品，而这个市场预计会在2016年达到140亿美元。

Facebook的网站已经可以提供超过70种语言的服务，其办公室与数据中心也遍布超过20个国家。从地理上来看，Facebook 2011年的收入中有56%来自美国，相比2010年的62%有所下降。美国以外的收入则主要来自于西欧、加拿大和澳大利亚。

月活跃用户、日活跃用户和用户平均收入

Facebook将它的用户分成了月活跃用户（MAUs）和日活跃用户（DAUs）两类：月活跃用户代表的是那些在过去的30天内访问过Facebook的用户，而日活跃用户则代表着那些每天访问的用户。据在2011年年末的统计，Facebook的月活跃用户高达8.45亿，其中有1.61亿为美国用户。虽然美国的月活跃用户数量增长缓慢，但新兴市场经济体如巴西、印度的月活跃用户的增长势头却在逐渐增大。

Facebook把日活跃用户以及日活跃用户与月活跃用户的比值看作是测量用户参与度的一种方法。在2011年12月，Facebook报告了在世界范围内有4.83亿的日活跃用户，较前一年增长了48%。2011年12月份，日活跃用户与月活跃用户的比值相比于2010年的54%增长到了57%。

Facebook也跟踪了那些利用移动app或便于移动用户使用的网站登录的用户（移动用户）。移动月活跃用户的总数在2011年12月超过了4.25亿，手机使用的增加是这个增长的重要原因。用户增长主要得益于美国日渐增长的智能手机的普及率和多个

表3.2 Facebook主要经营统计数据

季度	Q1 2009	Q2 2009	Q3 2009	Q4 2009	Q1 2010	Q2 2010	Q3 2010	Q4 2010	Q1 2011	Q2 2011	Q3 2011	Q4 2011	Q1 2012
日活跃用户（百万）													
美国＆加拿大	35	40	53	64	82	85	92	99	105	117	124	126	129
欧洲	35	39	50	63	79	85	94	107	120	127	135	143	152
亚洲	9	13	20	29	39	45	54	64	72	85	98	105	119
世界其他地区	14	16	22	29	35	42	54	58	74	87	100	109	126
世界范围	92	108	144	185	234	257	293	327	372	417	457	483	526
总数	93	108	145	185	235	257	294	328	371	416	457	483	526
月活跃用户（百万）													
美国＆加拿大	68	81	99	112	130	137	144	154	163	169	176	179	188
欧洲	71	85	101	117	138	151	167	183	201	212	221	229	241
亚洲	22	32	48	62	81	96	113	138	156	174	196	212	230
世界其他范围	35	44	57	69	83	98	126	133	161	183	207	225	242
世界范围	197	242	305	360	431	482	550	608	680	739	800	845	901
总数	196	242	305	360	432	482	550	608	681	738	800	845	901
移动月活跃用户（百万）	35	50	75	101	129	155	196	245	288	325	376	432	488
用户平均收入（美元）													
美国＆加拿大					1.77	1.87	1.93	2.77	2.49	2.84	2.80	3.20	2.86
欧洲					0.76	0.9	0.84	1.25	1.19	1.33	1.34	1.60	1.40
亚洲					0.31	0.36	0.36	0.46	0.43	0.50	0.56	0.56	0.53
世界其他地区					0.16	0.23	0.22	0.33	0.31	0.38	0.40	0.41	0.37
全球					0.87	0.94	0.90	1.26	1.14	1.26	1.24	1.38	1.21

资料来源：Facebook Form S-1/A, *Red Herring*, May 16, 2012.

移动平台上产品的进步。当Facebook首次公开发行股票时，Facebook还不能对移动用户显示广告。因此，除非找到方法来消除这个障碍，否则移动媒体的使用增长反而会有蚕食Facebook在线广告收入。

Facebook利用用户平均收入（ARPU）来衡量其利用客户群盈利的成功度。Facebook将用户平均收入的计算定义为总收入除以当年年首和年尾的月活跃用户的平均值。在2011年，Facebook的用户平均收入是5.11美元。表3.2 显示了Facebook的日活跃用户、月活跃用户、移动月活跃用户和用户平均收入随时间的增长。

竞争格局

在当今的社交网络领域里，Facebook在全球范围内与MySpace、Google+、Twitter和Linkedin等网络公司进行竞争。同时，Facebook还面对着激烈的区域性竞争，如来自中国的腾讯网、人人网和新浪微博，日本mixi，韩国的Cyworld，巴西和印度的Orkut（Google 旗下），以及俄罗斯的vKontakte。每一个公司都有其不同的商业模式，并且具有针对于不同类型消费者群体的不同功能。

从2005年到2008年年初，My Space 已是拥有世界上最多访问量的社交网络。该公司于2003年年底成立，成立不到两年即被新闻集团（News Corporation）以5.8亿美金收购。在2006年6月，My Space超过了Google，成为美国访问量最大的网站。截至2008年，My Space 的收入已经达到了8亿美元。2008年4月份，Facebook的全球访客数超越My Space；2009年5月，美国访客数超越My Space。从那以后，My Space的用户数量开始不断下降。My Space的盛衰并没有被麦克尼尔忘记，他看到了一个市场的领导者失去其领导地位是多么容易。

Google 于1996年年初由两个斯坦福大学博士生创建，并在2004年8月公开上市。Google 的商业模式是以广告为基础的，2011年其几乎全部的380亿收入都是通过点击付费和站点特定的广告的形式挣得的。坐拥53 000名的雇员和巨额的现金储备，Google 实现快速发展。2011年6月，Google 推出了自己的社交网络服务，即 Google+，至2012年3月已经成功吸引了1亿的活跃用户。[7]

Twitter 创建于2006年，其微博功能允许用户发送至多140个字符的信息，到2012

年年末，Twitter 吸引了超过5亿的活跃用户。[8] Twitter的收入来自那些希望自己的广告作为用户消息来源的一部分出现在Twitter里的商家。[9] 尽管Twitter一直保持为私人公司，但它却已经进行了数轮融资，并且到2011年12月，其价值达到了84亿美元。与2010年1亿美金的收入相比，Twitter当时预计其2011年的收入大约会上升到1.1亿。[10]

LinkedIn是为专业人士提供的一个社交网站，LinkedIn允许用户们贴出自己的就业历史和背景信息，然后将自己的资料与其他在专业上与自己有联系的用户连接到一起，比如从前和现在的雇主。该网站于2002年12月创建，到2012年，LinkedIn在全球拥有1.75亿的注册用户，其总收入为5.22亿，净收入为1 200万。[11] 用户可以免费获得LinkedIn的基本版本，或者每月支付25美元到50美元不等来获取功能更多的高级版本。这个高级版本可以允许用户相互发送信息、请求和推荐。

在社交网络领域之外，Facebook还与微软、雅虎、亚马逊和易趣等领先的在线服务公司进行竞争，以期能够得到广告商的业务。

经济和市场现况

Facebook的IPO在不断改善但仍然很脆弱的全球经济环境中向前推进。世界经济仍然在努力从2007年至2009年的全球金融危机中复苏，而到了2010年时，该危机演变成了欧洲的主权债务危机。美国经济在缓慢复苏，GDP预期将在2012年增长2.2%，而这个数值在2011年仅为11.7%。但即便如此，仍然低于20世纪八九十年代的年均增长率3.3%。美国的失业率仍处在8%以上且居高不下；并且华盛顿的政党之争，在2012年11月的美国总统选举之前，也威胁着美国经济的复苏。特别要注意的是，有人担心民主党和共和党在解决"财政悬崖"（fiscal cliff）（一系列税收和开支削减将于年底自动生效）这件事上将有可能无法达成共识。美国国外的情况也并不景气——欧洲重新进入一个经济衰退期，同时中国、巴西和印度等新兴市场经济体也有了步履蹒跚的迹象。

至2012年5月的一年里，美国的股票市场有了强劲的反弹，标准普尔 500指数较2011年11月的低谷时增长了21%。面对着不断恶化的经济现状及美国和欧洲的政治僵局，投资者开始看跌股价，尤其是标准普尔 500指数在5月的前半月下跌了5%。以科技股为主的纳斯达克100指数从2011年12月中旬至2012年5月中旬上涨了17%,但这种增长在近期似乎已经停了下来。图3.2 显示了纳斯达克100指数、标准普尔500指数及互联网软件与服务行业的近期表现。

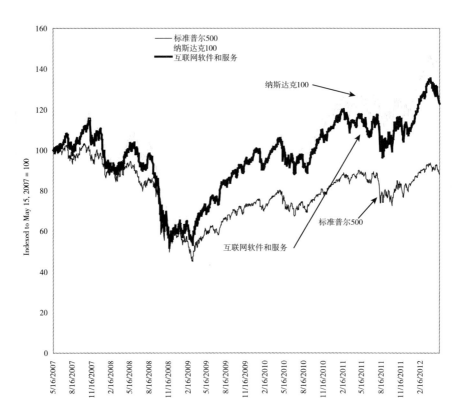

注:互联网软件和服务指数由安硕道琼斯美国技术交易所交易基金(iShares Dow Jones U.S. Technology exchange-traded fund)编制。

图3.2 不同股票指数的表现

资料来源:Yahoo Finance ca.finance. yahoo. com/, accessed November 9,2012.

市场的波动及持续的经济不稳定把全球的IPO市场带入了低潮。在2012年的第一季度,全球IPO从2011年第一季度的466亿美元急剧降到了143亿美元。图3.3显示了从2004年到2012年每季度IPO的数量,以及所筹得的资本。

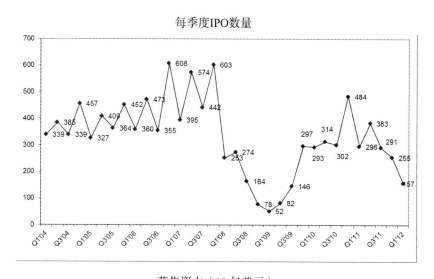

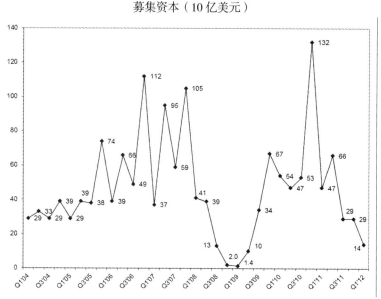

图3.3 美国IPO的市场数据

资料来源：Dealogic，Thomson Financial, Ernst & Young, http://www.eg.com/Publication/vwLUAssets/2012-Q1-Global-IPO-update/$FILE/2012-Q1-gLobal-IPO-update.pdf; accessed Qctober 2, 2012.

麦克尼尔和他的团队很仔细分析了近期的几个IPO表现，如LinkedIn、Groupon和Zynga。表3.3总结了这3个交易的混合表现。

在2011年5月的IPO中，LinkedIn以每股45美元的价格发行了784万股的股票，所得款项的总额为3.53亿美元，其公司的市值被估价为43亿美元。[12] 由于该交易十分抢手，LinkedIn在股价定出的前一天将其谈判定价从32—35美元的范围提高到42—45美元之间。[13] 尽管LinkedIn把价格定在了其谈判定价范围的最高点，但其股票还是在交易当天结束前涨至94.25美元，相比定价增长了109%。LinkedIn的股票在接下来的一年里涨到了110.56美元，总共增长了146%。

"每日特价"的优惠券公司Groupon在2011年11月上市，是继Google以来美国最大的科技IPO，其集资达到了7亿美元。由于投资者的强烈需求，Groupon的承销商将发售的股份数目从3 000万增加到了3 500万，并把每股的价格定在了20美元，高于16—18美元的初始价格范围。[14] 该价格把这个三年的公司的价值定在了127亿美元。[15] Groupon的股票在第一天交易时就上涨了43%。一周后，其股票仍有21.3%的增幅。但是，到5月中旬，Groupon的股票已经跌到了每股12.17美元，相较IPO发布时定价损失了39%。

最后，网络游戏公司Zynga在2011年12月份公开上市，以每股10美元的价格出售了1亿股。这个交易价格被定在了其定价谈判范围（8.5—10美元）的最高点，并把这个4年的公司的价值定在了70亿美元。[16] Zynga的股票价格在交易当天结束时跌了5%；而且到5月中旬时，其股票的交易价是8.56美元，比IPO的定价跌了14.4%。

其他交易条款

麦克尼尔和他的团队仔细研究了Facebook的初步招股说明书，以期能够获取关于股票发行的最重要的信息（附录3.1）。一些条款引起了他们的注意。

现有股东的股票出售

在5月15日发布的初步招股说明书显示，Facebook计划出售421 233 615份A类普通股。按此计算，Facebook将发行180 000 000份新股，由已有股东出售剩下的

表3.3 2011年相关科技公司的IPO情况对比

公司	股票代码	IPO日期(2011年)	价格范围(美元)	IPO价格(美元)	总实现金额(亿美元)	总回报率		
						第一天	第一个星期	第一个月
LinkedIn	LNKD	5月19日	32—35 修改为 42.00—45.00	45.00	3.528	109.4%	91.9%	45.6%
Groupon	GRPN	11月3日	16.00—18.00	20.00	6.21	43.0%	21.3%	-5.3%
Zynga	ZYNG	12月16日	8.50-10.00	10.00	10	-5.0%	-6.1%	-11.3%

资料来源：Accessed October 2, 2012: http://www.reuters.com/article/2011/05/19/us-linkedin-ipo-risks-idUSTRE74H0TL20110519, http://www.nyse.com/press/1305802537651.html, http://articles.marketwatch.com/2011-10-21/markets/30759863_1_groupon-online-deals-zynga, http://la-timesblogs.latimes.com/money_co/2011/11/groupon-ipo.html, http://articles.latimes.com/2011/dec/17/business/la-fi-ct-zynga-ipo-20111217, http://techcrunch.com/2011/12/02/zynga-sets-price-range-for-ipo-at-8-50-to-10-per-share.

241 233 615份股票。因此，Facebook将筹集61亿至68亿美元的资金，而Facebook内部人士获得81亿到91亿美元。

尽管麦克尼尔知道IPO是一个风险资本家们从中获得现金的时刻，但扎克伯克和其他的内部人士的股票出售也必须被纳入考虑。附录3.2给出了一个股东的名单和他们将在IPO时出售的股份数量（不包括承销商所选择的全面行使的出售股份）。麦克尼尔注意到，在IPO后的第91天到第366天的时间范围内，将会有5个"股份禁售"期，明确表明什么时候内部人士才能够出售他们额外的股票。这些股份禁售期将会影响到21.38亿股票中的18.72亿的股票，禁售影响将会在IPO后凸显，见附录3.3。

双层股权结构

Facebook有两类的普通股：A类普通股和B类普通股。两类普通股对公司盈利有着相同的索取权，但是却有着不同的表决权。每股的A类普通股被规定只有1票的表决权；但是B类普通股的每股代表着10票的表决权，每股的B类普通股都可以随时被换成A类普通股。并不令人惊讶的是，A类普通股将在IPO时被出售，而B类普通股却只被那些Facebook的内部人士持有，并不被公开出售。假设180 000 000股的新的A类普通股被投入IPO，那么Facebook将会有663 492 418股的A类股和1 504 592 619股的B类普通股被流通，A类股有4%的表决权，而其余的表决权则归于B类股的持有人。扎克伯格将直接或间接地控制着56%的表决权。初步招股说明书解释了这意味着什么：

> 扎克伯格先生掌控着对所有提交给Facebook股东进行审批事项的最终决策的能力，包括董事的选举和任何合并、联合，以及所有资产或实质上所有资产上的出售。这种集中控制可以延迟、推期或阻止在其他股东认可下的控制改动、合并、联合、以及所有资产或实质上所有资产的出售；相反的，这种集中控制也可以批准其他股东反对的交易。[17]

扎克伯格在IPO实施一个月前已经开始显示出他很愿意使用这项权利的意愿，当时他用10亿美元的现金和Facebook的股票去购买Instagram——一个非常流行的相片和图片的分享服务公司。直到协议达成后，Facebook的董事会才知道这笔交易的存在。[18]

对承销商的应付费用

摩根士丹利担任了Facebook IPO的主承销商，而J.P.摩根和高盛则担任联合主承销商，另外还有其他28个副承销商这几个主承销商主持整个IPO的过程，从文件整理的准备到路演的组织、预约登记的协调、最后定价的谈判，一直到把股票分发给新的持有者。虽然一个公司IPO的典型承销费用是所筹得金额的3%到7%，但是Facebook却只支付1.1%的承销费。这个数字既反映出了Facebook IPO的规模，也体现了其知名度和信誉。

承销商必须要设法管理在IPO上出现的许多潜在的利益冲突。他们会试图与像Facebook这样的公司建立关系，希望能够使自己为这些公司在额外的资金筹集或潜在的合并及收购上提供服务和建议。Facebook所期待的是一次成功的IPO，能够筹集到多多益善的资金，并希望股票价格会一路上涨，从而为未来的二次发行创造条件。而承销商往往会有一些股票分析师开始启动对公司的跟踪，并提出股票发布目标价格和投资推荐。承销商通过向他们的机构客户与零售客户出售股票来赚取费用，而这些客户都希望能以最便宜的价格买到。客户尤其渴望买到热销的IPO股票，而这些股票被客户们幻想着会在出售的第一天噌地一下上涨35%。但是如果遇到没有快速上涨的情况，承销商则将会提供价格支持，意味着将股票的价格维持在一个最低水平上。

但承销商有一个超额配股权（"绿鞋期权机制"），即允许他们出售上至发行量的15%的额外股票。在交易开始时，承销商们会出售总数为4.84亿的股票，尽管他们只有4.21亿股的配额。绿鞋期权意味着承销商可以有效地短缺6 300万股份。如果IPO是成功的，且股票交易价格上涨到比报价更高，承销商就会与Facebook行使绿鞋期权的选择，以此来补足他们欠缺的头寸。但是如果IPO进行的不顺利，且股票交易价格有降到IPO定价以下水平的危险，承销商则会买进市场中的股票来补足他们欠缺的头寸，并为股票的发行提供价格支持。承销商在IPO过程中所代售的每股股票可获得1.1%的佣金。

Facebook的定价讨论

Facebook于2012年2月1日提交了它的第一个"招股说明书",但是承销商们直到5月初才向投资者提供了一个正式的价格范围。在那之前,流传的定价范围大概在每股30美元左右(25美元到35美元)。5月初,随着势头的上扬和市场状况的不断好转,承销商提交了一份修改的建议书,并开始了横跨全国的路演,他们计划在5月14日的那一周来确定其股票的定价。5月9日修改后的初步招股说明书显示,Facebook将以每股28至35美元的价格出售337 415 352股股票。修正书也显示出2012年第二季度Facebook的日活跃用户增长超过了广告投入数量的增长。这种趋势是由于Facebook在移动设备上的使用增加了,而在这种移动设备上广告显示是很受限的。按照惯例,初步招股说明书没有预测或其它前瞻性信息。

路演于5月7日正式拉开帷幕,由扎克伯格、埃伯尔斯曼和桑德伯格主持,在纽约的喜来登酒店给投资者做了一个报告。在摩根士丹利的领导下,路演的路线包括了在全国主要机构投资者所在的城市,包括波士顿、芝加哥、丹佛、帕罗奥阁。为了能接触到更多的投资者,Facebook还专门针对那些零售投资者制作了一部关于公司的短片,发布在YouTube网站上。路演结束于5月11日。

主承销商们通过他们的销售团队在积极地吸引着投资者的兴趣。3个承销商都无一例外地联系了麦克尼尔,寻问他是否有兴趣参与。麦克尼尔注意到,这个股价范围低于在3月份达到的44.10美元的高价,而这个价格是基于一个在SharePost登出来的私人的交易。[19]麦克尼尔听说金融机构和零售投资者都对这个交易有着很大的需求,但他知道这只是承销商想借机抬价的序幕。与此同时,承销商们也似乎希望IPO的最终定价可以足够保守,因为这样一来,Facebook的股价就可以在交易的第一天噌地一下迅速上涨。通常IPO收益并不能由公司全部获得,特别是当价格范围在IPO的营销过程中增长的时候,见附录3.4。

在5月11日,消费者信息与商业频道(CNBC)报道说,Facebook的IPO有"许多"倍超购的投资者,而这为推动其价格设在定价范围上的最高端奠定了基础。[20]但并不是每个人都信服这种看法。一位晨星公司（Morningstar）的分析师表示："对于那些长期的投资者来说这个建议报价未来的上升空间很有限。"[21] 尽管有各种怀疑的声音，在5月14日，Facebook公司的主承销商们还是将其IPO价格提升到了34美元到38美元之间，声称"非常供不应求"。[22] 同时，股票的销售量又增加到421 233 615股。并且所有增加的股份都是由Facebook的内部人士所出售。

价值评估

麦克尼尔的分析队伍依据两个基本的方法来评估一个公司的价值：一个是分析其现金流贴现（discounted cash flow, DCF），另一个是从可比较公司和最近的交易中计算其市盈率。DCF分析法是所有股票分析师都很熟悉的工具，但麦克尼尔通过经验知道用这个工具得到的结果对其假设是非常敏感的。这个分析并不适用于正在快速成长的公司，因为它们的价值几乎都被捆绑在专利权及其他无形资产上。麦克尼尔不想只依据承销商的价值评估结果，他还密切关注着一位知名学者，来自纽约大学斯特恩商学院的阿斯瓦斯·达莫达兰教授（Professor Aswath Damodaran）的博客。[23] 附录3.5为达莫达兰教授对Facebook所做的DCF分析。

达莫达兰在他的博客里提出，他相信Facebook将有机会在市场中占据主导地位。如果真的是这样，他指出他的评估价格也许就"太低"了。但是他另外附加了两个证明：第一，他提出若Facebook的价值被定在750亿美元的话，市场将把Facebook看成是一个巨大的成功，这样一来，任何Facebook低于最佳表现的业绩都会被视为失败。第二，他担心扎克伯格对公司的极端控股权意味着其他股东不会对Facebook的战略有所作为。

由于不想在缺乏准备的情况下进入会议，麦克尼尔要求他的分析团队将一系列广泛的公开上市公司的市盈率放在一起，并制成一个列表（附录3.6）。这个列表内包含了从社交网络公司到互联网服务公司，再到网上零售商和移动电话制造商。麦克尼尔从自己的经验中得知，利用市盈率来评定，一部分是艺术，一部分是科学。关键是要确定一套正确的比较方法和一套合适的指标。

做出决定

麦克尼尔知道CXT的投资委员会想听到有关Facebook能够赚取高于平均总回报率的潜力到底有多大的分析。鉴于Facebook没有任何的分红,这个回报就必须来自资本增值。最终,Facebook必须在抵御别的竞争者和建立进入市场门槛的同时,来增加其销售、管理自己的支出以能够提升它的净利润。尽管他很看好Facebook的长期发展前景,麦克尼尔也对在投资Facebook的股票上付出过高价格的风险感到忧虑。从另一方面来说,他也不想错失一个买入最大社交网站的这个百年不遇的良机。Facebook毫无疑问是美国科技产业中的一个重要的参与者。唯一的问题是,这是否也是一个好的投资。

附录3.1 Facebook招股说明书

本建议书内容并未完成，而且有可能会随时改变。直到提交给美国证券交易委员会的登记声明生效之前，我们或销售股东们都不能出售这些证券。这个建议书不是一个销售证券的正式招股书，而且我们或股东们不会在任何不允许出售股份的情况下征求报价和买卖证券。

建议书(待续)

2012年5月16日发行

421 233 615 股份

Facebook

A类普通股

Facebook公司将提供其A类普通股的180 000 000股的股份，而出售股票的股东将提供其A类普通股的241 233 615股的股份。我们不会从出售股票的股东那里得到出售股份后任何的所得收益。这是我们的首次公开发行股票，所以现在市场上并不存在对我们的A类普通股的公开交易。我们预期这次的首次公开发行股票的价格将会被定在34美元至38美元之间。

我们将发行的股票一共有两类：一类是A类的普通股，另一类是B类的普通股。这两类普通股的股东可行使的权利除了表决权和转换权之外，其他的可行权利是等同的。A类普通股的每一股都将被冠以1票的投票权；而B类普通股的每一股则将被冠以10票的投票权，并且可以随时转换为1股A类的普通股。在这次股票发行后，发行在外的B类普通股的股东将会持有近95.9%的表决权；而我们的创始人兼CEO——马克·扎克伯格，则将持有近55.8%的表决权。

我们的A类普通股已经被批准在纳斯达克的全球精选市场上市，并以"FB"的标志列出。

我们是一个"受控公司"，并服从纳斯达克的企业管理规则。我们的董事会已经表示不准备建立一个独立的提名功能，而是将由我们的董事会直接负责公司的董事会成员的提名。

投资我们的A类普通股将存在风险。详情请看第12页"风险因素"

	公开价格	承销商折扣和佣金	Facebook的所得收入	销售股东的所得收入
每股	$	$	$	$
总数	$	$	$	$

我们和销售股东已经授予承销商可购买股份的权利。通过该权利，承销商可以额外购买最多63 185 042股的A类普通股来平衡其超额配股权。美国证券交易委员会和国家监管机构没有表示是否批准这些超额配股，也并没有确定本招股建议书是真实的或完整的任何与此不一致的表述都是非法的。

摩根士丹利　　　J.P. 摩根　　　高盛

美林银行　　巴克莱　　艾伦公司

花旗集团　　瑞士信贷　　德意志银行

RBC资本　　富国证券

资料来源：Facebook FORM S-1/A, Red Herring, May 16, 2012.

附录3.2 Facebook 股本及销售股东

股东姓名	IPO前所持A类股份	IPO前所持B类股份	IPO后所持A类股份	IPO后所持B类股份	IPO后占总表决权的比例	IPO数量	股份占比
高管：							
Mark Zuckerberg, Chairman and CEO	0	533 801 850		503 601 850	31.0	30 200 000	6%
有委托投票权的股份	4 2 395 203	541 994 071	5 166 794	430 293 407	27.5	95 795 713	22%
合计	42 395 203	1 075 795 921	5 166 794	933 895 257	57.5	125 995 713	13%
James W. Breyer, Director		201 378 349	144 418 008	7 929 092	1.4	49 031 249	32%
Peter A. Thiel, Director		44 724 100	18 581 901	9 297 884	< 1.0	16 844 315	60%
销售股份的股东：							
Accel Partners		201 378 349	144 418 008	7 929 092	1.4	49 031 249	32%
DST Global Limited	36 711 928	94 567 945	5 016 794	80 600 514	5.2	45 662 565	53%
Goldman Sachs	65 947 241		37 274 529		< 1.0	28 672 712	77%
Elevation Partners		40 109 645		35 487 149	2.3	4 622 496	13%
Greylock Partners		36 656 372		29 049 020	1.9	7 607 352	26%
Mail.ru Group Limited	1 325 775	55 026 235		36 751 311	2.3	19 600 699	53%
Mark Pincus		5 313 920		4 304 637	< 1.0	1 009 283	23%
Meritech Capital Partners		40 355 223		33 356 443	2.1	6 998 780	21%
Microsoft Corporation		32 784 626		26 227 701	1.7	6 556 925	25%
Reid Hoffman		4 713 920		3 771 136	< 1.0	942 784	25%
Tiger Global Management	4 207 500	49 630486		30 430 166	1.9	23 407 820	77%

资料来源：Facebook FORM S-1A, *Red Herring* May 16, 2012. The table only shows the subset of current shareholders who are selling shares in the IPO. It does not include shareholders who are not selling snares.

附录3.3　IPO之后的股份禁售期的结束

如果存在普通股的大量销售，尤其是由本公司的主管、高级管理人员、员工和重要的股东，或当有大量可供出售的我们公司的普通股时，A类普通股的价格可能就会下降。在首次公开发行股票之后，基于2012年3月31日流通在外的股数，我们将会有598 396 119股流通的A类普通股和1 539 688 918股流通的B类普通股。这些普通股里包括了337 415 352股在首次公开发行股票时将由我们和销售股东所出售的股票，这些股份可能会在首次公开发行后于公开市场上被再次出售，假设对已发行的股票没有额外操作（除了下面的部分操作，购买已发行的、由扎克伯格先生持有的120 000 000股的B类普通股，这将导致本公司对60 000 000股的B类普通股的发行，而这在本建议书的其他部分亦有提及）。本公司的B类普通股可转换成同等数量的本公司的A类普通股，并在转账时通常会转换成本公司的A类普通股。本公司的260 980 767股的A类普通股及1 539 688 918股的B类普通股不会在首次公开上市中提供和出售，同样受到限制的还有限制性股票单位（RSUs）下的股票和属于员工股份选择（职工优先认股权）的股票。而这些股票在不久的将来可以在公开市场上出售，如下所示。

在公开市场上可买卖的日期	普通股数量
在公开发行后91天	由除扎克伯格先生以外的销售股东所持有的268 113 248股
在公开发行后151至180天	由本公司主管与现任员工所持有的2011年前在净结算限制性股票单位（RSUs）下的约1.37亿股，和约5 500万流通股，以及由除扎克伯格先生外的现任员工所持有的股票选择（职工优先认股权）下的约5 500万股
在公开发行后181天	1 222 849 097股的流通股和2011年前在净结算限制性股票单位（RSUs）下的约1 800万股
在公开发行后211天	由除扎克伯格先生以外的销售股东所持有的123 746 921股
在公开发行后366天	由Mail.ru Group Limited和DST Global Limited与其各自下属所持有的47 315 862股

此外，截至2012年3月31日，购买49 390 599股由前员工所持的B类普通股的选项是公开并合法授予的，且符合此选项的B类的普通股会在公开发行的181天后合法提供。还有，紧接着本公司的首次公开上市后，剩余的60 000 000股、由扎克伯格先生所持的符合部分行使股票选择的股票会在公开发行后181天进行合法提供。我们预期将有额外的约200万股在上述的限制性股票单位的最初结算日期与2012年12月31日之间的B类普通股在净结算后即刻面向公开市场。

资料来源：FacebookFORM s-1/A, *Red Herring*, dated May 16, 2012。

附录3.4 美国IPO的平均首日回报，1990—2011

此样本包括美国证券交易所、纽约证券交易所和纳斯达克证券交易所上报价不低于5美元的IPO。收益中不包括超额配售选择权，但包含全球发行规模。

年份	IPO数量（家）	平均首日回报		合计收益（10亿美元）
		平均加权	收益加权	
1999	477	70.9%	57.0%	64.8
2000	380	56.4%	45.8%	64.8
2001	79	14.2%	8.7%	34.2
2002	66	9.1%	5.1%	22.0
2003	62	12.1%	10.5%	9.5
2004	175	12.2%	12.2%	31.7
2005	160	10.2%	9.3%	28.3
2006	157	12.1%	13.0%	30.5
2007	160	13.9%	13.9%	35.7
2008	21	6.4%	24.8%	22.8
2009	41	9.8%	11.1%	13.3
2010	94	9.1%	6.1%	30.7

年份	IPO数量（家）	平均首日回报		合计收益（10亿美元）
		平均加权	收益加权	
2011	81	13.3%	12.0%	27.0
1980—2011	7617	17.9%	18.6%	696.0
平均首日回报				
如果IPO价格相比提交的价格范围	低于时	在范围内时	高于时	
1999—2000	9%	26%	121%	
2001—2011	3%	10%	30%	
1980—2011	3%	11%	50%	

资料来源：Professor Jay Ritter,"Initial Public Dfferings: Underpricing Statistics Through 2011," Cordell Professor of Finance, University of Florida, http://bear.warrington.ufl.edu/ritter/ipodata.htm, accessed December 21, 2012

附表3.5 现金流贴现（PDF）分析

DCF	2011	2012E	2013E	2014E	2015E	2016E	2017E	2018E	2019E	2020E	2021E	2022E
	Base year	1	2	3	4	5	6	7	8	9	10	year
Assumptions:												
Revenue growth rate		40.0%	40.0%	40.0%	40.0%	40.0%	32.4%	24.8%	17.2%	9.6%	2.0%	2.0%
EBIT (Operating) margin	45.7%	44.6%	43.5%	42.5%	41.4%	40.3%	39.3%	38.2%	37.1%	36.1%	35.0%	35.0%
Tax rate	40.0%	40.0%	40.0%	40.0%	40.0%	40.0%	39.0%	38.0%	37.0%	36.0%	35.0%	35.0%
Increase in CAPEX+WC as % of sales		67.0%	67.0%	67.0%	67.0%	67.0%	67.0%	67.0%	67.0%	67.0%	67.0%	100%
Cost of capital		11.1%	11.1%	11.1%	11.1%	11.1%	10.5%	9.8%	9.2%	8.6%	8.0%	8.0%
Free cash flow to firm ($ millions)												
Revenues	3 711	5 195	7 274	10 183	14 256	19 959	26 425	32 979	38 651	42 362	43 209	44.073
EBIT	1 695	2 318	3 167	4 325	5 903	8 051	10 377	12 599	14 353	15 279	15 123	15.426
EBIT (1-tax)	1 017	1 391	1 900	2 595	3 542	4 830	6 330	7 811	9 042	9 778	9 830	10.027
Increase in CAPEX + WC		995	1 392	1 949	2 729	3 821	4 333	4 391	3 800	2 486	568	864
FCFF		396	508	646	813	1 010	1 997	3 420	5 242	7 392	9 262	9,162
Terminal value												152.707
Present value:												
Cumulative discount factor		0.9002	0.8104	0.7296	0.6568	0.5912	0.5352	0.4872	0.4461	0.4107	0.3802	0.3802

(续表)

DCF	2011	2012E	2013E	2014E	2015E	2016E	2017E	2018E	2019E	2020E	2021E	2022E
	Base year	1	2	3	4	5	6	7	8	9	10	year
Assumptions:												
PV of FCFF and TV		356	412	471	534	597	1 069	1 667	2.338	2 995	3 522	58 066
Value of firm	72 026.7											
-Debt	1 088.9											
+Excess Cash	1 0512.0											
Value of equity	72 449.8											
-Cost of equity options (after tax)	3 088.5											
Value of common equity	69 361.3		WACC		Equity	Debt	Preferred	Capital				
			Market Values		$ 81,247.2	$ 1,088.9	$ —	$ 82.336.1				
Number of shares (millions)	2 138.1											
			Weights in Wacc		98.7%	1.3%	0.0%	100.0%				
Estimated value / share	$ 32.44											
			Cost of Component		11.2%	2.4%	7.1%	11.1%				
Price talk	$ 38.00											
Price as % of value	117%											

注：为让读者更清楚地明白分析过程，这里保留英文。

Facebook 第3堂课
首次公开发行股票

附表3.6 可比公司的——市盈率

公司	股市代号	股价(美元)	EV/销售 2013E	EV/销售 2014E	价格/收入 2013E	价格/收入 2014E	价格/销售 2013E	价格/销售 2014E
亚马逊	AMZN	224.39	1.3x	0.9x	177.7x	109.5x	1.6x	1.3x
苹果	AAPL	553.17	2.5x	1.8x	12.8x	11.1x	3.3x	2.8x
思科	CSCO	16.54	1.6x	1.4x	9.0x	8.5x	1.9x	1.8x
Google	GOOG	611.11	4.7x	3.6x	14.5x	12.4x	5.4x	4.6x
Groupon	GRPN	12.17	4.2x	2.9x	69.2x	17.9x	3.4x	2.6x
LikedIn	LNKD	110.56	10.7x	7.3x	173.4x	96.6x	12.7x	8.6x
微软	MSFT	30.21	2.8x	2.5x	11.2x	10.0x	3.4x	3.2x
雅虎	YHOO	15.4	2.8x	2.6x	17.1x	15.0x	4.1x	4.0x
星佳	ZNGA	8.56	5.9x	4.9x	33.4x	25.1x	4.5x	3.7x
平均值			4.1x	3.1x	57.6x	34.0x	4.5x	3.6x
中位值			2.8x	2.6x	17.1x	15.0x	3.4x	3.2x

资料来源：Google Finance, I/B/E/S as of May 15, 2012; www.google.ca/finance, accessed October 2, 2012.

注释

1. This case has been written on the basis of published sources only. Consequently, the interpretation and perspective presented in this case are not necessarily those of Facebook or any of its employees.
2. http://www.businessweek.com/stories/2006-03-27/facebooks-on-the-blcok, accessed October 20, 2012.
3. http://blog.facebook.com/blog.phy?post=72353897130, accessed October 20, 2012.
4. Ibid.
5. http://www.bloomberg.com/news/2010-12-17/facebook-groupon-lead-54-rise-in-value-of-private-companies-report-find. html, accessed November 3, 2012.
6. http://www.sfgate.com/business/article/Global-Advertising-Industry-to-Reach-US-691-6-2455969.php, accessed October 12, 2012.
7. http://google-plus.com/5746/google-crosses-100-million-actice-users-in-march-2012-according-to-larry-page/, accessed October 20, 2012.
8. http://www. mediabistro. com/alltwitter/500-million-registered-users_b18842, accessed Octkber 20, 2012.
9. http://news. cnet.com/8301-1023-3-57394477-93/the-$1-per-month-twitter-business-model/,accessed October 20,2012.
10. http://online. wsj. com/article/SB10001424052748703716904576134543029279426. html?KEYWORDS=twitter, accessed November 7, 2012.
11. http://press.linkedin. com/about, accessed November 7, 2012.
12. http://blogs.computerworld.com/18311/linkedin-ipo-stock-price-45-valuation-4-3b-date-5-19-symbol-Inkd, accessed November 7, 2012.
13. http://socialtines.com/linkedin-ipo-7-84m-shares-at-32-35-each-b61483, accessed Octkber 20, 2012.

14. http://www.reuters.com/article/2011/11/04/us-groupon-idUSTRE7A352020111104, accessed October 20, 2012.

15. http://digital-stats. blogspot.ca/2011/11/groupons-ipo-values-company-at-1265bn, html, accessed November 7, 2012.

16. http://money.cnn.com/2011/12/14/technology/zynga-ipo-price/index.htm, accesssed November 7 ,2012.

17. "Facebook FORM S-1/A," *Red Herring*, May 16, 2012, p. 22.

18. http://www.informationweek. com/security/privacy/facebooks-history-from-dorm-to-ipo-darli/240000615?pgno=12, accessed October 20, 2012.

19. http://blog.sfgate. com/pender/2012/05/18/see-where-facebook-stock-traded-before-the-ipo/, accessed October 20, 2012.

20. "Facebook IPO Said 'Many, Many' Times Oversubscribed-CNBC,"DoW Jones News Service, May 9,2012.

21. "Curb Your Facebook IPO Enthusiasm, Morningstar Says," Dow Jones News Service, May 11, 2012.

22. "Facebook Raises Price Range to $34 to $38," Dow Jones News Service, May 14, 2012.

23. Aswath Damodaran's DCF valuation is taken from his website at: http://aswathdamodaran. blogspot.com/, accessed October 20, 2012.

第4堂课

J.P.摩根
学到的教训

本案例由Stephen Sapp教授撰写。此案例仅作为课堂讨论材料，作者无意暗示某种管理行为是否有效。作者对真实姓名等信息进行必要的掩饰性处理。

未经Richard Ivey School of Business Foundation书面授权，禁止任何形式的复制、收藏或转载。本内容不属于任何复制版权组织授权范围。如需订购、复制或引用有关资料，请联系 Ivey Publishing, Richard Ivey School of Business Foundation, The University of Western Ontario, London, Ontario, Canada, N6A 3K7; phone (519) 661-3208; fax (519) 661-3882; e-mail cases@ivey.uwo.ca.

Copyright © 2012, Richard Ivey School of Business Foundation

版本：2012-09-24

J.P.摩根大通集团（简称J.P.摩根）的首席执行官杰米·戴蒙（Jamie Dimon）于2012年6月19日向美国参议院银行委员会证实，J.P.摩根董事会正面临着困难的抉择。作为董事会的一员，他必须决定如何就2012年5月10日被爆出的伦敦交易团队亏损逾20亿美元[1]事件做出正式的回应。

截至写稿时，戴蒙一直扮演着公司发言人的角色，但是董事会不得不对于"愚蠢决定"[2]导致的揭露事件做出被戴蒙承认为"过分"的决策。[3]董事会的正式介入是非常重要的——由于公布的亏损，市场给出了消极的反应（在事件揭露的当月，J.P.摩根的市值跌了260亿美金），接踵而至的还有政府和监管者对于监管不利的消极反应（亏损引发了对在《多德·弗兰克法案》（Dodd-Frank Act）下的美国新法规的推进的呼吁——特别是沃尔克修正案（Volcker Amendment）[4]）。自然的，董事会会质询一些诸如J.P.摩根如何陷入现在的境地，及如何避免类似事件再次发生的问题。为了帮助董事会正确地做出回应，他把近期事件的背景资料和历史资料整理了出来。

目前的困境

2012年5月10日，J.P.摩根的首席执行官杰米·戴蒙宣布其伦敦团队的交易员，尤其是它的首席投资办公室（CIO），对20亿美元的亏损负责。[5]投资者、监管者和其他关键人员最关心的，是是否仅仅是由于其投资办公室交易员们未能了解他们交易行为的风险及交易没有被有效地监管，才造成了此次损失。如果是这样，则由此说明，公司内部和外部利益相关者都没有预料到其首席投资官代表J.P.摩根使用公司的现金储蓄所带来的风险。

在一份为参议院银行委员会准备的听证报告中，戴蒙承认道：

此投资组合改变本应是为避免公司出现新的更大潜在风险。许多人因此次事件受损，我们为此感到抱歉……投资办公室的交易员对于他们的行为没有充分的认识……当投资开始在3月份和4月初出现亏损时，他们错误地把亏损归结于亏损异常和短暂的市场波动。[6]

问题首先在2012年4月被公之于众，戴蒙的最初反应是否认该事件的存在。当月，伦敦的大型机构投资者发现J.P.摩根投资办公室的一名叫布鲁诺·伊克希尔（Bruno Iksil）的交易员，异常地在信用违约掉期合约（CDS）中建立大笔头寸，投资者们对此十分关注。随着该头寸变得愈发明显，该交易员的进仓行为在彭博资讯[7]和《华尔街日报》[8]中被报道。媒体相继发表了关于"伦敦鲸"的报道（"伦敦鲸"是同行们因伊克希尔在CDS市场的大动作而给的外号），"伦敦鲸"事件的加深变得更为公众所知。

同时，随着市场参与者对J.P.摩根规模巨大的头寸了解的加深，其他机构的交易员马上做了大量的对立押注。有趣的是，这其中就包括一个J.P.摩根另一家分行的基金经理。该交易员看到了利润并从另一个经纪人那购买了金融衍生产品，却没注意到另一头的交易员居然也是J.P.摩根员工。

最初关于这些头寸的报告都被公司否决或最小化（很可能是在试图缩小事件的曝光率和损失）。因此当J.P.摩根公开承认时，他们遭到了抨击。很大一部分批评并不是关于最初的否认或缺乏对交易细节的准确描述，而是公司无法更早地发现这些数额极大的赌注所带来的风险。而戴蒙只承认当事方——伦敦分部的首席投资办公室——的监管崩溃。[9]

被告知的市场参与者怀疑此次亏损的交易是和一个叫作CDX1G9的指数有关，它是基于北美125家主要公司债务拖欠风险的一个指数。该指数价值随着这些公司发行的债权的偿付风险增加而增加。因此，它又被称为"金融衍生品的衍生品"。据悉，伊克希尔出仓了大量的该指数的保障。这些头寸是基于如果风险增加（例如指数的点数增加），J.P.摩根亏损(至少就账面上而言)。伊克希尔觉得经济正在复苏，因此他可以通过卖掉正在增长信誉的高价债权上的保障来赚钱。

对冲基金买入伊克希尔正在卖掉的保障的原理是基于观察J.P.摩根正在抛售如此

大量的安全保障而致使价格不断下降。通过买入，对冲基金经理押注在当银行最终停止抛售大量的保险而使得保障的价格上涨，又或是经济冲击导致的价格上涨（例如关于希腊欧洲债务危机和中国的持续不确定性的相关事件）。对冲基金经理觉得两种原因都有可能，所以他们能够把赌注押在购买便宜的保障上并期待未来价格的上涨。

对于J.P.摩根来说，在信用保险市场上做得这么大是不寻常的。事实上，公司的金融衍生团队是信用违约掉期(CDS)的先驱者，而CDS就是信用保险的一种。第一个CDS的发行让埃克森石油公司（Exxon）得以从J.P.摩根贷到款，而J.P.摩根通过CDS买卖把风险转移到欧洲复兴开发银行。

尽管相对性的共识是认为J.P.摩根在CDS市场上押了很大的注，但这些是否是造成损失的真正交易仍不得而知。有经验的交易员注意到，亏损20亿一般要花费很长一段时间和数量巨大的头寸。造成此次"伦敦鲸"交易（在信用衍生指数即CDS指数上买入和卖出期限不同的信用违约掉期合同）的金额预计将达到500亿至700亿美金。由于CDX指数的价格波动，预计在这些交易上的损失将会下降到6亿美金到10亿美金之间。

这些计算数据表明还有其他的交易导致此次的亏损，并引发其他问题。那么此次处于亏损中心的真正交易是哪些呢？它们是否都和CDX指数有关还是有其他头寸的参与？亏损真正发生的时间是什么时候，是在2012年4月的季度报告之前还是之后？这些市值计价的头寸一直是正确的吗？它们是否在用一个不正确的模式计价？它们是如何进入J.P.摩根内部风险管理流程的？

所有的这些问题都是董事会必须要了解的，以便推进一些可能的内部流程的改变。更广泛地来看，了解J.P.摩根的历史和它的公司政策将有所帮助。

J.P.摩根大通的历史

J.P.摩根大通集团成立于2000年，由大通银行合并J.P.摩根公司而成立。J.P.摩根的名字被用于投行、资产管理公司、私人银行、私人财富管理和财政部及证券服务。私人银行和私人财富管理的信托业务是在美国纽约的J.P.摩根银行名下运营的。而大通的名字则用于在美国和加拿大的信用卡服务，在美国的零售业务，以及商业银行。

J.P.摩根大通集团是一家美国的跨国银行公司，其股票挂牌于纽约证券交易所。它的业务包括在美国和全世界的商业和投资银行业务。J.P.摩根是美国的四大银行之一（其他三行包括美国银行、花旗银行和富国银行），并在2011年10月超过美国银行一举成为美国资产规模最大的银行。公司的总部位于纽约，而其零售和商业银行业务的总部则在芝加哥。2011年，J.P.摩根的资产超过了2万亿美金，并根据《福布斯》统计，J.P.摩根——包括其旗下所有产业——同时还是世界第二大上市银行。[10] 它的对冲基金是美国最大的一支对冲基金。

J.P.摩根的部分阶段性增长的原因是其在过去10年间并购美国几家大型银行，包括大通曼哈顿银行（Chase Manhattan Bank，即大通银行）、J.P.摩根公司、芝加哥第一银行（Bank One）、贝尔斯登（Bear Stearns）及华盛顿互惠（Washington Mutual）。再往前推，它的并购对象还包括几大主要银行，例如化学银行（Chemical Bank）、汉华实业银行（Manufaturers Hanover）、芝加哥第一国民银行（First Chicago Bank）、底特律国家银行（National Bank of Detroit）、德克萨斯商业银行（Texas Commerce Bank）、波点金融（Providian Financial）和大西部银行（Great Western Bank）。希望更好地了解J.P.摩根的规模和成长，请参阅表4.1中该公司的金融数据。

表4.1　J.P.摩根金融数据（百万美元）

年份	2004	2005	2006	2007	2008	2009	2010	2011
营业额（百万美元）	43 097	54 533	61 437	71 372	67 252	100 434	102 964	97 234
净利润（百万美元）	4 466	8 483	14 444	15 365	5 605	11 728	17 370	18 976
员工数（人）	160 968	168 847	174 260	180 667	224 962	222 316	239 831	260 157

资料来源：*J.P. Morgam Annual Reports.*

J.P.摩根的风险管理

J.P.摩根在风险控制手段方面享有盛誉。比如，最常用的风险评估方法之一：风险价值，首次由该公司规范化并推广使用。第一个版本的风险价值模式（VaR），也叫风险矩阵方差模式（Risk Metrics），是在1989年由当时J.P.摩根新任主席丹尼斯·韦瑟斯通爵士（Sir Dennis Weatherstone）提出的。韦瑟斯通爵士要求发展一种能够测量和阐释公司风险水平的日报单的产物。由于风险管理日渐火热，J.P.摩根在1992年将风险矩阵系统对公众开放。到了1998年，客户对于公司风险管理的需求超过了公司内部风险管理所能提供的资源，于是，企业风险管理部门被拆成Risk Metrics公司。在2008年6月25日，Risk Metrics公司在纽约证券交易所挂牌上市，并在2010年被摩根士丹利国际资本公司（MSCI）收购。

再次在风险管理领域担任领头羊，J.P.摩根在2011年时宣布其已经开发出一种在超级电脑上运行的新型软件运用，该软件具有比之前更快的风险评估速度。事实上，通过使用该软件，银行可以将日结算公司级风险计算从8小时减少至不到4分钟。这是基于已发展的超高频固定收入交易操作的科技。现场可编程阵列（FPGA）的使用使得这个风险管理技术能够支持当今"最前沿"信息技术项目。[11]

因为J.P.摩根在风险管理方面的专注和完备的专业知识，戴蒙因在2008年的金融危机中独善其身而"声名狼藉"。他相信真正该为经济问题负责的是导致当下危机的商业和未加监管的金融产品。其中，他矛头直指抵押公司和美国国际集团（AIG）旗下的金融产品。

风险管理、伦敦鲸和监管

根据戴蒙的话，J.P.摩根的伦敦首席投资办公室团队的交易员应该对20亿美元的亏损负责，这是因为他们未能理解他们承担的风险，以及没有得到上级的充分监督。尽管他的办公室直接宣称错在首席投资办公室，但是J.P.摩根每个部门的人都知道戴蒙在风险管理中是事无巨细的。比如，众所周知他定期参加J.P.摩根投行和其他业务的风险委员会会议。这样不免让大家产生疑问：他真的和此次伦敦首席投资办公室所做的决定毫不相关吗？在回复参议院银行委员会的这个问题时，戴蒙宣称"首席投资办公室一直以来成绩不错"——这几年给公司带来了数十亿的利润——"以至于我对于那里所发生的一切很沾沾自喜，并且也许过于自信了"。12

戴蒙对于金融监管的口头反对也许对《多德·弗兰克法案》和《沃尔克修正案》中增加金融监管的争论有很大的影响。他的言论显然把J.P.摩根置于争论的中心，特别是抑制吸收存款银行交易的沃尔克修正案，是应该生效并尽可能严格的。"考虑到最近发生在J.P.摩根大通的风险管理的失败，一个包括更严格的沃尔克规则《多德·弗兰克法案》应被推进。"美国财政部部长尼尔·沃林（Neal Wolin）在6月中旬这样告诉参议院小组。13

就监管争论的一个有趣的事情是J.P.摩根最近被曝光的丑闻被用来指责监管对改革的失败，特别是对巴塞尔协议III。14 具体来说，在2011年12月，J.P.摩根为了应对巴塞尔协议III的资本规则的修改，要求首席投资办公室缩小其风险加权资产（RWA）的规模。在这个新的监管标准下，J.P.摩根担心它的风险加权资产会增加三倍，成为其商业运营的沉重包袱。首席办公室采取了数量巨大而复杂的头寸试图减小其资产的风险，并且以此减少风险加权资产头寸的规模。

当投资组合规模变得更大时，首席投资办公室评估和描述相关风险的难度就越大。而且，在没有重大的市场作用下，头寸的规模使得改变它们变得越来越困难，因此限制了首席办公室积极管理它们的能力。另外，在过去五年中，首席投资办公室的领导人一直在不断变化，这也限制了其在投资组合监管方面的连续性。

当参议院银行委员会提出首席投资办公室行为的问题时，戴蒙解释说管理投资组合的策略是"不成熟的想法和不合格的审查"，以及"未能仔细分析或提交给首席办公室的严格压力测试且无外部审查"。15

风险加权资产在监管上的改变被认为使2012年初被首席办投资公室采用的在风险价值模式上的一些改动变得更加糟糕。这个改变造成了其风险加权资产几乎一半的骤减。除了有利的影响，J.P.摩根表示没有充分证据证明可疑原因导致了该结果。

首席办公室在2011年年初要求调整VaR模式（远远早于问题事件出现之前），并且新的计算方法在被独立模式审查小组接受前，已经经过无数部门的测试和评估。因为新的模式在回溯测试方面表现得比目前的模式更好，改变公司核心风险评估方法——VaR模式——的决定得到了支持。为了凸显新变化的影响，2012年4月新的模式显示，首席投资办公室日平均风险估值从旧模式的12 900万减少为6 700万。

显然，这些由管理着J.P.摩根过剩现金（一大部分现金属于联邦被保险的存款）的3 500亿投资组合的团队所做的决定引起了政府和监管部门的注意。结果，证券交易委员会和商品期货交易委员会感到加强《多德·弗兰克法案》的压力愈见剧增，特别是关于金融衍生品和所有权风险承担方面。

决定

意识到你作为一家公司全体雇员和股东的领导者的受托责任，以及引导公众对于J.P.摩根过去一年活动的有关信息的责任，你需要决定要问戴蒙和他的团队什么样的问题，并且为避免类似情况再次发生，还要列一下你觉得J.P.摩根应做出哪些改变。具体来说，你希望公司在风险管理上和公司政策上有什么样的改变？你觉得J.P.摩根应该在正在实施的监管改革中承担什么样的角色？

注释

1. This case has been written on the basis of published sources only. Consequently, the interpretation and perspectives presented in this case are not necessarily those of JP Morgan Chase&Co. or any of its employees.

2. All sums are in US$ unless otherwise stated.

3. http://www.forbes.com/sites/steveschaefer/2012/05/10/jpmorgan-dives-after-hours-on-word-of-surprise-800-million-investment-loss/,accessed September 22, 2012.

4. 《多德·弗兰克华尔街改革和消费者保护法》简称《多德·弗兰克法案》是美国联邦法规，于2010年7月21号由总统贝拉克·奥巴马签署写入法律。法案包括对于自1992年股市崩盘和大萧条时期法规改革以来的美国金融法规最重大的改变（例如1932年的《格拉斯-斯蒂格尔法案》，又称《1933年银行法》。这些改变影响了美国的整个联邦金融管理机构和几乎整个金融服务行业。前美国联邦储备委员会主席保罗·沃克尔提出《多德·弗兰克法案》的修正案，此修正案的目的是限制在美银行做出不利于客户的投机性投资。沃克尔表示此类的投机行为是导致了2007年10月的金融危机的主要原因。修正案经常被认为是商业银行用自己的储蓄和现金去交易银行自己的账户的所有权交易的禁令。

5. The $2 billion figure was the value at the time of the initial disclosure. The size of the loss as of mid-June 2012 was estimated to be more than $3 billion, and it was unclear how much more it would increase as J.P. Morgan's traders continued to work at unwinding the related positions.

6. "Dimon Says JPMorgan 'Let People Down' on Credit Trades," Bloomberg, June 13, 2012, online. wsj. com/public/resources/documents/JPMCCIOTestimony. pdf, accessed September 22, 2012.

7. http://www.bloomberg.com/news/2012-04-09/jpmorgan-trader-iksil-fuels-prop-trading-debate-with-bets. html,accessed September 22,2012.

8. http://online.wsj.com/article/SB10001424052702303299604577326031119412436.html, accessed September 22, 2012

9. http://banking. senate. gov/public/index. cfm? FuseAction=File.View&File Store-id=32db0782-9ccf-42fd-980e-00ab870fd0d9, accessed September 22,2012.

10. http://www.forbes.com/global2000/, accessed September 22, 2012.

11. http://www.computerworlduk. com/news/it-business/3323475/jp-morgan-it-project-voted-most-cutting-edge/, accessed September 22, 2012.

12. http://www.bloomberg. com/news/2012-06-13/dimon-in-dc-preserves-wall-street-s-black-box. html, accessed September 22 2102.

13. http://www. treasury. gov/press-center/press-releases/Pages\tg 1601. aspx, accessed September 22, 2012.

14. 巴塞尔协议III是在银行资本充足率、压力测试和市场流动性风险方面的全球监管标准。它于2011年11月份由巴塞尔银行监管委员会成员正式通过。巴塞尔协议III旨在修正部分被2007年10月的全球金融危机显露出来的金融监管不足问题。特别是，巴塞尔协议III 提高了银行资本、流动性、和银行杠杆的要求，以此来协调企业财政资产和债务风险权重。

15. online.wsj.com/public/resources/documents/JPMCCIOTestimony. pdf, accessed September 22 2012.

第5堂课

国际足联[1]
精彩比赛与全球丑闻

本案例由Charles McMlliam和Jeffrey Gandz撰写。此案例仅作为课堂讨论材料，作者无意暗示某种管理行为是否有效。作者对真实姓名等信息进行必要的掩饰性处理。

未经Richard Ivey School of Business Foundation书面授权，禁止任何形式的复制、收藏或转载。本内容不属于任何复制版权组织授权范围。如需订购、复制或引用有关资料，请联系 Ivey Publishing, Richard Ivey School of Business Foundation, The University of Western Ontario, London, Ontario, Canada, N6A 3K7; phone (519) 661-3208; fax (519) 661-3882; e-mail cases@ivey.uwo.ca.

Copyright ©2015, Richard Ivey School of Business Foundation

版本：2015-09-11

国际足联　第5堂课
精彩比赛与全球丑闻

国际足联（"国际足球协会联合会"的简称，是足球运动的全球性管理组织，总部在瑞士）是世界上最受欢迎运动的垄断者。国际足联不受制于任何监管机构。我们不能期望国际足联完伍不存在丑闻，我们只能希望这些丑恶之事能够尽可能地减少发生。为了达成这一愿望，国际足联需要对其主席选举的投票制度进行改革，使其接受独立理事会的监管。此外，国际足联还应当公开执行委员会对世界杯主办国的选举过程，并将对男女平等问题的考虑纳入其决策机制当中。[2]

2015年5月27日凌晨，当来自世界各国的代表们为了选举国际足联下一任主席而齐聚瑞士苏黎世时，瑞士警方作为美国联邦调查局的代表，在一家名为巴尔拉克的豪华酒店内，以涉嫌贪污为由，逮捕了九名国际足联的高级官员。79岁的国际足联现任主席约瑟夫·塞普·布拉特（Joseph Sepp Blatter）曾是一个钟表品牌的高级管理者，自1998年起，布拉特就开始负责国际足联的事务。国际足联是世界杯赛事非营利性的管理者和组织者。尽管多次承诺要卸下国际足联主席的职务，布拉特还是以133:73的选票优势第五次当选了国际足联主席，这宣告着他将成为推动革新的候选人："无论是我，还是我们，都不可能时时刻刻地监视着每一个人。如果人们想做错事，那么他们也会想到要掩盖它。"[3]然而，几天之后，当美国司法部的调查逐渐上升到对国际足联高层人员的严重指控时，他辞职了。在他的任期内，布拉特见证了世界杯赛事通过出售转播权和广告权，逐步成长为国际足联每四年一次的摇钱树的过程。

尽管关于国际足联和各个国家足协内部腐败问题的丑闻已经流传了很多年，但是这一次，这些新的指控带来的影响之深、牵连的范围之广，使得国际足联的赞助商们不得不陷入了深深的忧虑，而这些赞助商们提供的资金帮助是国际足联得以存续所必须的支持。国际足联的赞助商包含了众多全世界最知名的品牌，如可口可乐、阿迪达斯、索尼、阿联酋航空公司、百威啤酒、英利和嘉实多等。这些品牌通过赞助国际足联的赛事，尤其是世界杯比赛，被越来越庞大的观众群体所知晓。然而，相对于其他品牌而言，这些品牌中的一部分却极易受到国际足联丑闻带来的影响，国际足联的丑闻极有可能损害其品牌形象。国际足联赛事的承办方也陷入了深深的忧虑之中，因为他们同样要靠赞助商购买转播权并提供广告收入，才能维持运营。参与赛事转播的公司大多都由政府掌控，因此这些公司对于贪污受贿的指控十分敏感。

国际足联的历史

国际足联是世界上历史最悠久、规模最大的非政府组织之一。作为足球运动的全球性管理机构，国际足联于1904年5月21日在巴黎成立。在其第一次代表大会上，来自法国的罗伯特·格林（Robert Guérin）被选为国际足联主席。同时，来自瑞士的维克多·E.施耐德（Victor E. Schneider）和荷兰的卡尔·安东·威廉·希尔斯曼（Carl Arton Wilhelm Hirschmann）当选为副主席。在丹麦人卢兹维·西劳（Ludrig Sylow）的举荐下，比利时的路易斯·穆林高斯（Louis Muhlinghaus）被聘任为国际足联秘书长。简而言之，从成立之初起，国际足联就是一个以欧洲为核心的组织。1905年4月，英国加入并成为国际足联的成员国。至2015年，国际足联在全球总共拥有209个会员协会。[4]

在早期，国际足联关注的一个重点问题是足球规则的统一问题，尤其是随着国际性赛事的数量越来越多，仍没有一套在全球范围内适用的足球运动规则，各国的足球运动仍按照自有的规则进行。仅英国国内就存在着数套不同的规则，因此，欧洲大陆的其他国家决定独自采取行动。就这样，国际足联诞生了。国际足联的成立使得法国、比利时、丹麦、荷兰、西班牙、瑞典和瑞士等国家的足球协会联合在了一起，在随后几个月内，德国足协也加入了国际足联。除了支付每年50法郎的费用外，成员们还须同意以下的早期律例：

1.只有各国具有代表性的足球协会才能得到国际足联的认可；

2. 俱乐部和球员最多只能同时为两家足球协会效力；

3. 各国足球协会都应当认可国际足联对球员做出的停赛决定；

4. 比赛应当按照足球总会制定的足球竞赛规则进行。

国际足联的组织结构——联邦制的非政府组织

国际足联的组织核心是其最高权力机构——国际足联代表大会。代表大会负责对其管理条例的所有方面及条例的实施做出决策，并负责批准每年的财务报告。同时，代表大会还负责批准新会员协会的会员资格及国际足联主席的选举工作。如国际足联官网中所述，"本着真正的民主精神，无论各国足球协会的规模与实力大小，各国足球协会均有一票表决权"。[5]

无论其所属国的人口数量多少，无论其所属国的人均收入多少，国际足联的209个会员协会均拥有自己的一票表决权，民主的安排与联合国如出一辙。

国际足联的"一员一票"规则

第23条: 投票权、代表和观察员

1. 每个会员协会有一票表决权，由其代表行使。只有出席大会的会员协会有权投票。不得通过委托人、第三方或信件形式投票。

2. 大会代表必须属于其所代表的会员协会，并由该协会适当机构选派。

3. 洲际足联的代表可以以观察员的身份参加代表大会。

4. 任职期内的执委不得担任其所属协会的代表。

5. 国际足联主席应根据代表大会规定的标准程序主持代表大会。

资料来源: FIFA.

二十多年以前，国际足联的早期会员——来自欧洲和南美洲国家的足球协会——所拥有的表决权占到了全部表决权的35%，这些协会共拥有39票表决权，只差22票，就占据了过半的票数（见表5.1）。

到了2015年，来自欧洲和南美洲国家的协会总共拥有63票表决权，却只占到了总票数的30%，还差42票，才能达到过半的票数。换句话说，即使没有来自欧洲与南美洲国家的足球协会的支持，新加入的会员协会的选票依旧能够通过国际足联主席的选举。

表5.1　国际足联表决权结构的演变（1975—2015）

	1975年（票）	2015年（票）	增幅（%）	会员协会（%）	电视观众*（%）
欧洲足球协会联盟（欧洲）	39	53	14	25.8	25.3
非洲足球协会（非洲）	35	54	19	25.4	8.8
南美洲足球协会（南美洲）	—	10	10	4.8	13.5
中北美洲及加勒比海足球协会（中北美洲及加勒比海地区）	21	35	14	16.7	9.7
大洋洲足球联合会（大洋洲）	4	11	7	5.3	0.2
亚洲足球联合会（亚洲）	35	46	11	22.0	42.6

*各洲观看世界杯赛事的电视观众数量占全球电视观众数量的百分比。

资料来源：Created by authors using data from FIFA, *Wall Street Journal* and EPSN.

国际足联主席负责主持代表大会议程，并负责担任议长的角色，以确保会议能够有序地进行。代表大会结束以后，国际足联主席必须确保代表大会的决议得到执行（见图5.1）。国际足联主席通常由男性担任，且大多来自欧洲各国。

国际足联的章程及保障其实施的条例构成了国际足联和世界足球运动的"宪法"。许许多多的书面文件记录了代表大会讨论并通过这些章程和条例的会议议程。这些记录及"公正、真诚、卓越、团结"的核心价值观为国际足联的使命奠定了基础——促进足球运动发展与世界和平，共创美好未来。

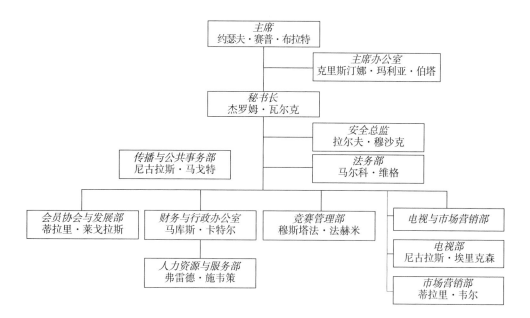

图5.1 国际足联的组织结构

资料来源: Created by authors using data from FIFA.

根据其章程,国际足联的目标是:

- 促进足球运动在全球的持续发展和进步;
- 组织其自有的国际比赛;
- 制定各项规定和条例并保证其实施;
- 管理各种类型的足球协会;
- 保证比赛和竞争的公平,防止陋习。

如今,国际足联苏黎世总部共有员工480名,在全球209个会员协会中还拥有员工大约10 000名。

前任主席布拉特

作为国际足联的第八任主席,也是其历史上第七位欧洲籍主席,布拉特对国际足联的统治长达17年之久。在其长达17年的任期内,布拉特一直饱受争议,不断地陷入各式各样的丑闻及来自足球官员、潜在竞争对手的敌对之中。在他的治理之下，世界杯比赛也逐渐成长为国际足联了不起的吸金工具。

布拉特的父亲是一名蓝领工人，在瑞士瓦莱州菲斯普市阿尔卑斯山脚下的一个小镇的化工厂里工作。布拉特从出生以来就有着引人关注的天赋，据他的朋友们所说，在他就读的当地小学里，他是唯一一个达到专业足球比赛水平的学生。在他成为国际足联主席后，他在菲斯普市就读的中学以他的名字重新命名了学校，他的肖像挂在学校的前厅里，运动日也常常以他的名字命名，每次他来访时总是受到老师和同学们的热烈欢迎。正如菲斯普市《瓦利斯信使报》（*Walliserbote*）报刊体育版的主编汉斯—皮特·贝希托尔德（Hans-Peter Berchtold）所说的那样，"他是那样的简单随和，平易近人"。[6]

布拉特毕业于洛桑大学工商管理与经济学专业。毕业后，他加入了瑞士军队，完成兵役，并成为一名陆军上校。随后，他进入了瑞士制表业，在浪琴公司谋到一份工作。接着，他开始积极参与体育管理工作。他先在瑞士冰球联盟工作了一段时间，随后于1975年，成为国际足联的一名技术总监。布拉特熟练地掌握了五门语言，除了母语德语以外，布拉特还精通英语、法语、意大利语和西班牙语，凭借这些优势，他在1998年第一次当选为国际足联主席，任期4年。随后，布拉特很快成为国际足联在全世界的大使，与各国领导人会面，提升足球运动的形象。瑞士是包括红十字会在内的许多国际组织的总部所在地，因此，在他的就任典礼上，自然也来了许多来自其祖国的知名人士。提到布拉特的背景时，国会的一名瑞士籍官员罗兰·毕歇尔说出了他的同胞们的心声："我们的一位瑞士同胞成为这样一个重要的国际组织的负责人，我们对此感到很自豪。"[7]

布拉特的前任，来自巴西的若昂·阿维兰热（João Havelange），在1982年世界杯时将世界杯的参赛球队增加到了24支，到1998年世界杯时使得国际足联的会员协会新增了8个。布拉特认为，他的治理应当要给国际足联这个看上去死气沉沉的组织带去更多的商业与政治活力。因此，他招揽了原属于欧足联的以色列足协成为国际足联的会员，同时见证了国际足联的影响力一步一步地延伸到关岛、莱索托、蒙特塞拉特等小国或地区之中。为了实现其扩张战略，他号召这些地方将足球运动作为经济发展的契机，通过获取转播权、培训教练和球员、修建足球场地等途径带动经济发展。2015年5月，布拉特第五次当选了国际足联的主席，仅在当选后的第四天，布拉特便辞去了国际足联主席的职务。辞职以后，当他等待着重新选举一位新主席来接替他的工作时，布拉特受到了媒体们的不断攻击，攻击的原因包括其在球迷种族歧视和女运动员的球衣等公共关系问题上的失言。[8]

国际足联的收入增长与财务模式

世界杯赛事每四年一次，国际足联在四年中总共获得了57 220亿美元的收入[9]，其中，仅2014年便创下了年收入20亿美元的纪录。作为一个总部在瑞士的组织，国际足联享有非政府组织的免税福利。国际足联的收入在四年一轮的周期内得到了稳定的增长，从2011年的10.7亿美元，增长到了2012年的11.7亿美元，再增长到2013年的13.9亿美元，最终，在2014年时，创下了21亿美元的纪录，其中，包括3.1亿美元的财务收入（包括汇兑收益、利息收入等）和2.7亿美元的营业收入（包括品牌授权、比赛征税等的收入）。[10] 而在10年以前，德国主办世界杯时，国际足联的收入仅有7.49亿美元。

尽管像上文提到的一样，国际足联的现金资产已经超过了15亿美元，但是，除了位于苏黎世的价值22 500万美元的总部大楼和为数不多的行政开销以外，国际足联并没有什么重大的基础设施。国际足联不生产任何的产品，其收入主要来自出售转播权和赞助商支持。39 700万美元的人事费用中国际足联主席的薪酬福利占了很大一部分，据估计，其薪酬或略高于千万美元。[11] 上届世界杯结束以后的四年中，各国足协从国际足联处陆续获得了至少200万美元的资金，各洲的足球协会更是获得了高达1 750万美元的资助。例如，在2011年到2014年间，北美洲、中美洲和加勒比海地区的足协组织就获得了大约13 700万美元。许许多多的媒体文章和国际足联的财务报告都清楚地说明了国际足联对各项比赛带来的收入的依赖性，尤其是世界杯赛事带来的收入。国际足联的财务报表中有一栏"与发展相关的费用"，记录了每年25 000万美元在全球与足球有关的项目上的开销，包括修建足球场地、培训当地教练等费用。[12]

国际足联设立发展基金的目的是为了向发展中的小国提供资金资助。更确切地说，正如国际足联年报中所阐明的那样，其"目标计划"（Goal Program）面向的是各国的足球协会，目的是为了减少会员协会之间的差距。换一种方式说，其目的是为了同各洲和各国的足协分享世界杯赛事的收益。该"目标计划"为每个与足球相关的项目提供了高达60万美元的资金支持，除了额外的支出，该计划每年提供的资助高达1.8亿美元。

联邦调查局的调查

同任何价值超过数十亿美元的商业一样，体育赛事成为了贪污、受贿和逃税等行为的多发地（见表5.2）。[13] 2014年，世界一级赛事和电视转播权带来的收入就高达240亿美元，仅仅十项赛事就带来了如此高的收入，例如，仅国际奥委会就获得了50亿美元，而国际足联在2013年则获得了14亿美元（见图5.2）。有关人士在酒店内关上门的房间里、在私人的度假胜地、在各式各样的避税天堂，完成交易，相互握手，收取回扣，行贿受贿，一切都是如此的保密，难以惩处，更难认定责任。在国际足联将2018年世界杯的主办权授予俄罗斯、将2022年世界杯的主办权授予卡塔尔时，就曾出现过关于国际足联腐败的指控。万事达组织在纽约联邦法院提起的对国际足联的诉讼，使得国际足联执行委员会的至少八名官员被免职。

表5.2 全球体育市场——进行中的赛事

（单位：百万美元）

收入	2010年	2014年	2015年	年均复合增长率：2011—2015
门票收入	38 842	42 794	44 359	2.7%
媒体转播权	25 459	33 507	35 106	6.6%

（续表）

收入	2010年	2014年	2015年	年均复合增长率：2011—2015
赞助商	33 055	42 727	45 145	6.4%
纪念商品	17 296	19 226	19 969	2.9%
总计	114 652	138 254	144 579	4.7%

资料来源：Creatd by authors using data from "*Outlook for Global Sports Marketing*" Prince Waterhouse Copers, 2015.

- 2016年里约热内卢奥运会：44.8亿美元，NBC环球广播公司
- 足球世界杯：23.12亿美元，美国娱乐体育节目电视网
- 美国职业橄榄球联赛：49.5亿美元，美国：哥伦比亚广播公司，福克斯广播公司，NBC环球广播公司，美国娱乐体育节目电视网
- 英格兰足球超级联赛：26亿美元（2016—2019），英国天空广播公司，英国电信公司
- 法国联赛杯足球联赛：8.5亿美元（2016—2020），法国canal+电视台，Bein体育传媒
- 美国职业冰球联赛：20亿美元（2011—2012），NBC环球广播公司

图5.2 部分体育赛事的转播权价格

资料来源：Created by authors usingdata from FIFA,FT, Deloitte and PriceWaterhouseCoopers.

国际透明组织这样描述体育赛事中的道德挑战：[14]

体育赛事中的腐败有着多种多样的形式。裁判和球员可能为了收取贿赂而操纵比赛。俱乐部的管理层可能希望在球员转会的过程中获取回扣。企业和政府通过贿赂来干涉场馆等设施的建筑合同投标结果。有组织、有计划的犯罪隐藏在各式各样的赌球丑闻背后，损害了体育赛事的声誉。此外，洗钱行为随处可见，可能是通过赞助比赛、投放广告等方式达到洗钱的目的，也可能通过购买俱乐部、球员肖像权等方式来洗钱。运用复杂的技术手段，通过足球和其他的体育赛事洗钱，往往还涉及跨境转账、避税天堂、皮包公司等。

联邦调查局重大舞弊调查科对国际足联腐败问题的调查已经持续多年，引起调查的原因包括2010年国际足联将世界杯主办权授予俄罗斯和卡塔尔的决定，媒体对于国际足联高层容忍腐败的态度的大量负面报导，国际足联内部的暗箱操作和阴谋，以及其本身有缺陷的治理结构等。2005年，国际足联曾试图阻止安德鲁·詹宁斯（Andren Jennings）所著的《犯规！国际足联的秘密世界：贿赂、选票操纵和门票丑闻》（*Foul!: The Secret World of FIFA: Bribes, Vote Rigging and Ticket Scandals*）一书的发行[15]，但是并没有成功。这本书中的爆料引发了越来越多媒体的兴趣。詹宁斯详细地揭秘了国际足联内部的许多腐败事件，包括中北美洲及加勒比海足球协会主席杰克·华纳（Jack Warner）的腐败丑闻，杰克随后在联邦调查局的调查中被提起了诉讼。

该书出版后不久，英国新闻界在一段时间内突然爆发出了许多这样的揭秘故事，尤其是2010年英国竞选世界杯主办权失利以后，这一类的故事更是风靡一时。同年，一个爆炸性的揭秘节目——《国际足联的肮脏秘密》在BBC的《全景》节目中播出。紧随其后的，是伦敦《星期日泰晤士报》发布的调查性报道和各式各样的来自南非等多个国家的内部知情人士的爆料。[16] 2014年，詹宁斯的第二本著作《黑帮组织：塞普·布拉特的国际足联犯罪组织》在伦敦出版。国际足联意识到，媒体不间断的报道早晚会迫使政府当局对其展开调查。

2012年，国际足联聘请了一名杰出的律师、前任美国联邦检察官迈克尔·J.加西亚（Michael J. Carcia），对包括俄罗斯竞选2018年世界杯主办权过程和卡塔尔竞选2022年世界杯主办权过程在内的多项活动展开调查。迈克尔向国际足联提交了一份430页的调查报告，但是，当国际足联召开了一场简短的新闻发布会并将一份修改过的报告公之于众时，他辞职了，并声明称国际足联"缺乏管理"。[17] 最后，瑞士政府和警方皆表示将对国际足联关于2018年和2022年世界杯赛事主办权的决策展开犯罪调查。

联邦调查局在164页的起诉书内写下了对14名足球官员的指控（见附录5.1），其中，包括在苏黎世的凌晨突袭中逮捕的9名官员。起诉书说明了共谋双方是如何参与合同的协商中，并代表一家名为Traffic USA的体育营销公司从加勒比海足球联盟的会员协会获得了2018年和2022年世界杯资格赛的转播权和广告权。起诉书还写道，在2012年8月28号当天或前后，共谋双方达成了一项2 300万美元的合同，合同标的为2018年和2022年世界杯加勒比海地区资格赛在全球的独家商业权。

  欺诈和其他的非法活动在职业体育赛事中有着悠久的历史。兰斯·阿姆斯特朗（Lance Amstrong）的兴奋剂事件是最近的一个例子。然而，还有许许多多这样的事件，例如美国职业拳击比赛中的暴力事件，日本相扑界的腐败丑闻，以及赌博网络和狡诈的交易者对板球这项曾经的绅士运动的逐渐腐蚀等等。由于国际足联的收入主要来自转播权的出售，加之谣言、秘密和独裁文化带来的自我膨胀，国际足联有了一套自己的规则。有的人将国际足联比喻为黑手党组织，而布拉特就是这个组织的"布拉特先生阁下"。由于国际足联的许多赞助商，如Visa信用卡组织、可口可乐等均是来自美国的跨国公司，并且国际足联的资金流大多是以美元的形式在美国的金融体系内流动的，因此，美国国会听证会承诺将进一步使国际足联内部的运营机制公开化。[18]

  美国的官员在向全球媒体发布联邦调查局对国际足联的全面指控时，像介绍黑手党家族和贩毒集团一样，描述了这14名足球官员和传媒公司高层在这20年里是如何进行私下交易并收受高达15 000万美元贿赂的，以及在足球赛事中开展腐败行为的。联邦调查局甚至依据联邦诈骗法案对国际足联提起了指控，诈骗法案通常只有在针对犯罪组织的指控中才会用到。就在瑞士警方实施突然逮捕后不久，美国司法部和纽约东区的检察官们对外宣布他们将对国际足联展开调查，并承诺将"关押那些通过行贿受贿来决定比赛的电视转播权、主办权及国际足联主席人选的个人和组织"，以清理国际足联内部的腐败乱象。洛雷塔·E. 林奇（Loretta E.Lynch）在担任美国司法部长以前，曾负责过相关调查的早期阶段，她再次向公众承诺，司法部会将对国际足联的调查进行到底，"他们会坚持不懈地调查，年复一年地调查，一场比赛接一场比赛地调查"。[19]

  公开的文件证实了南非政府曾向国际足联副主席兼中北美洲及加勒比海足球协

会主席杰克·华纳行贿1 000万美元。尽管泄漏出的往来函件和供词已经证实了这笔交易的真实性，然而，为了这位远在加勒比海地区的"非洲裔同胞"，南非政府依然拒绝对华纳的这笔异常来往款项作出解释。南非体育部部长菲科勒·姆巴卢拉（Fikile Mbalula）对此给予了苍白的否认，并且称该指控是一场企图损害南非名誉的阴谋，是由发达国家对非洲人民永远存在的刻板印象造成的，"南非人民应当相信自己的同胞，而非美国人"。[20]

国际足联体育赛事赞助

对于足球，球迷们不仅仅将其看做一项体育运动，往往还将其当做宗教信仰一般热爱，因此，赞助商们希望能够参与到这样的活动中，尤其是当电视观众群体越来越庞大以后。"金融服务行业十分注重良好的治理结构和公开透明的理念"，英国广告公司WPP集团的子公司——Brand Union公司美洲区的首席执行官托比·索斯盖特（Toby Southgate）解释说，"人们不会因此而不再购买可口可乐，但是它却会影响市场或股票分析师对于这个发生腐败的组织的看法。"[21]

大型跨国公司每年都会在电视广告上投入大量的预算，考虑到2011年至2014年间，国际足联总计57亿美元的收入中有16亿美元来自出售广告权，爆发的丑闻激起了赞助商们关于腐败指控的重新思考。世界杯赛事使得企业赞助商的品牌得以长时间展示在各大洲数以亿计的电视观众面前，如此庞大的观众基础，是其他体育项目难以轻易实现的。但是，在国际足联赛事上售卖啤酒的案例使赞助商们意识到还必须要考虑是否会引起公众争议。在巴西，为了减少暴力和伤亡，酒精饮料自2003年就被禁止带入体育场馆内；1999年至2008年间，巴西发生的与足球有关的死亡案件就有42起，高居世界第一位，由于球迷暴力导致的死亡人数从2002年时的每年4.2人增加到了2012年时的每年23人。然而，在巴西主办2014年世界杯期间，国际足联坚持在场馆内出售啤酒，部分原因便是因为百威啤酒是国际足联的主要赞助商之一。国际足联秘书长杰罗姆·瓦尔克（Jerome Valcke）毫不客气地说道："酒精饮料是国际足联世界杯的一部分，因此，我们将在世界杯的比赛场馆内出售酒精饮料。如果我的话听上去有些傲慢无礼，请原谅我，但这是我们绝对不会妥协的事。"[22]

　　国际足联的丑闻、后续的调查及全球媒体的大量报道，引发了媒体对于国际足联另一潜在威胁的关注。欧洲联赛的球队，甚至包括美国、墨西哥和巴西等美洲球队，可能会从国际足联中分裂出来，重新组建成一个新的联盟。事实上，著名的选举预测家、美国人娱乐体育节目电视网旗下的政治性网站538.com的创始人——纳特·西尔弗（Nate Silver），曾在一篇被广泛引用的专栏中提出多少个国家才能组建一个新的足球联盟的问题。[23]在北美洲以外地区的球迷身上，很难找到足球在美国球迷中产生的那种凝聚力。在美国，足球联赛的赛季观赛人次已经超过了其他体育赛事的赛季观赛人次：2013年，美国职业足球大联盟常规赛的观赛人次达到了18 600人次，居于美国职业篮球联赛（17 400人次）和美国职业冰球大联盟（17 600人次）之上。根据尼尔森的夜间收视率数据显示，2013年，足球比赛的电视收视率上涨了9个百分点。足球比赛的电视转播权将会越来越有价值，部分原因是因为40%的观众的年龄都在34岁以下。更重要的是，足球比赛的电视观众中34%的观众都是西班牙裔观众，而预计到2060年，美国的西班牙裔人口占总人口数的比例将从17%提升到31%左右。大卫·贝克汉姆及欧洲足球俱乐部的许多足球明星们陆续到美国踢球或执教，也大大提升了足球运动的吸引力，尤其是在高中生群体中的受欢迎程度。[24]

　　来自公众和部分政府组织的压力使得企业赞助商们不得不对国际足联各项目中的劳动条件、环境的可持续发展等问题进行公开表态。例如，阿迪达斯、Visa信用卡组织和可口可乐公司就对国际足联施加了压力，要求其对2022年卡塔尔世界杯场馆修建过程中剥削外来工人的事件展开严肃的调查并报告。据英国《卫报》的调查发现，在为2022年世界杯铺砌道路的工程中，卡塔尔最大的劳动者群体——成千上万的尼泊尔工人受到了奴隶一般的剥削。剥削的证据包括强迫这些工人参与修建世界杯的基础设施项目，拖欠工人数月的薪水并以此作为要挟防止工人们离开，没收工人们的护照迫使工人们成为非法移民，在沙漠般的高温下限制工人们的饮水自由等。30名尼泊尔工人在位于多哈的尼泊尔大使馆寻求避难，才得以逃出残酷的工作环境。[25]

尽管赞助商们与国际足联签订了赞助合同，但是，合同中也有条款规定，在国际足联的不道德行为，如犯罪行为等，被证实的情况下，赞助商们可以退出赞助合约。

国际足联治理结构改革

体育治理机构在社会中扮演着重要的角色，为了完成其法定的职责并履行广泛的社会责任，遵循良好的治理原则至关重要。作为足球运动的全球性治理机构，国际足联严格遵守以下原则：坚持良好的治理，坚持公开透明，对体育比赛中的不道德行为坚持零容忍的态度。为适应治理工作不断发展的需要，也为了适应其日益复杂的功能和运营要求，国际足联不断地对其组织结构和程序做出调整——至少在书面上对其规章等文件进行了修改。在过去的十年中，不断有关于国际足联腐败问题的证据传出，然而，直到最近四年，媒体才开始对这个问题进行深度报道。

媒体的密切关注迫使政府当局不得不召开公众听证会。在英国，针对英国申办2018年世界杯的问题，英国议会咨询委员会召开了听证会，英足总前主席大卫·特里斯曼爵士（Lord David Triesman）参加了听证会。2011年5月9日，在社会公众的见证下，大卫·特里斯曼在接受听证会质询时，曝光了一系列的丑闻，包括指控国际足联副主席杰克·华纳向其索要400万美元用于修建教育中心，以及来自巴拉圭的尼古拉斯·里奥兹（Nicolás Léoz）向其索要荣誉骑士勋章，以换取对英国申办2018年世界杯的支持等等。[26]在各式各样的调查报告中，《星期日泰晤士报》报道了国际足联的两名官员——来自科特迪瓦的雅克·阿努马（Jacques Anouma）和来自喀麦隆的伊萨·哈亚图（Issa Hayatou），各收取了150万美元的贿赂，作为他们在卡塔尔和美国争夺世界杯主办权的较量中支持卡塔尔的条件。该报告已提前递送给了英国议会咨询委员会。[27]

事实上，从1998年起，国际足联就采纳建议，并采取了一系列的措施，以期实现更好的内部控制，使其运作更加公开透明。其采取的措施包括，按照国际财务报告准则（IFRS）编制年度财务报告，委托业界认可的会计师事务所（如毕马威等）

对其进行年度审计，引进美国反虚假财务报告委员会下属的发起人委员会（COSO）构建的内部控制框架，建立透明的预算制度，以及对所有重大采购合同制定公开透明的投标程序等。（见附录5.2）

也许是由于媒体施加的压力，也许是考虑到国际足联的活动在全球的影响力，2011年10月，国际足联宣布将进行大范围的治理结构改革。"两年规划"的路线图规划了治理结构改革的各个阶段、时间轴和沟通过程，改革计划将在2013年6月1日国际足联第61届代表大会之前完成。国际足联建立了合适的机制，向包括足球业界的代表和公司治理、合规及反腐败等专业领域的外部专家在内的各方人士，广泛征求机构治理、职业道德和合规等方面的建议，以及对其章程中需要修改的其他方面的建议等。[28]

2015年5月，布拉特在第五次当选国际足联主席仅四天后辞职的消息，以及他用法语对媒体发表的"投降"演讲，在媒体、体育评论员、国际足联官员甚至一些国家的政界领导者中引起了轩然大波。国际足联的八家官方合作伙伴——Visa信用卡组织、阿迪达斯、可口可乐、俄罗斯天然气股份有限公司、现代汽车、起亚汽车、百威啤酒和麦当劳，纷纷召开了新闻发布会，表达了对事件造成的不良公共影响的担忧，也表达了对联邦调查局、美国财政部和司法部，在国际刑警组织和瑞士等外国警方和政府的协助下，将要展开的后续调查的担忧。例如，现代汽车公司一针见血地指出："现代汽车对于目前对国际足联官员采取的法律程序感到十分的担忧，公司将对事态的发展保持紧密关注。" 阿迪达斯公司的表态则采取了更为谨慎的态度："我们……希望国际足联在他们所做的每件事情上都能够建立并遵守公开透明的合规标准。"[29]

如果布拉特继续担任国际足联主席的职务，那么赞助商们将面临道德上进退两难的境地：继续与国际足联为伍，一方面可以享受到其带来的大量媒体曝光率；一方面则可能要承担丑闻导致的公司品牌名誉受损的后果。正如一家品牌咨询公司的一位英国籍高层在《卫报》中所评论的："同支持国际足联的决定一样，与国际足联分道扬镳的决定同样可能带来好的结果。这样的决定可能表明公司具有较的高道德水准，最终可能令公司更受公众欢迎。一些公司可能已经在享受退出带来的优势了，因为这样的决定让它们站在了一个更高的位置上，而不是在国际足联阴暗的阴影中。"[30]

附录5.1　联邦调查局调查中被调查人员名单及相关指控

- 国际足联主席：塞普·布拉特（在提起公诉后的一周，布拉特辞去了国际足联主席的职务）

执行委员会：国际足联执行委员会的成员们，需要提前至少六年，通过无记名投票的方式，选出六年后世界杯的主办国。

高级副主席

副主席：国际足联共有八位副主席。一位前任副主席与两位现任副主席在此次公诉中受到了指控。

- 前任副主席：***杰克·华纳***，来自特立尼达和多巴哥共和国（2010年世界杯：指控称南非向杰克·华纳支付了1 000万美元的贿金，以换取他和另外两名执委会成员对南非成为世界杯主办国的支持）
- 现任副主席：***尤金尼欧·费戈雷多***（Eugenio Figue redo），来自乌拉圭和美国
- 现任副主席，***杰弗里·韦伯***（Jeffrey Webb），来自开曼群岛
- 杰弗里·韦伯的秘书，***科斯塔斯·塔卡斯***（Costas Takkas），来自开曼群岛

其他执行委员会成员

执行委员会共有十几名由各洲际足联和各会员协会委任的成员。一名前执委会成员和一名现任成员在此次公诉中受到了指控。

- 前任执委会成员：***查尔斯·布拉泽***（Charles Blazer），来自美国
- 前任执委会成员：***尼古拉斯·雷奥兹***（Nicolás Leoz），来自巴拉圭（美洲杯足球比赛广告权：尼古拉斯·雷奥兹被指控在过去的二十年中以美洲杯和南美洲冠军杯足球比赛的广告权和媒体转播权作为交换，向相关公司收取贿赂。）
- 现任执委会成员：***爱德华多·李***（Eduardo Li），来自哥斯达黎加

其他国际足联官员

- ***达里尔·华纳***（Daryll Warner），来自特立尼达和多巴哥共和国，美国
- ***胡里奥·罗查***（Julio Rocha），来自尼加拉瓜共和国

- **约瑟·马里亚·马林**（José Maria Marin），来自巴西
- **拉斐尔·埃斯基维尔**（Rafael Esquivel），来自委内瑞拉共和国（拉斐尔·埃斯基维尔被指控在2007年向Traffic Sports该公司索要了约100万美元的贿金，作为其继续支持该公司获得美洲杯足球比赛独家广告权的条件）

体育营销公司高层

体育营销公司：据公诉书称，为了获得顶级体育赛事的商业权利，再将这些权利转售给赞助商和电视媒体，体育营销公司向国际足联官员支付了数百万美元的贿金。

- **约瑟·哈维尔**（Jose Hawill），来自巴西
- **亚力山卓·布尔萨科**（Alejandro Burzaco），来自阿根廷
- **亚伦·戴维森**（Aaron Daridson），来自美国
- **雨果·金基斯**（Hugo Jinkis），来自阿根廷
- **马里亚诺·金基斯**（Mariano Jinkis），来自阿根廷

广播公司高层

- **约瑟·马古利斯**（José Margulies），来自巴西

注：被起诉者的名字用黑体标出，被确认有罪者的名字用楷体标出。

资料来源：Created by authors using data from *The New York Times*, June 2, 2015, www.nytimes.com/interactive/2015/05/27/sports/soccer/fifa-indictments.html?emc=eta1，accessed June 30 2015.

附录5.2 购买门票的观众数量及电视覆盖率

"全球体育影响力"项目评选出的顶级体育赛事

体育赛事——主办国	购买门票观众数量（张）	运动员总数（人）	参赛国（或地区）数量（个）	电视转播国家数量（个）
2012奥运会——伦敦	8 200 000	10 903	204	220
2014国际足联世界杯——巴西	3 400 000	736	32	219
2012伦敦残疾人奥运会——英国	2 700 00	4 237	164	115
2011橄榄球世界杯——新西兰	1 400 000	600	20	207
2014 CW Games—英国（格拉斯哥）	1 300 000	4 820	71	90
2014冬季奥运会——俄罗斯（索契）	1 000 000	2 894	85	220
2013世界大学生运动会——俄罗斯（喀山）	800 000	7 980	160	107
2013世界运动会——哥伦比亚（卡利）	500 000	3 000	101	120
2011泛美运动会——墨西哥	500 000	6 003	42	100
2014亚运会——韩国（仁川）	400 000	9 501	45	62
2013世界田径锦标赛——俄罗斯（莫斯科）	361 000	1 974	203	200
2014青奥会——中国（南京）	350 000	3 500	204	160
2013世界游泳锦标赛——西班牙（巴塞罗那）	280 000	2 195	177	211
2014莱德杯赛——英国（格伦伊格尔斯）	250 000	24	10	185

资料来源：由本案例作者根据谢菲尔德哈勒姆大学和体育产业研究中心公布的数据整理得出。

注释

1. This case has been written on the basis of published sources only. Consequently, the interpretation and perspectives persesnted in this case are not necessanily thouse of FIFA or any of its members.

2. Andrew Zimbalist, "TV Ratings for the Women's World Cup Final Were 3 Times Bjgger than the Stanley Cup Fina, So Why Did FIFA Give It Short Shrift?," Brookings, July 6 2015, www.brookings. edu/biogs/brookings-now/posts/2015/07/fifa-womens-world-cup-final-tv-ratings-three-times-stanley-cup, accessed July 30, 2015.

3. Cathal Kelly, "Shameless Blatter Positions Himself as FIFA'S Candidate of Renewal,"*Globe amd Mail*, May 28, 2015, www.theglobeandmail. com/sports/soccer/kelly-shameless-blatter-positions-himself-sa-fifas-candidate-of-renewal/article 24674678/, accessed June 17, 2015.

4. For background history and evolution of FIFA, see John Sugden and Alan Tomlison, *FIFA and the Contest for World Footaball: Who Rules the People's Game*, Polity Press, Cambridge, 1998.

5. For background on FIFA regulations, structures, governance and background on major events, including the World Cup, see the organization's website, FIFA 2015, www.FIFA. com, accessed June 17, 2015.

6. "The Rise and Fall of Sepp Blatter," *New York Times*, June 2, 2015, www.nytimes.com/interactive/2015/05/27/sports/soccer/28fifa-timeline.html?-r=0, accessed June 17, 2015.

7. "Sepp Blatter: The Man Who Won't Give Up," BBC News Geneva, May 29, 2015.

8. For one critical profile, see Juliet Macur, "A Little Praise for Blatter. Very Little," *New York Times*, May 31,2015, www. nytimes. com/2015/05/31/sports/soccer/womens-soccer-is-one-bright-spot-on-sepp-blatters-record.html. She writes: "His list of cringe

worthy, sexist remarks is as long as the list of corruption scandals that have dotted and stained his presidency. In one of his creepier comments, he suggested that women's players amrket themselves better by wearing tighter shorts because'female players are pretty.'"

9. All currency in U.S. dollars unless specified otherwise.

10. Paul Sargeant, "How FIFA Makes and Spends its Money," BBC News, May 29,2015.

11. Tariq Panja, Andrew Martin, and Vernon Silver, "A League of His Own," Bloomberg Business, April 30, 2015 www.bloomberg. com/graphics/2015-sepp.blatter-fifa/,accessed June 17,2015.

12. FIFA Financial Report, 2014, 64th FIFA Congress. Geneva,Switzerland, http:fifa.com/mmn/document/affederation/administration/pdf, accessed June 17, 2015.

13. Simon Chadwick, "Corruption in Sport: Market-Driven Morality," *The Economist*. April-22, 2013, www.economist. com/blogs/gametheory/2013/04/corruption-sport-0; Richard W. Pound, Response to Corruption in Sports, 2011, Playthegame. org. www.playthegame.org, accessed June 17, 2015.

14. Transparency International, "Corruption and Sport:Building Integrity to Prevent Abuses," Working Paper #2, Berlin, 2014, www,transparency. org/whatwedo/pubilcation/working-paper-2-2014-corruption-and-sport-building-integrity-to-prevent-abu, accessed June 17, 2015/

15. Andrew Jenkins, *FOUL!The Secret World of FIFA: Bribes, Vote Rigging and Ticket Scandals*, Harpersport, London, 2008, www. transparancybooks. com/, accessed June 17,2015.

16. "The Beautiful Bung: Corruption and the World Cup," http://news.bbc.co.uk/go/em/fr/-/2/hi/programmes/panorama/5070224.stm; Simon Jenkins, "A Hero of the FIFA Corruption Exposé-Step forward-the British Press," *The Guardian,* May 28, 2015, www.theguardian.com/commenttifree/2015/may/28/fifa-expose-british-press-andrew-

jennings-sunday-times-corruption-fa, accessed June 17, 2015.

17. Jeré Longman, "FIFA Investigator Michael J.Garcia Quits in Dispute over Report," *New York* Times, December 17, 2014, www.nytimes.com/2014/12/18/sports/soccer/michael-j-garcia-resigns-as-fifa-prosecutor-in-protest.html?-r=0, accessed June 17, 2015.

18. Clair Newell and Edward Malnick, "FIFA Crisis: The FBI Investigate Business Deals Linked to Russia and Qatar World Cup," The Telegraph, May 30, 2015, www.telegraph.co.uk/sport/football/fifa/11638701/Fifa-crisis-FBI-incestingate-busuness-deals-linked-to-Russia-and Qatar-World-Cup. html, accessed June 17,2015.

19. Josh Gersten, "For Loretta Lynch, A Stunning Debut on the World Stahe," Politico, May 28, 2015, www.politico.com/story/2015/05/loretta-lynch-stunning-debut-fifa-soccer-118353.html, accessed June 17, 2015.

20. David Smith, "FIFA Scandal Fallout: South Africans Continue to be Suspicious of US Motives," The Guardian, June 6, 2015, www.theguardian.com/football/2015/jun/06/fifa-fallout-south-africa-us-sepp-blatter-world-cup-2010, accessed June 17,2015.

21. Angali Athavaley, "Visa's Tough Stance Puts Peressure on Other FIFA Sponsors to Act," Reuters, May 29, 2015, www.theglobeandmail. com/report-on-business/international-business/visas-tough-stance-puts-pressure-on-other-fifa-sponsors-to-act-experts-say/article24692222/,accessed June 17, 2015.

22. BBC News, "Beer'must be sold' at Brazil World Cup, says FIFA," January 19, 2012, www.bbc.com/news/world-latin-america-16624823,accessed June 17, 2015.

23. Nate Silver, "How to Back FIFA," Five ThirtyEight Sport, http://fivethirtyeight.com/features/how-to-break-fifa/May 28, 2015, accessed June 14, 2015.

24. Daniel Edward Rosen, "Soccer Finally Has Its Moment in the US," The Financialist, Junly 21,2014.

25. FIFA Government Report Project,First Report by the Independent Governance Committee to the Executive Committee of FIFA,www.baselgovernance, org/fileadmin/

fifafirst-report-by-igc-to-fifa,exco.pdf,accessed June 17, 2015.

26. "Lord Triesman Accuses FIFA Executives of 'Unethical Behaviour,'" *The Guardian* May 11, 2011, http://gu.com/p/2pxgg/sbl,accessed June 17, 2015.

27. Written Evidence Submitted By the Sunday Times, www.thetimes.co.uk/tto/sport/football/intemational/article3089999.ece, accessed June 17, 2015.

28. FIFA Goverment Report Project, op. cit., accessed June 17, 2015.

29. Daniel Roberts, "Sepp Blatter's Resignation Doesn't Let Sponsors off the Hook," Fortune, June 2, 2015, http://fortune.com/2015/06/02/sepp-blatters-resignation-sponsors-off-the-hook/,accessed June 17, 2015.

30. Jana Kasperkevic, "Why Businesses Still Need FIFA:End Goal of Sponsorship is Always Money," *The Guardian*, May 30,2015.

第 6 堂课

海信日立合资公司
开拓国际市场

本案例由刘素在包铭心的督导下撰写。此案例仅作为课堂讨论材料，作者无意暗示某种管理行为是否有效。作者对真实姓名等信息进行必要的掩饰性处理。

未经Richard Ivey School of Business Foundation书面授权，禁止任何形式的复制、收藏或转载。本内容不属于任何复制版权组织授权范围。如需订购、复制或引用有关资料，请联系 Ivey Publishing, Richard Ivey School of Business Foundation, The University of Western Ontario, London, Ontario, Canada, N6A 3K7; phone (519) 661-3208; fax (519) 661-3882; e-mail cases@ivey.uwo.ca.

Copyright ©2016, Richard Ivey School of Business Foundation

版本：2017-01-27

海信日立合资公司　**第6堂课**
开拓国际市场

2014年6月，海信和日立正在考虑是否应该再次授权，让它们的合资公司独立负责产品的海外销售。这家合资公司已成立11年之久，最初成立的目的是为了更好地开拓和服务中国的商用中央空调市场。在中国取得了稳定的市场份额之后，合资公司自2009年开始陆续在非洲、东欧、中东及其他海外区域销售他们的商用空调产品。然而，随着地理销售区域的不断扩大，同时在这么多个海外市场销售产品，合资公司逐渐疲于应对。鉴于合资公司在产品出口时遭遇的诸多挑战，2012年4月，日立同意由海信的国际营销公司（HIMC）来承担合资公司所有产品的海外销售任务。海信国际营销公司的主要业务就是运营海信的全球营销网络。在此之后，合资公司可将全部精力集中于中国市场，而不用再考虑海外市场的销售问题。

然而，在接下来的两年中，海信独资的这家销售子公司HIMC在海外市场的销售业绩不太理想。这主要是因为HIMC不如合资公司那么熟悉商用中央空调的特点、营销策略、售后服务等。为了解决HIMC遇到的销售问题，2014年6月，海信和日立开始讨论是否应该挑选部分海外市场，让合资公司自己负责在这些海外市场的产品销售。在可选的海外市场中，它们对东南亚市场最感兴趣。

海信日立合资公司[1]

2003年1月，中国的海信集团和日本的日立集团共同出资2亿人民币[2]在青岛注册成立了海信日立合资公司。成立这家合资公司的初衷是为了更好地开拓潜力巨大且正在蓬勃发展的中国商用中央空调市场。在海信和日立决定合作之前，日本大金公司在中国商用中央空调市场上占有超过80%的市场份额。单纯依靠海信或日立各自的力量很难对抗对市场近乎垄断的大金公司。为了应对这一现状，海信和日立都渴望抱团取暖，建立伙伴关系，并且认为越早合作对它们越有利。

海信是一家主业涉及家电、通信和IT的大型企业集团。早在20世纪90年代，海信就感知到中国商用中央空调市场巨大的发展潜力，并开始研发和销售一系列海信牌商用中央空调。与家用空调相比，商用中央空调对产品的可靠性和运行质量有更高的要求。在这期间，海信建立了覆盖主要省份和城市的全国性分销网络，在产品营销方面具有显著的竞争优势；然而，尽管海信商用空调销量急剧增长，但它的一些产品在开发时就存在设计或技术缺陷，后期在顾客的使用过程中，这些缺点逐渐暴露出来，给海信的售后服务带来很多困扰。此外，海信商用中央空调的核心部件（如芯片和压缩机）几乎都是由日本制造商提供的，海信并没有完全掌握商用中央空调的核心技术。为了克服这些技术上的不足，海信希望能够与一家拥有商用中央空调领先技术的厂商展开合作。

日立是日本的一家多元化经营的大型企业集团。它很早就进入了中国市场，并以其高质量的产品和世界领先的商用中央空调技术著称。然而，日立提倡的管理哲学（例如独家供货体系）、相对较长的产品开发周期，以及产品高质高价策略，并不能很好地迎合中国市场。结果在很长一段时间里，日立在中国市场的商用中央空调销售业绩并不理想，并且仅凭它自己很难改善这一经营局面。为此，日立也开始寻找一个既熟悉中国文化，又擅长市场营销的中国合作伙伴来帮助其解决在中国市场上的销售问题。

海信日立合资公司的股权结构

在就成立合资公司事项进行谈判的最初，海信和日立都想拥有对这家合资公司的绝对控股权（拥有超过50%的股权），而且双方都不愿意做出任何让步。如果双方都坚持各自的立场，就不可能签订合作协议。最终，海信和日立同时做出让步，同意在合资企业中持有同等数量的股份。值得一提的是，在以往的合作中，海信和日立都很强势，并要求拥有绝对的控制权。因此，这次对于两家公司都是第一次尝试自己不拥有绝对控制权的合作模式。在谈判过程中，虽然海信和日立都有很强的议价能力，但双方都相互尊重，并对此次合作表现出了极大的诚意。参与整个谈判过程的海信副总裁汤业国，回忆说：

> 我们常常商议合作条款直到深夜，忘记吃晚饭。有时候我们谈得太饿了就赶快出去买个面包，吃完继续谈。只用了两个月的时间，我们就把合同条款谈妥了。

合资公司的股份由三位股东持有：海信、日立和联合贸易公司（UTC）。它们分别持有49%、49%和2%的股份。UTC是一家日本进出口贸易公司，与海信和日立都有多年的业务往来。在这次谈判过程中，它主要扮演了中介的角色，在海信和日立之间起沟通协调的作用。虽然在合资公司主要决策时UTC的影响力有限，它却可以缓解大股东之间的冲突并帮助他们更快地达成共识。同时，如果UTC把它持有的股权转让给任何一个大股东，合资公司的股权结构将会彻底发生改变。因此，如何抑制小股东的机会主义行为也需要仔细考虑。

尽管任何一个大股东都不能完全控制这家合资公司，但是，如果大股东之间能够协调好的话，合资公司就可以充分利用两大股东的资源。例如，海信和日立都允许合资公司使用"海信"或"日立"品牌来销售产品，而无需额外支付品牌使用费。来自两大股东的资源支持可以帮助合资公司节省一大笔钱。合资公司的总经理费立成谈道：

> 当合资公司与日立商谈技术转让价格时，和日立其他子公司相比我们有明显的优势。别的子公司都是由日立控股的，所以它们只能被动接受日立设定的技术转让价格。但是我们的情况就大不相同了，因为我们合资公司是49%对49%的股权结构，合资公司是可以与日立讨价还价的。如果我们认为日立的技术转让价格过高了，我们就会积极与日立谈判争取降低转让技术的价格。这可以显著降低我们的成本，并让合资公司的产品价格在市场上更有竞争力。

董事会构成和合同的关键条款

董事会被视为股东权益的代表。在海信日立合资公司中，董事会中有7位董事，3位来自海信，3位来自日立，1位来自小股东UTC。为了确保合资公司的运营稳定和抑制小股东的机会主义行为，公司章程中明确规定一个有效决议必须要征得2/3以上（也就是5位或超过5位）全体董事的同意才能正式生效。对于涉及重要事项（例如增资和股份转让）的提案，必须所有股东都同意才能生效。此外，如果一个股东想要出售他的股份，另外两个股东拥有优先购买权。这些条款既能保护大股东的利益，又能维护合资公司的稳定性。

管理部门的职责划分

日立向合资公司派遣了一位董事长、一位财务副总和一位技术副总；海信则向合资公司派遣了一位总经理、一位营销副总和一位行政副总。在技术和制造部门里，海信和日立都派出了总监。至于其他职能部门，总监都是来自于海信（见图6.1）。这种安排可以使日立向合资公司提供它的技术和制造能力，又可以使海信向合资公司提供它的营销经验。

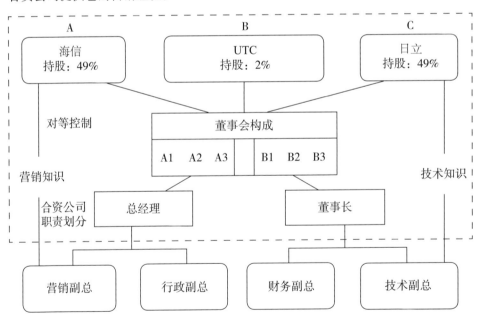

资料来源：Adapted from Paul W. Beamish, *Joint Venturing*, Charlotte, North Carolina: Information Age Publishing, 2008, 72.

图6.1 股权结构和管理职责的划分

中国商用中央空调产业

在中国商用中央空调产业里,公共建筑项目(例如体育馆、高档写字楼等)通常占据了最大的市场份额。对于商用中央空调而言,它的性能好坏主要取决于两大因素:产品质量(影响空调运行性能好坏的70%)和安装(影响空调运行性能好坏的30%)。为了让商用中央空调运转良好,需要空调厂商、设计院和安装方的通力配合。

营销策略

通常对于商用中央空调主要采用两种营销策略(见图6.2)。第一种是直销模式,即厂商直接把产品卖给顾客。直销模式能够给予客户更低的产品价格,因此更容易赢得订单。由于商用中央空调的安装过程一般需要持续两到三个月的时间,如果采用直销模式,根据行业的惯例,厂商在安装完毕后只能收到90%的空调货款。剩下10%的货款要在客户试用空调一到两年并确认空调没问题后才会支付给厂商。如果客户对购买的商用中央空调性能不满意,厂商想要收回尾款就会非常困难。因此,虽然厂商通过直销模式更容易赢得订单、利润更高(不需支付经销商佣金),但是它们需要独自承担货款回收的延迟(安装周期长)及无法收回尾款的高风险。

第二种营销策略是经销商销售模式。对于厂商而言,选择这种销售策略更为简单和安全,因为它们只需要找到合适的经销商,并把产品卖给它们即可。经销商会得到一笔产品销售的佣金,同时要承担客户延迟付款给经销商造成的资金压力及无法收回尾款的高风险。[3] 经销商往往与客户存在一定的关系,并能显著影响顾客的购买决策和付款意愿。有时经销商也会与厂商合作来赢得客户的订单。

20世纪90年代,大金进入中国市场后主要采用依靠设计院给它介绍客户及充分利用经销商渠道来销售产品这两种策略,迅速占据了一个相当大的市场份额。它采用的产品销售模式逐渐成为行业的典范,众多厂商纷纷仿效大金的做法。除了设计院和经销商之外,有时候建筑公司的总包方(例如中建×局)在空调招标过程中也会有话语权。因此,商用中央空调的利益相关者包括经销商、设计院、建筑总包方和空调的终端用户。商用中央空调的生产厂商和经销商可以协商谁来负责空调的安装，安装的所有支出由顾客承担。

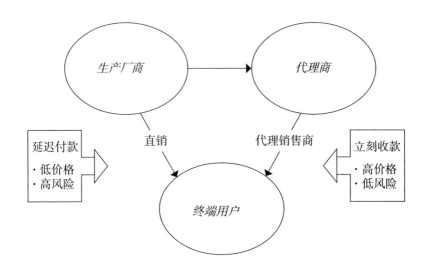

图6.2 商用中央空调的两种营销策略

自2003年以来，房地产市场的飞速发展和繁荣促进了商用中央空调市场的发展。这个巨大的市场吸引了越来越多的商用中央空调生产厂商进入，竞争也变得更加激烈。大金的市场份额由最初进入市场时的80%下降到2011年的40%。

在2004年到2008年期间，海信和日立的合作使它们追上了其他竞争者，每年的销售额都有大幅增加。自2005年以来，合资公司一直是中国商用空调市场上的第二大生产厂商。

2008年，由于全球金融危机，公共建筑行业进入萧条期，来自这个行业的空调订单也开始大幅减少，许多厂商感觉该行业的发展顶峰已经过去。它们开始缩减生产线、解雇工人以降低运营成本。从2011年到2014年，整个中国商用中央空调市场规模（增长率）分别是人民币54亿（28.6%）、61亿（9%）、67亿（13%）和73亿（9.8%）。[4]

与此同时，许多国内的家用空调生产厂商，例如美的和格力，也通过实行多元化战略将原有家用空调业务扩展到商用中央空调领域（详见表6.1）。这些厂商同样具有多年征战空调市场的实战经验，并在大规模制造和质量控制方面具有显著的竞争优势。在过去10年的时间里，这些国内厂商成功增加了它们在商用中央空调市场上占有的份额。面对激烈的竞争，原有的商用中央空调厂商被迫放弃更多的利润来捍卫其市场份额。

表6.1 2014年主要商用中央空调品牌的中国市场份额

排名	品牌	市场份额(%)
1	大金	32.0
2	日立	13.6
3	美的	13.3
4	格力	13.3
5	东芝	6.0
6	三菱电机	4.3
7	三菱重工	3.1
8	海尔	2.6
9	三星	2.2
10	富士通	2.2
11	海信	1.7

资料来源：Abi, accessed September 10, 2016, www.abi.com.cn.

2014年，面对竞争日益激烈的中国市场，合资公司开始考虑是否有机会将现有业务拓展到海外市场。

海信提出合资公司应该开拓海外市场

自2004年开始，周厚健——海信的总经理，开始强调和实施海信的国际化战略，并希望每个子公司都要积极争取开展国际业务。为此每个子公司都建立了各自

的国际业务部。周总解释说:

> 与海信的其他子公司相比,合资公司结合了海信和日立两方优势及两者高度互补的资源,因此更有能力和机会来开拓海外市场。日立拥有一个完善的全球分销和顾客服务网络。如果合资公司可以共享日立的全球网络来开拓海外市场,那么它开展国际业务会更加便利和可行。

2004年6月,合资公司的年度股东大会上,海信就提出了合资公司应该开拓海外市场的建议。然而,这个提议遭到了日立董事的强烈反对。按照合资公司中海信董事的意见,"如果做国际业务能够让合资公司挣更多的钱,提高它的声誉,为什么合资公司不去开拓海外业务并创造更多的利润呢?"合资公司中日立董事的回答很简单:"我们要根据合同规定行事。"

海信和日立的合资契约中有一个条款明确规定了合资公司的销售区域。它写道,"所有合资公司生产的产品只能在中国市场销售。如果产品想要出口,必须征得日立的同意。"这个条款很重要,因为在接下来5年的时间里,海信和日立协商是否允许合资公司开拓海外市场完全依赖此条款的规定。

日立强烈反对合资公司开拓海外市场

为什么日立强烈反对海信关于合资公司开拓海外市场的提议呢?2005年,合资公司的首任董事长、来自日立的西耕先生曾解释说:"一旦我们签订了协议,我们就要遵守这个协议。中国市场这么大,我们能够从这里挣很多钱。因此,我们的整个生产线和营销应该聚焦中国的顾客。而且,合资公司才成立一年,刚刚步入增长期。说实在的,在这个时候,我不认为我们有额外的精力去开拓海外市场。"

然而,谈判并未结束。从2004年到2009年,每当合资公司召开会议的时候,来自海信的股东都会提出这个议案,但是日立的态度一直很坚决。日立不愿意做出任何妥协,并表明在这个事情上与海信没有任何商谈的余地。在这种情况下,海信也不能强迫日立改变它的观点。因此,谈判陷入僵持。

对合资公司的不同定位

对于日立而言，合资公司只是它众多的低成本制造基地之一。在日立的商用中央空调全球布局中，合资公司只是其中一个很小的参与者。从2004年到2009年间，合资公司只接受一些来自日立的海外订单，并协助日立制造一些产品，来服务日立的全球战略。

虽然合资公司已经建立了一个国际业务部，但是这个部门的主要职责仅仅是联络日立总部的国际销售部门ISD（主要责任是协调日立全球订单的分配）。合资公司的第一个海外订单就是协助日立制造一批产品出口到韩国，因为当时日立在韩国的子公司没有足够的精力和时间来完成这个订单。合资公司并没有自主权去寻找自己的海外客户。

而对于海信，合资公司是它唯一的开发、制造和销售商用中央空调的子公司，不像日立在全球范围内有许多子公司在制造和销售商用中央空调（见图6.3）。和日立相比，海信不需要考虑协调来自世界不同区域的订单，在设计合资公司的战略时也不需要考虑不同海外子公司间在销售类似产品时可能存在的竞争问题。

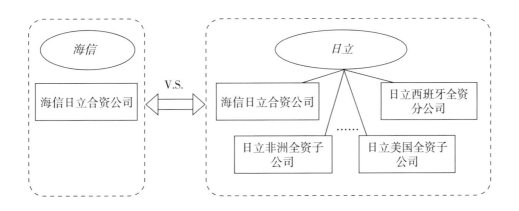

图6.3　对合资公司不同的战略定位

2009：解除禁止出口非洲市场的限制

由于海信一直的不懈坚持，以及多年来两个股东建立的友好关系，日立于2009年3月份最终同意合资公司可以开拓非洲市场。日立在非洲基本没有开展商用中央空调业务。因此，不管合资公司在非洲开拓市场成功与否，都不会对日立的现有业务产生影响。

合资公司在非洲的第一批客户是一些在非洲有基建项目的中国建筑公司。这些项目中的一部分，例如修建的政府办公大楼或总统府，是由中国政府赞助的。中国政府在赞助时有一个要求就是要尽量多地使用中国制造的产品。对于这些中国政府的援非项目，合资公司为了迎合中国政府的要求，贴的都是"海信"的商标。而在其他情况下，主要贴的是"日立"的商标，因为"日立"品牌在非洲更容易得到认可。合资公司逐渐了解了在非洲经营商用中央空调业务的商业规则，并进一步地巩固了它在非洲的销售网络和顾客群。在非洲，不同国家的经济和政治情况差异较大，这就要求厂商每进入一个国家都要深入研究，并提前做好相应的准备工作。考虑到合资公司有限的国际运营经验，其主要在加纳和坦桑尼亚开展业务，因为它的中国客户就在那里。

合资公司发现，在非洲市场上的商用中央空调营销方式与在中国市场的很不一样。对于商用中央空调的厂商而言，在非洲市场唯一重要的利益相关者是空调的设计顾问。在顾客决定购买哪个品牌及购买哪种类型的商用中央空调时，这些顾问有最大的话语权，并且最能影响顾客的购买决策。而在中国，多种利益相关者都可能影响顾客的最终选择，因此在非洲做业务和中国不一样。

对于厂商而言，另一个在非洲和在中国做业务的不同之处就是与经销商的关系。在非洲，尽管经销商的商业能力很好，但是在技术专长方面还有所欠缺。例如，它们并不太懂怎样安装商用中央空调。因此，合资公司需要在培训和指导经销商安装空调产品上发挥重要作用。通常合资公司会外派员工到非洲培训当地员工。而在中国，厂商不用考虑安装的问题，只需要把产品卖给经销商然后收回货款即可。经销商有自己的安装队伍，或者它们可以找一家安装公司帮助它们给客户安装空调。

合资公司慢慢地建立了一个相对稳定的客户群体，并把它的业务拓展到更多的非洲国家。然而，毕竟非洲的市场潜力和顾客的购买能力相对有限，当地商用中央空调产业的成熟度不高，开拓非洲市场并没有为合资公司带来很多的利润。因此，合资公司非常渴望到其他的海外市场开拓业务。

2010：开拓东欧市场

使用日立和海信品牌开拓海外市场

在与海信谈判协商后，日立在2010年取消了更多关于合资公司海外市场禁入的限制。合资公司开始在俄罗斯及周边的东欧国家开展业务。合资公司进入俄罗斯市场的方式与进入非洲市场的方式并不一样。在俄罗斯，合资公司只是把产品卖给当地的经销商，并不做直销业务。它首先积极地参加在俄罗斯举办的许多产品展览会，这些展览会聚集了几乎所有的俄罗斯厂商和经销商。通过这种渠道，合资公司认识了俄罗斯当地的商用中央空调经销商，并与它们建立了合作关系。

合资公司在俄罗斯只选择经销商销售模式还有一些其他的原因。首先，在俄罗斯，人们很少说俄语以外的其他语言。语言障碍的存在使得合资公司很难与当地顾客充分联络和交流。更糟糕的是，在当地很难招聘到一个既能讲中文和俄文，又有商用中央空调行业工作经验的员工。其次，考虑社会治安因素，作为一个外国品牌，合资公司在俄罗斯做生意可能并不如在中国做生意那样安全。最后，当地的经销商有足够的能力为客户提供商用空调的设计、安装和售后服务。厂商只需要提供经销商所需的空调产品，并告知经销商安装的要点，以及使用空调的注意事项，然后经销商就可以自己销售和安装空调了。

合资公司不仅到海外参加展览会寻找客户和经销商，还参加在中国举办的各类贸易展览会。这些国内的展览会同样吸引了大量外国经销商和客户前来。例如，著名的广交会每年举办两三次。在广交会上，合资公司逐渐接触到了来自其他国家的经销商，并为未来的海外拓张积累了大量的人脉。

作为原始设备制造商（代工）来开拓海外市场

除了销售自己的海信和日立品牌的商用中央空调产品之外，合资公司也通过贴牌生产其他品牌的产品来扩大自己的产量。例如，伊莱克斯在东欧市场有很高的品牌知名度，合资公司就为它的产品提供代工服务。伊莱克斯之所以选择中国的海信日立合资公司为其代工产品，原因在于，合资公司使用的是日立的工厂标准，既能保证较高的产品质量，又能保证较低的产品成本。其他的中国厂商更倾向于只为伊莱克斯提供产品，而不提供其他支持性服务。合资公司则能提供一套完整的售后服务体系（例如技术支持、顾客服务、培训等），考虑到商用中央空调的特点，这种做法更加贴合顾客的需求。

合资公司选择接受伊莱克斯的空调订单主要有两个原因：

一方面，工厂的产能还没有充分利用起来。在2014年，工厂的1 000个工人生产了大约50亿元的空调产品，而同样是这1 000个工人，实际最多可以生产100亿元的空调产品。如果工厂在产能范围内能拿到更多的订单，分摊后单个空调的成本会大大降低。而且，产能越大，与供应商的议价能力也越大。

另一方面，拿到代工的订单也可以为合资公司积累海外运营的经验，了解当地顾客的需求，更好地进入俄罗斯和其他还不熟悉的东欧国家市场。此外，在商用中央空调这个行业中，消费者、顾问及空调专家也会了解到伊莱克斯的空调产品是由合资公司的工厂制造出来的。

对于俄罗斯市场，合资公司需要考虑的另一个重要议题就是其产品是否能在特别冷的地区运转良好。经过调查，合资公司发现，它需要研发不同种类的空调产品来迎合不同的气候需求。合资公司的研发团队在现有产品的基础上做了进一步的改进和创新，研发出的新系列产品被叫做"极冷系列"，专门适合在特别冷的地区使用。

日立品牌要比海信品牌知名度更高，因此合资公司销售的大多数产品都贴日立的商标。尽管日立逐渐允许合资公司在一些海外区域销售产品,但日立并不提供任何支持,也并不允许合资公司共享它的全球分销网络。相反的是,海信鼓励合资公司开拓海外市场,并同意通过海信的国际业务销售平台HIMC帮助合资公司拿到更多的海外订单。

2011:解除更多海外市场的禁入限制

随着合资公司进入更多的海外市场销售产品,日立发现合资公司的出口并没有对自己的海外子公司造成明显的影响。在2011年9月,日立解除了合资公司进入大多数市场的限制,这极大地激发了合资公司开拓更多海外市场的热情,合资公司随后进一步扩大了它的出口区域。

早在2009年,合资公司就曾为一家中国的建筑公司在中东的建设项目提供过商用空调。在那之后的四年时间里,合资公司的产品没有再进入中东市场。在中国,对商用中央空调运行温度的要求是最高可在43℃下正常工作,而在中东地区,最高运行温度要求却是54℃。如果想在中东市场销售商用中央空调,空调生产厂商必须要满足T3工作状况的要求(一个对商用中央空调高温作业的标准)。在2013年合资公司成功研发出一系列适合中东地区使用的空调系列后,开始正式进军中东市场。HIMC的迪拜分公司组建了一个团队来为合资公司拓展商用中央空调的销售渠道。由于巨大的文化差异,合资公司的外派人员与当地客户做生意时,遇到了严重的沟通问题。考虑到这个沟通困境,HIMC迪拜分公司专门招聘了一个印度的商用中央空调经理,这个经理是这个行业中的一个技术专家,并在迪拜生活了二十多年。在他所负责的商用空调营销团队中,大多数雇员都是从当地直接招聘的。因此,在当地拓展业务时,他们比中国的销售团队更容易与当地顾客建立和谐的关系。

2011年,合资公司开始考察和跟踪东南亚的商用中央空调市场,但是直到2013年才正式外派员工到那里工作。东南亚市场是日立全球商用空调战略布局中的重点市场之一。因此,为了更好地服务东南亚市场,日立已经在菲律宾建立了一个工厂，在新加坡建立了一个区域销售总部。此外，日立严格限制合资公司进入许多东南亚的国家。考虑到这种情况，为了避免与日立的其他销售子公司在该区域发生销售冲突，合资公司并没有在东南亚市场投入太多的资源。

2012：失去自主开拓海外市场的权利

随着日益多元化的海外销售区域，合资公司遇到许多新的挑战。在产品营销方面，过去十年里，合资公司在中国市场的销售规模和市场份额都很理想，可以称之为"摇钱树"。尽管利润可观，但是每个厂商都面对着激烈的市场竞争。如果一个厂商在中国市场投入的资源减少，其市场份额就会迅速下降。然而，合资公司的海外市场扩张，特别是在早期阶段，又要求投入大量的资源建立渠道等，其海外收入要低于它的投入支出。因此，合资公司很难平衡收入和成本关系，也很难计算出合资公司是否值得去开拓海外市场。

在产品研发方面，合资公司需要调整或开发产品来迎合当地的需求。各国商用空调的技术标准都不一样，例如西欧、澳大利亚、美国和加拿大各不相同。厂商需要确保每一种销售型号的产品首先通过当地的认证，满足当地供电要求。这意味着厂商需要申请各种各样的认证，做实验，提供实验记录，并最终通过认证。每一个认证过程可能持续6个月以上，并且要花很多钱。此外，一些国家的认证标准变动很快，需要合资公司频繁地重新设计产品来不断满足新标准的要求。事实上，这些技术标准为外国厂商进入当地市场设置了很高的技术壁垒。合资公司只有一个研发中心负责中国和海外市场的产品开发。要想同时满足这么多个海外市场上针对技术和产品设计等的不同需求，这对于合资公司研发中心的确是一个巨大的挑战。

近年来，海信投入大量资源来开拓海外市场，并建立了一个全球的营销网络。这个营销网络是由海信建立并100%持股的HIMC负责运营的。海信的主要产品——例如电视、电冰箱、空调——全部由HIMC负责销售，并且这些产品可以共享同一个销售网络。这可以在海信的子公司间发挥协同效应并提高利润。

按照海信的观点，利用海信或日立的全球销售网络可以帮助合资公司节省大量时间和金钱。但日立不同意合资公司使用它的全球销售网络销售合资公司的产品，不过对于谁在海外市场销售合资公司的产品并不太在意。考虑到来自合资公司出口的新挑战和海信相对成熟的国际营销经验，日立在2012年4月同意将合资公司的国际业务部全部并入海信的HIMC，并由HIMC新成立的商用空调业务部来负责合资公司商用中央空调海外市场的销售。自那以后，合资公司可以只关注中国市场，不用再考虑海外市场的商用空调销售，只需要对海外市场提供必要的技术支持。

2014：是否应该重新获得东南亚市场的经营自主权？

自合资公司的国际业务部并入HIMC之后，合资公司产品的海外销售业绩并不令人满意。商用中央空调属于工程类产品，要求能够多年保持良好的运行状态，也不能轻易更换。工程类产品和家用电器在产品更新速度、内部运行机制、营销策略等方面都存在显著差异。如果HIMC采用家用电器的营销策略去销售商用中央空调，业绩不理想也就不足为奇了。

2014年6月，为了解决HIMC销售合资公司商用中央空调不理想的问题，海信和日立需要决定是否应该再次划出东南亚市场，单独授权合资公司自主开拓。海信将东南亚市场作为合资公司唯一的海外目标市场主要基于三点考虑：第一，日立的子公司在东南亚做得好的区域合资公司都不允许进入，不过在日立做得不理想的区域，合资公司进入后不会让日立的子公司的业务受到很大冲击。第二，东南亚市场的潜力是很大的，并且和中国拥有相似的文化背景，在那做生意可能会相对容易一些。此外合资公司也可以尝试把在中国市场的营销策略应用到东南亚市场上去。第三，合资公司可以继续聚焦中国市场。开拓东南亚市场不会对中国市场的销售产生太大影响。

注释

1. Hisense Hitachi, accessed September 10, 2016, www.hisensehitachi.com.
2. All currency amounts are in Chinese renminbi (¥) unless otherwise stated. In January 2003, US$1=¥8.27.
3. ZhiYan.org, accessed September 10, 2016, www.ibaogao.com.
4. Summarized from Abi, accessed September 10, 2016, www.abi.com.cn.

第 7 堂课

华为进军美国市场[1]

本案例由Tim Simpson在Ilan Alon教授的指导下撰写。此案例仅作为课堂讨论材料，作者无意暗示某种管理行为是否有效。作者对真实姓名等信息进行必要的掩饰性处理。

未经Richard Ivey School of Business Foundation书面授权，禁止任何形式的复制、收藏或转载。本内容不属于任何复制版权组织授权范围。如需订购、复制或引用有关资料，请联系 Ivey Publishing, Richard Ivey School of Business Foundation, The University of Western Ontario, London, Ontario, Canada, N6A 3K7; phone (519) 661-3208; fax (519) 661-3882; e-mail cases@ivey.uwo.ca.

Copyright ©2013, Richard Ivey School of Business Foundation

版本：2013-07-23

华为技术有限公司拥有一个宏大的公司愿景：不仅要在全球范围内成为一个技术领军者，还要成为行业中的国际巨头，能够与诸如思科系统公司（Cisco Systems）这样优秀的远程通信设备公司相抗衡。为了实现这一愿景，华为需要提升它在美国这个世界上最大的通信设备产品和服务市场的地位。华为的首席执行官任正非带领华为从一家专注于中国国内市场的公司转型为一个具有国际竞争力的公司，能与欧洲所有主要运营商合作，它的销售额主要来源于跨国合约。到2001年，华为已在美国建立了四个研发中心。此外，它在2003年与美国电子设备生产商3Com公司共同建立了名为H3C的合资公司。[2] 然而，华为在美国市场的发展遇到了阻力，而且它在美国市场的成绩与它国际上取得的成就相比实在是微不足道。美国外资投资委员会（Committee on Foreign Investment in the United States，CFIUS）[3] 以华为可能与中国政府有联系为由，否决了涉及华为的许多经营交易，CFIUS认为通信行业具有战略性意义，这一特性使得这些交易可能会对美国国家的安全保障产生潜在的威胁。[4]

　　2010年5月，华为购买了美国服务器科技公司三叶公司（3Leaf）的资产，但直到同年的11月才向CFIUS申请该收购的存档登记。[5] 在2011年2月，CFIUS建议华为自动放弃它购买的三叶公司的资产。但这样做会导致华为因取消该项收购交易而蒙受一些财务上的损失，更重要的是，华为的高管们认为这对于华为作为一家可靠跨国公司的信誉是一个重大的打击。华为十多年来一直致力于转变成一个跨国公司，但是在美国市场的发展却遭到了限制。现在华为所面临的问题是：他们是否可以无视CFIUS的建议，还是以公司的名义采取措施以获得美国官方的许可。华为的高管们需要决定如何回应CFIUS的建议，以及公司在未来可能要面临的后果。

1987—2000年的华为

在不到二十年间,华为这家私营企业从一个基础通信设备的进口商发展成为一个通信行业的巨头,为全球数以亿计的人们提供设备和服务,并且截至2011年在专利合作条约(Patent Cooperation Treaty,PCT)下申请了总共10 650项专利。[6]

任正非曾在中国人民解放军工程装备兵团任副职,1987年该装备兵团解散后他在深圳创立了华为。[7]他用自己的21 000元人民币[8](当时折合4 400美元)开始从香港购买基础通信设备,然后卖给内地的经销商。[9]当这项业务随着竞争者的加入而使市场趋于饱和的时候,华为开始研发、生产自己的通信设备。是选择自主研发生产通信产品,而不是与国外跨国公司建立合作关系或开设合资公司,这对于中国本土的公司来说是很罕见的。华为首先着眼于发展迅速的国内市场,从1992年到2000年,国内市场的电话服务的订制规模增长了15.5倍,而移动电话服务的订制规模同期增长了500倍。[10]

在2000年年初,预感到中国市场持续增长势头即将终止,华为的视野发生了转变,它开始专注于向一个国际化的竞争者转变。华为的国际化战略非常成功,首先从邻近的亚洲国家赢得跨国合约,然后逐渐打入非洲和拉丁美洲等地区的市场。华为的主要优势在于,它能够以低于全球竞争者30%的价格提供优质的设备和服务。这个优势归功于中国国内工程师人才供给充裕,他们的薪酬大大低于国外的同等人员。华为在早期就认识到了这个比较优势,并以此将研发作为它营销战略的基础,华为公司政策规定,每年在研发上投资不少于年收入的10%(见表7.1)。[11]

表7.1 华为重要财务指标(2007—2011年)

(单位:百万人民币)

年度	2011	2010	2009	2008	2007
中国营业额	65 565	62 143	59 038	—	—
海外营业额	138 364	120 405	90 021	—	—
总营业额	203 929	182 548	149 059	123 080	92 155

（续表）

年度	2011	2010	2009	2008	2007
营业利润率	9.1%	16.8%	15.2%	13.9%	10.1%
总资产	193 283	178 984	148 968	119 286	89 562

资料来源："Huawei Annual Report 2011," www.huawei.com/en/about-huawei/corporate-info/annual-report/annual-report-2011/index.htm, accessed February 20, 2013.

1960—2000年通信行业

通信行业是过去四十年间涌现出的最重要的行业之一，它的发展在全球经济增长和科技创新方面占据了相当大的比重。同时，全球化在这个行业的壮大中也扮演了至关重要的角色。在20世纪六七十年代，通信行业只有很少的几家设备供应商。绝大部分供应商专供单一品类的产品，并且供应链是分散的，相应的区域性市场是由供应商区域性的子公司维护的。[12] 但是在20世纪80年代，数字化科技改变了这个行业。产品线变得丰富多样，而且全球性的组织开始形成，将供应链整合和集中起来，这些促进了产量的提升和单位成本的降低。到20世纪90年代，网络设备供应商演变成完全整合的通信系统的供应商。从1995年到2000年，全球网络产品的市场从150亿美元增长到了500亿美元。尽管互联网泡沫给电信行业带来了一定的冷却效应，但是这并没有阻碍新技术的出现，而这些新技术又继续推进这个行业的发展。

外国的跨国电信公司自从20世纪80年代开始就进入了中国。为了进入这个潜力巨大的市场，大多数外国跨国公司不得不与中国本土公司建立起合营企业。在此期间，外国跨国电信公司不仅推动了中国通信基础设施的增长，也为中国国内的通信行业制造商的成长做出了贡献。国外跨国通信设备公司的出现极大地加速了国内通信设备生产商的成长：国内生产商从20世纪80年代初期远远落后于行业竞争者，发展为20世纪90年代初期在交换机的生产领域已经具备了国内竞争力；到20世纪90年代后期，它们开始成为国内市场的主要竞争者，并开始以广泛的产品种类走出国门。2001年，全球通信设备行业的领军企业包括爱立信（Ericson）、北电网络

（Nortel）、诺基亚（Nokia）、朗讯科技（Lucent）、思科、西门子（Siemens）、摩托罗拉（Motorola）和阿尔卡特（Alcatel）（见表7.2）。[13] 到2011年，全球通信设备行业的领军企业包括爱立信、华为、阿尔卡特–朗讯科技（Alcatel-Lucent）、诺基亚–西门子网络（Nokia Siemens Networks）、中兴（ZTE）、思科和摩托罗拉（见表7.3）。[14]

表7.2　2001年顶尖通信设备制造商情况

公司	2000年营业额 （10亿美元）	1999年营业额 （10亿美元）	收益增长 (%)
爱立信	31.3	25.7	21.5
北电网络	30.3	21.3	42.2
诺基亚	27.2	20.1	35.4
朗讯科技	25.8	33.8	−23.5
思科	23.9	15.0	59.3
西门子	22.8	20.0	14.5
摩托罗拉	22.8	19.7	15.3
阿尔卡特	21.6	17.1	26.6

资料来源：Gartner Dataquest, Feburary 2001.

表7.3　2011年顶尖通信设备制造商情况

公司	2011年营业额 （10亿美元）	收益增长	2011年营业收益 （10亿美元）
爱立信	203.30	12.00%	11.20
华为	32.80	11.5.0%	12.30
阿尔卡特-朗讯	19.90	−2.10%	1.40
诺基亚西门子	13.60	10.60%	3.70

（续表）

公司	2011年营业额（10亿美元）	收益增长	2011年营业收益（10亿美元）
中兴	13.90	23.40%	0.150
思科	43.20	7.90%	6.50
摩托罗拉系统公司	8.20	7.20%	1.150

资料来源: Ericsson Annual Report 2011, Huawei Annual Report 2011, Alcatel Lucent SA, Nokia Siemens, ZTE, Cisco Systems, Motorola Solutions.

在2000年到2011年间，通信行业的局势和主要企业发生了戏剧性的变化，而这也带来了通信行业竞争者的一系列新问题。随着更廉价的研发技术人员的增加，价格成为更具竞争力的因素。通信设备市场的主要投资转向建设无线网络，而且公司的盈利主要在软件和服务方面。[15] 消费者要求更高质量的产品和服务及顶尖的技术，而这种需求打开了全新的市场和发展空间。由于全球供应链的相互依存，日益增长的网络安全意识和对信息系统可能造成的威胁，对于每个公司甚至整个行业而言，都是巨大的挑战。

中国和美国政府均表明，通信行业在维护其国家安全利益方面扮演着关键的角色。一些媒体指责中国通过市场贸易保护政策、低成本的借贷和优惠税收政策、补助，以及在海外市场发展中享有外交支持等方式保护中国企业。[16] 其他一些媒体指责美国的通信行业已经结成"好兄弟"网络，只迎合行业当前主要企业的利益，而不让新的竞争者进入。[17] 国际贸易拥护者形容，因为通信行业具有巨大的商业和战略价值，因此它在外交和国际贸易政策中被形容为"重中之重"（见表7.4和表7.5）。[18]

表7.4　2011年顶尖通信设备出口国家或地区

国家或地区	价值（百万美元）	增长(%)2010—2011	世界份额(%)	累计(%)
全球	506 103.3	13.3	100.0	-
美国	38 248.6	14.5	7.6	52.3
韩国	35 388.6	0.3	7.0	59.2
墨西哥	18 515.2	−10.7	3.7	62.9
德国	18 403.8	13.5	3.6	66.5

资料来源：UN Comtrade.

表7.5　2011年顶尖通信设备进口国家或地区

国家或地区	价值（百万美元）	增长(%)2010—2011	世界份额(%)	累计(%)
全球	557 900.0	13.3	100.0	-
美国	42 897.3	25.1	7.9	35.0
韩国	26 332.1	23.6	4.7	39.7
墨西哥	25 401.2	-1.4	4.6	44.3
德国	24 727.8	21.1	4.4	48.7

资料来源：UN Comtrade.

CFIUS

对外CFIUS是一个跨机构的政府委员会。该委员会由美国商务部、国土安全部、司法部、国防部及其他五个政府部门的负责人组成。[19] 该委员会有权审查任何由于州际间交易导致由境外实体或外国人士拥有了对美国公司的控制权的事件。这种审查并不局限于涉及多数股权的交易，还包括其他任何形式的可能会导致美国公司控制权发生变更的交易。这个审理过程需要由美国公司在出让其股权或寻求被收购时主动申请备案。备案的内容包括：业务线的介绍，包括对公司的每项产品和服务的明确、详细的描述；以及此项交易的介绍，包括对涉及的所有相关实体的清晰描述及交易的性质和结构。CFIUS还建议提交组织结构图，这个结构图能直观展示出参与交易的外籍人士与交易公司在控制权和所有权上的利益关系，以及这些外籍人士和他们父母的相关信息。

每接到一个交易的通告，CFIUS就会进行审查，并有可能基于买家的来源国和涉及购买的行业做进一步的调查，如银行、交通、基础设施或科技行业（见表7.6、表7.7）。

表7.6 CFIUS各行业年度交易事务通告（2008—2010）

交易次数及占当年总交易量比例＼行业＼年份	制造业	金融、信息和服务业	采矿、公共事业和建筑业	批发零售贸易	合计
2008	72 (46%)	42 (27%)	25 (16%)	16 (10%)	155
2009	21 (32%)	22 (34%)	19 (29%)	3 (5%)	65
2010	36 (39%)	35 (38%)	13 (14%)	9 (10%)	93
合计	129 (41%)	99 (32%)	57 (18%)	28 (9%)	313

资料来源：2011 CFIUS Annual Report to Congress.

表7.7 CFIUS交易事务通告：制造业内主要业务（2008—2010）

制造业	交易数量	占制造业总交易数量的比例（%）
电脑和电子产品	62	48
运输设备	21	16
机械	15	12
原料金属	8	6
化工	7	5

资料来源：2011 CFIUS Annual Report to Congress.

CFIUS在2010年收到了93个交易通告，并对其中的35个进行了后续调查[20]，有12个交易通告被驳回（见表7.8）。而这些被驳回的交易通告中，有5起当事人重新提出了新的交易通告，还有5起当事人放弃了交易，另外两起的当事人被驳回后又在2011年重新提交了交易通告。如果在交易时没有向CFIUS提交通告，该委员会可以随时介入和取消交易。

表7.8 CFIUS交易、撤回和总统决议（2008—2010）

年份	通告数	审查期间撤回通告数	调查数	调查期间的撤回通告数	总统决议数
2008	155	18	23	5	0
2009	65	5	25	2	0
2010	93	6	35	6	0
总计	313	29	83	13	0

资料来源：2011 CFIUS Annual Report to Congress.

华为在国际市场上的表现

到2005年，华为已经拥有中国国内市场30%的市场份额[21]，拥有的国际合同超过了国内销售量，并在全球范围内雇用了大约30 000名员工。[22] 华为从IBM、普华永道、英特尔和微软引进了世界一流的管理咨询顾问，他们给公司带来了现代化和高效率的全球化的管理标准。公司的业务开始扩展到发达的欧洲市场。刚开始时华为只能获得预算吃紧的运营商的合同，但最终还是从欧洲一些主要运营商那里赢得了合同。截至2007年年底，华为已经与所有欧洲的顶级运营商，如法国电信（France Telecom）、沃达丰（Vodafone）和英国电信集团（BT Group）建立了合作关系。

华为与美国电子产品制造商3Com公司于2003年建立了一个合资公司H3C，但即便如此，相对于华为在国际市场的成就，它在美国市场仍然表现平平。H3C将提升华为在美国市场的形象，同时3Com公司发现这个合资企业相当成功，甚至在2006年购买了华为持有的51%的股份。[23] 然而，当华为联手贝恩资本（Bain Capital）于2008年收购3Com的时候，CFIUS出于对这项收购的安全方面的担忧叫停了这项交易。贝恩资本发布声明，称它们已经被告知，如果这项交易继续进行，CFIUS将采取行动以阻止这项收购。美国国防部曾使用3Com公司的产品进行网络安全入侵检测，而华为将收购3Com对于美国的政策制定者而言是一个重大的危险信号。[24] 避世隐居的任正非，从来没有发表过超过200字的个人简介或接受过任何采访，不透明的公司管理及公司所有权制度，再加上一个全是中国籍成员的"内部管理的神秘指挥所"，使得外界很难窥视华为内部的运作机制。[25] 然而，新华社把这个问题描述成为一个富有竞争力的非西方公司与"美国日渐上升的保护主义情绪"的抗争，而这种保护主义情绪很可能是由美国本土被宠爱的思科系统公司培养出来的。[26]

2010年，华为的销售额达到220亿美元，成为世界三大通信设备销售商之一。[27] 华为与新成立的美联电信集团（Amerilink Telecom Corp.）咨询公司建立了合作关系，而这一举动可能会帮助华为从斯普林特（Sprint）公司那里赢得业务。美联位于斯普林特公司的总部所在地，由一位美国参谋长联席会议前副主席和斯普林特公司的前任高管组建。然而，华为和同是来自中国的电信通讯供应商的中兴通讯被排除在为斯普林特Nextel公司建立4G网络的50亿美元的合同之外。几位美国参议员写信给奥巴马政府，表示了他们对华为有可能接触到并暗中破坏美国关键的电信基础设施的担忧。美国商务部长骆家辉，还亲自打电话给斯普林特公司的首席执行官丹·海塞（Dan Hesse），表示对该项合同授予一家中国公司的担忧。华为和中兴都进行了投标，并且其价格都低于其他竞争对手。[28]

经验教训

在2011年夏天，华为是全球领先的信息和通信技术（ICT）的供应商，为世界上三分之一的人口提供服务，业务覆盖140个国家。[29] 华为被认为是中国最成功的私营企业，也是中国的"国家冠军企业"之一。然而，华为广为人知的过于私有化的公司性质，以及中国"国家冠军企业"的头衔，似乎成为它进一步扩张全球业务的障碍，特别是在美国市场。[30]

  2011年2月，CFIUS建议华为自动解除其对美国电脑公司三叶系统（3Leaf system）的资产收购。在2010年的春天，华为没有及时向CFIUS披露收购的信息，这被CFIUS认为是需要终止交易的原因。长江商学院的战略学教授滕斌圣，把这次考验看作是美国政府给华为的一个沉痛教训：如果华为希望在美国市场上运营，它就必须遵守规则并服从美国官方。[31] 新华社认为，这是美国政府通过阻止一项能为美国正在放缓的经济带来更多就业机会、投资机会和消费的有益业务，再一次干涉它所倡导的"价值公平的市场系统"（valued fair market system）的行为。[32] 新华社还指出，美国政府的这个行为是在制造一个"非常危险的扭曲市场的政策先例"，并可能会对那些有海外业务的美国公司带来危险后果。华为高管认为，除了取消收购三叶公司这项交易所带来的财务损失，放弃对三叶公司的收购也是对公司声誉和品牌形象的一个重大打击。[33] 华为可以依照CFIUS的建议撤销它与三叶公司的收购协议，或者可以拒绝CFIUS的建议，并迫使华为与三叶公司的交易申请由美国总统奥巴马做出最后裁决，但这是史无前例的。[34] 任正非和他的高管们需要明确他们未来应该如何领导华为以减少目前在美国市场所遇到的麻烦。

注释

1. This case has been written on the basis of published sources only. Consequently, the interpretation and perspectives presented in this case are not necessarily those of Huawei Technologies Corporation or any of its employees.
2. Leila Abboud, "Chinese Telco Gear Makers Aim to Leap U.S. Barriers," 2011,www.reuters.com/article/2011/02/16/us-mobilefair-chinagear-idUSTRE71F19S20110216, accessed February 2, 2013.
3. CFIUS is an inter-agency U.S. government panel that reviews acquisitions and mergers of U.S. entities by foreign companies for possible national security implications.
4. Steven R.Weisman, "Sale of 3Com to Huawei Is Derailed by U.S. Security Concerns," *The New York Times*, February 2008, www.nytimes.com/2008/02/21/business/worldbusiness/21iht-3com.1.10258216.html?pagewanted=all&-r=0, accessed February 15, 2013.
5. "Huawei Backs Away from 3Leaf Acquisition," *Reuters*, February 2011, www.reuters.com/article/2011/02/19/us-huawei-3leaf-idUSTRE71138920110219,accessed January 29, 2013.
6. "Research and Development," www.huawei.com/en/about-huawei/corporate-info/research.-development/index.htm, accessed March 5, 2013.
7. Mike Rogers and Dutch Reppersberger, "Investigative Report on the U.S. National Security Issues Posed by Chinese Telecommunications Companies Huawei and ZTE," House of Representatives: Permanent Select Committee on Intelligence (HPSCI),p. 32.
8. All currencies are in US$ unless otherwise stated.
9. "The Long March of the Invisible Mr. Ren," *The Eoconomist*, June 2011, www.economist.com/node/18771640, accessed February 23, 2013.
10. Victor Zhang, "Huawei Technologies UK CEO Speaks on Intemationalization and

Innovation by Chiness Multinational Companies," February 2013, www.tmd-oxford. org/content/huawei-technologies-uk-ceo-speaks-internationalisation-and-innovation-chinese-multinational,accessed February 27, 2013.

11. Ali F, Farhoomand, "Huawei:Cisco's Chinese Challenger," Asia Case Research Center,2006.

12. Ibid.

13. P.Fan, "Catching up Through Developing Innovation Capability: Evidence from China's Telecom-Equipment Industry" Department of Urban Studies and Planning, MIT, November 2004.

14. "Cisco, Alcatel-Lucent, Juniper Gain Carrier IP Edge Router/Switch Share in Q1; N.America up 27%, Infonetics Research, May 2012,www.infonetics.com/pr/2012/1Q12-Service-Provider-Routers-Switches-Market-Highlights.asp, accessed March 5, 2013.

15. "The Long March of the Invisible Mr.Ren," *The Economist,* June 2011,www.economist.com/node/18771640,accessed February 23, 2013.

16. John Lee, "The Other Side of Huawei," *Business Spectator*, March 30, 2012, www.theworld.org/2013/02/chinas-telecommunications-giant-huawei-under-scrutiny/, accessed February 20, 2013.

17. Mary Kay Magistad, "China's Telecommunication Giant Huawei under Scrutiny," *The World*, February 2013, www.theworld.org/2013/02/chinas-telecommunications-giant-huawei-under-scrutiny/,accessed February 20, 2013.

18. Joshua Chaffin, "EU Faces up to China over 'Mother of All Cases,'" *Financial Times*, 2012, www.ft.com/intl/cms/s/e4edbcca-6bab-11e2-8c62-00144feab49a,accessed February 20, 2013.

19. "Resource Center," U.S. Department of the Treasury, www.treasury.gov/resource-center/international/Pages/Committee-on-Foreign-Investment-in-U.S aspx, accessed

February 26, 2013.

20. "Annual Report to Congress for CY 2011" U.S. Department of the Treasury www.treasury.gov/resource-center/intermational/foreign-investment/Pages/cfius-reports.aspx,accessed February 26, 2013.

21. Winter Nie, "How Chinese Companies Test Global Waters:The Huawei Success Story," International Institute for Management Development, 2010, www.imd.org/researcvh/challenges/TC067-10.cfm,accessed june 13, 2013.

22. "Milestones," www.huawei.com/en/about-huawei/corporate-info/milestone/index.htm,accessed February 27,2013.

23. Ibid.

24. Steven R.Weisman, "Sale of 3Com to Huawei is Derailed by U.S. Security Concerns," The New York Times, February 2008, www.nytimes.com/2008/02/21/business/worldbusiness/21iht-3com.1.10258216.html?pagewanted=all&-r=0, accessed February 15, 2013.

25. "The Long March of the Invisible Mr. Ren," *The Economist*, June 2011,www.economist.com/node/18771640,accessed February 23, 2013.

26. "Huawei Down, Not Out, in Acquistion Bid on U.S.Firm," Xinhuanet, February 2008, http://news.xinhuanet.com/english/2008-02/22/content-7647378.htm,accessed February 22,2012.

27. Paul Ziobro, "Huawei Enlists an Ex-Sprint Team," *The Wall Street Journal*, August 2010, http://online. wsj.com/article/SB10001424052748703846604575447803097958776.html, accessed February 23,2013.

28. Joann Lublin and Shayndi Riace, "Security Fears Kill Chinese Bid in U.S.," The Wall Street Journal, November 2010,http://online.wsj.com/article/SB10001424052748704353504575596611547810220.html,accessed February 15,2013.

29. Victor Zhang, "Huawei Technologies UK CEO Speaks on Intemationalisation and

Innovation by Chinese Multinational Companies," February 7, 2013,www.tmd-oxford.org/content/huawei-technologies-uk-ceo-speaks-internationalisation-and-innovation-chinese-multinational, accessed February 27, 2013.

30. M.Zeng and P.Williamson, "The Hidden Dragons," *Harvard Business* Review, October 2003,http://hbr.org/2003/10/the-hidden-dragons/ar/1, accessed June 13,2013.

31. "Huawei and 3Leaf: What Went Wrong?" March 2011, http://knowledge,ckgsb.edu.cn/2011/03/04/technology/huawei-and-3leaf-what -went-wrong-chinese-telecoms-set-sights-on-strategic-foreign-assets/, accessed February 22, 2013.

32. Wang Zongkai, "News Analysis: Chinese Tech Firms Hurt by U.S. Political Illusions," *Xinhua News* 2012, http://news xinhuanet.com/english/indepth/2012-10/09/c-131895231.htm,accessed February 23, 2013.

33. Ken Hu, "Huawei Open Letter," Chairman of Huawei Technologies USA,2010, http://online.wsj com/public/resources/documents/Huawei20110205.pdf, accessed February 22, 2013.

34. "Huawei Waits for White House Review Before Selling Unit," February 2011,www.bbc.co.uk/news/business-12461553,accessed Januay 29, 2013.

第8堂课

霍氏集团
中国家族企业里的职业经理人

本案例由王婷、包铭心、周黎曼、罗晶晶撰写。此案例仅作为课堂讨论材料，作者无意暗示某种管理行为是否有效。作者对真实姓名等信息进行必要的掩饰性处理。

未经Richard Ivey School of Business Foundation书面授权，禁止任何形式的复制、收藏或转载。本内容不属于任何复制版权组织授权范围。如需订购、复制或引用有关资料，请联系 Ivey Publishing, Richard Ivey School of Business Foundation, The University of Western Ontario, London, Ontario, Canada, N6A 3K7; phone (519) 661-3208; fax (519) 661-3882; e-mail cases@ivey.uwo.ca.

Copyright ©2014, Richard Ivey School of Business Foundation

版本：2014-02-14

霍氏集团　第8堂课
中国家族企业里的职业经理人

2012年2月2日,一项企业人事任命的消息吸引了国内润滑油行业不少人的关注,这一天壳牌统一(北京)石油化工有限公司的标志性人物李嘉总经理正式出任霍氏集团首席执行官,又回到老东家原统一润滑油创始人霍振祥董事长的麾下。在2006年统一和壳牌合资后,时隔5年,这对共同缔造"统一润滑油"创业奇迹,曾经被很多商业媒体誉为完美搭档的民营企业家和职业经理人又重新走到一起,在霍振祥全新打造的霍氏集团这个更广阔的商业平台上联手再创辉煌。

统一石化和霍氏集团

北京统一石油化工有限公司成立于1993年,位于北京京郊大兴芦城开发区,是国内最大的专业生产润滑油及辅料的民营企业,产品覆盖汽车和摩托车用油、工业用油、工程机械用油及润滑油、刹车油、不冻液、汽车护理品等众多石油化工领域,其中以生产销售"统一"牌润滑油系列产品著称于市场。

润滑油市场是中国石油行业中最早对外开放的市场。20世纪90年代初,国际润滑油企业就已开始进入中国润滑油市场,壳牌、美孚等跨国润滑油企业占据了大约20%的市场份额,尤其在高端市场上具有较大的控制权;国内以中石化和中石油为代表的大型国有润滑油企业,占据了近60%的市场份额;而其余各类大大小小的润滑油调和厂有4 000多家,品牌6 000余种,竞争无序。统一润滑油创始人霍振祥就是在这样的行业背景中,凭借其灵活的经营机制和敏锐的市场眼光,使自己的企业形成了一定规模。

提起统一润滑油,人们很容易想起2003年在伊拉克战争期间"多一点润滑,少一点摩擦"的成功营销案例。正是在这样一个不为大众所关注的行业里,统一抓住了伊战新闻背景下央视前所未有的大规模直播的机会,推出"多一些润滑,少一些摩擦"的经典广告,迅速提升了品牌知名度,在短短几个月时间内就成为润滑油行业的强势品牌,逐渐发展成能够和国内外大公司抗衡的民营企业。

到2005年,统一润滑油年销售额近29亿元,销量超过35万吨,约占国内车用油销量的15%,成为国内继国有石化双雄之后的第三大独立润滑油生产和销售企业。统一当时拥有3家工厂,年生产能力60万吨,是壳牌中国在中国3家工厂年生产能力之和的2倍。但是,统一作为民营企业,完全没有上游资源的支撑,基础油80%靠进口,其余部分来自中石油和中石化。到2006年5月中旬,伴随基础油价格的飚升和国内石油巨头的停售、惜售,基础油的缺乏成为制约统一快速发展的严重瓶颈。

在统一发展的这一关键时刻,霍振祥选择了和国际石油巨头壳牌进行联姻,以解决上游基础油的供应问题,确保统一润滑油品牌的可持续性发展。2006年9月23日,在事先并无"风声"的情况下,壳牌中国在北京向媒体宣布,购买统一石油化工有限公司(统一石化)75%的股份,合资后公司更名为壳牌统一(北京)石化有限公司(壳牌统一)。双方充分利用各自在资源和市场上的优势,致力于打造中国车用润滑油第一品牌。

根据并购协议,合资公司将继续生产和销售统一品牌润滑油,并且要求和霍振祥从创业之初就一起打拼十余年的统一总经理李嘉及统一原有核心管理团队都留任,留任期为一个任期即5年,以保证统一合资后在品牌战略、经销模式和企业文化方面的延续性。李嘉作为统一润滑油的重要功臣,从统一创业之初就得到比自己大17岁的老板霍振祥的信任。在统一创业刚两年的1995年,霍振祥就提拔当时年仅29岁的李嘉担任总经理,并完全将统一的经营和发展交给李嘉打理,演绎了一段民营企业家和职业经理人完美搭档的商业传奇。

霍振祥在早年经营统一石化期间,其家族产业就涉及仓储物流、典当等多个领域,并且都具有很强的业务实力和发展空间。统一合资后,霍振祥仅作为股东不再参与壳牌统一的日常运营,就有了更多精力打理其余产业和发展新兴业务。其中,百利威物流拥有40多万平方米的仓储中心,仓库分别位于北京南四环、京南物流园区内,是华北地区最大的仓储物流中心。

金马、天祥两个典当品牌在北京拥有十家门店，是北京地区发展最早、最快的典当企业之一。此外，霍振祥还在 2010 年极力推动绿色茶业产业链的整合，推出了"霍氏茶业"的全品种茶叶连锁企业品牌。

2011 年，霍振祥成立了霍氏文化产业集团有限公司（霍氏集团），基于整体战略开始整合旗下众多产业。目前，霍氏集团业务主要包括节能可再生（壳牌统一、TOPANGA 量子灯项目）、现代仓储物流（百利威）、绿色茶产业链（霍氏茶业）和典当（金马、天祥典当行）等四大板块（见图8.1、图8.2）。对于霍振祥而言，未来产业的整合和发展最需要的就是像李嘉这样的优秀职业经理人，而李嘉按合资协议约定在 2006 年留任壳牌统一担任总经理职位后，霍振祥身边一直缺少这样一位志同道合而又极富经验的事业伙伴和商业助手。当 2011 年年底李嘉和壳牌统一的任期届满后，霍振祥再次诚邀李嘉加盟极具商业发展空间的霍氏集团，共同谱写新的事业辉煌。这对昔日的完美搭档再聚首又将会创造怎样的商业奇迹？两人的联手又将遇到哪些挑战和现实问题？这些问题成为业界再次关注的焦点。

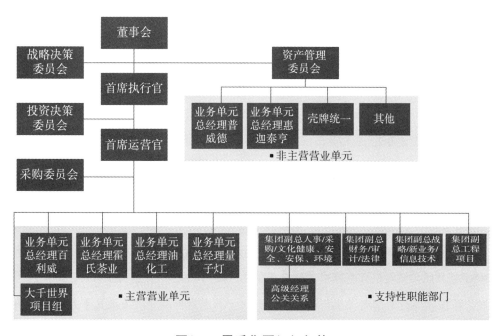

图8.1　霍氏集团组织架构

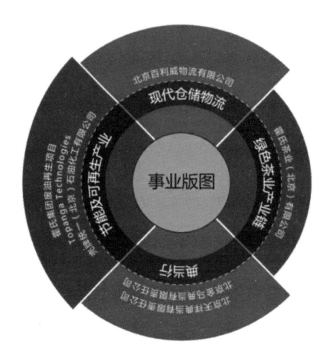

图 8.2 霍氏集团主营业务机构

初次相遇

在记载霍振祥和统一润滑油发展历程的传记《朴行千里：霍振祥和他的"统一"神话》中，霍振祥董事长这样描述道："李嘉是'统一'企业成功的必要条件，没有李嘉就没有企业的今天。"这是老板对一个职业经理人的最高褒奖，在这个褒奖背后，是老板的信任与赞赏，同时也是职业经理人艰辛的付出写照。

霍振祥与李嘉初次相遇是在 1993 年春节后的一天，在此之前，霍振祥经商不过七年，经营润滑油也不过四年。从 1989 年用收集的废机油换来好机油用于销售，到 1991 年开始尝试经销具有技术含量的调配油，再到 1992 年开始买原料自己调配润滑油，霍振祥经营的润滑油生意可谓红红火火、有声有色。年收入从几十万元增长到几百万元，企业也由最初的一间小店铺发展成为拥有几间新厂房的正规公司。

随着生意越做越大，霍振祥每天关注的已经不再仅仅是产销量、收入等数字，他深深地感受到企业要想发展壮大，具备持续增长能力和长久的竞争力，仅靠家族企业成员们的热情是远远不够的。面对日益复杂严峻的市场环境和繁杂的企业管理，企业必须吸纳既有热情又有知识、既有责任感又有能力、既有长远眼光又有实务经验的专业管理人才。就在此时，李嘉进入了霍振祥的视野。

霍振祥初次见到李嘉是他来公司做产品推介。当时的李嘉在大学毕业后去法国闯荡了一段时间，回国后担任一家合资制罐公司销售部经理，他们生产的马口铁罐是润滑油的重要包装物。在简短的交谈中，他对这个年轻人的基本判断是："他很聪明，比如他会让自己的下属轮番向你轰炸，差不多时他才亲自出马，集中精力攻破；他口才很好，相当会推销，其实制罐企业没有什么核心技术，但是他却能够讲自己是合资企业的产品，达到了什么标准。"霍、李的初次相遇，李嘉给霍振祥留下了深刻印象，这也开启了二人联手的缘分。

诚邀加盟

在初次相遇之后，霍振祥对李嘉格外关注。李嘉从霍振祥的公司获得了大量的订单，而出于责任感，李嘉对这些订单的质量盯得格外紧。接下来的几次接触中，霍振祥看到了李嘉精明果敢、忠诚负责等种种优秀的品质。于是，霍振祥直截了当地对李嘉说："你要是不认为我的摊子小，对我这个人还信得过的话，到我这儿来咱们一起干怎么样？"

在制罐厂工作期间，李嘉接触了不少润滑油行业的人，对这个行业有自己的一些了解和认识。与霍振祥聊天时，李嘉提出了一些自己的想法："我觉得霍总从事的润滑油行业很好，但品牌不够好。我觉得他应该打造一个好的品牌，就这个想法我与霍总交流了几次。霍总听后觉得我的想法很好也很支持我，问我愿不愿意来试试。"

霍振祥的这次邀请对于这个每年换九份工作、想通过自己的努力去成就一番事业的年青人来说是一次难得的机会。当时的润滑油行业才刚刚开始对外开放，存在很多机会。李嘉回忆说："他给了我一个机会，自己去创造自己喜欢的系列产品并且可以按照自己的想法去运作这个项目，而且（为我）提供资金、人员的支持。霍总甚至跟我说之前的产品如果不好可以不要。"

李嘉抓住了这次机会，数月后郑重接受了霍振祥的邀请。在处理好原公司的相关事宜后，1993年8月1日李嘉在霍振祥的带领下来到了厂里。霍振祥在全厂干部面前宣布李嘉担任公司副经理职务，而此时霍振祥是总经理。任命结束后，车间主任就一脸坏笑地拍着李嘉的肩膀说："李经理，注意您的身子骨呀！"李嘉笑着打着哈哈，但心里明白要让这些元老认可自己不是一件易事，而霍振祥对自己寄予的厚望让李嘉更是一刻也不敢懈怠。他明白自己来此的目的，无论前路有多么坎坷，他都要为企业开创一条可以长期发展的成功道路。

事后问起李嘉为何做出这个决定时，他说："男怕入错行，女怕嫁错郎。来统一之前，我干的是制罐，不是终端产品，哪一个消费者买到产品以后会在意包装是谁做的？而当时，中国的汽车行业是朝阳产业，润滑油的市场很大，我觉得做终端市场比原有企业有前途。更重要的，我感觉到董事长是做事业的人，而不仅仅是挣几个钱。他的个人魅力，让我下了决心，最终我选择了他。"

渐入"嘉境"

对于李嘉的任命，是成就统一未来事业的起点，也是霍李两人密切合作的开端。从此统一渐入"嘉"境，霍振祥经营的润滑油企业日益发展壮大，而李嘉在推动企业发展中所发挥的作用也逐渐增大，成为统一的标志性人物。这一过程蕴含着霍、李两人的亲密合作，霍振祥对于李嘉的信任和放权程度也越来越高，企业的经营管理越来越多地体现李嘉的发展理念，公司也逐渐由家族企业向现代化企业转变。

李嘉初到公司时，更多的是进行观察和调研，对公司的情况进行全面了解，并未实施具体的工作规划。因此，当时几乎所有的人都认为，对于李嘉的任命是霍振祥的心血来潮、头脑发热的决定，与霍振祥一起长大并一起创业的元老们，更是质疑李嘉这个年轻人的能力，甚至明里暗里嘲笑挖苦，但这些都未能动摇霍振祥对于李嘉的信任和支持。在经过详细的调研和规划后，李嘉出手了，他协助霍振祥进行了一系列的改革，而这一系列的动作均得到了霍振祥的全力支持，也奠定了统一后来的成功之路。

首先，李嘉用两个多月的时间注册成立了新的中外合资润滑油公司，并申请注册了"统一"润滑油商标，为第一批上市的"统一"牌润滑油设计出了新包装，完成了产品的正规化和品牌化。其次，李嘉将产品定位瞄准润滑油的高端产品，即国际上流行的复合添加剂调和油，完成了产品的精准定位。最后，为满足新产品的工艺和产能要求，李嘉决定在大兴的北程庄边上征地 35 亩，建设一座年产能达到 2 万吨的润滑油调和厂，为产品的规模化生产奠定了基础。

合资企业是中国 20 世纪 90 年代初新兴的经济形式，由于技术、管理、原料等均是舶来品，在特定的经济背景下，其产品在市场中更容易获得青睐。在当时的润滑油行业，合资企业凤毛麟角，而民营企业中了解合资企业经营模式和政策的人并不多，李嘉的这一经营策略足以体现其不凡的发展头脑。此外，注册商标、走品牌化经营之路，在当时的民营企业当中，更是鲜见这种长远的发展规划和经营意识。而这些，李嘉都做到了。

如果说成立合资公司、注册商标属于企业长远发展需要，那么设计产品包装，便体现了李嘉关注细节的独到眼光。当时无论国内品牌还是国际品牌，包装都十分简单，规格也十分单一，并且用户不能一目了然地从包装上识别出产品标准和水平。李嘉敏锐地发现了这一问题，建议将汽车的照片印到铁筒上，以便让用户一目了然，同时还按照不同车型的用量，设置了不同规格的包装。

研制新产品、兴建新厂、扩大产能更是企业取得长足发展的关键。自 1994 年 6 月"统一"润滑油产品正式销售以来，霍振祥的企业开始同时向高低端两个市场发展。原有的低端产品市场仍然火爆，年销售额接近 2 000 万元。然而，作为一个新兴品牌、新型产品，"统一"进入高端产品市场之路却极其艰难，因而销售增长也极其缓慢。在这种情况下，难免有些人质疑：这些"花里胡哨"的包装只不过是过眼云烟，难成气候，但霍振祥和李嘉都没有放弃。在他们的主导下，统一润滑油市场被细分为高端和低端两个市场，而虽然当时国内仍以低端油为主，但是随着汽车行业的迅猛发展，高端油市场潜力巨大，正是这一提前的产品布局为统一进入高端市场抢占了先机。

无论是品牌还是包装、规格，乃至产品市场细分，概括起来就是"市场化"。"谁离市场越近，谁就离竞争对手越远"。道理浅显，但做起来并不容易。特别是在那个润滑油很好卖、利润很高的年代，这样前瞻性的眼光实属难得。李嘉自进入统一之后，实实在在地为霍振祥和他的企业做了几件大事，用自己的忠诚和能力获得了老板的认可，而作为回报，霍振祥也给予了李嘉全力的支持和信任，为李嘉打造了一个尽情施展才能的平台。

自 1995 年迁入大兴工厂开始，除非有重大事项需要决策，霍振祥轻易不来公司，也基本不参加公司的日常办公会。1996 年，霍振祥卸下兼任的总经理职务，正式任命李嘉担任总经理，霍振祥在宣布这一事项时特别声明："除非一次性计划外支出超过 100 万元跟我要打个招呼，此外各项工作都由李总决策。"后来，这个 100 万的限额不断被提高，变成上千万甚至上亿元。霍振祥还在很多场合经常说，李嘉比自己更会为企业省钱。

统一由一个家族企业发展而来，霍振祥的信任和放权让李嘉可以放开手脚，在公司普通员工面前很快树立起威信；但对于家族企业成员来说，这个威信并不好树立，霍振祥也清楚地意识到这一点。因而，霍振祥在 1995 年召开过一个家庭内部会议，与会者都是早年跟随他拼搏市场、建功立业，并且仍在企业中工作的亲友。在会上，霍振祥告诉大家：从今以后，大家要绝对服从李嘉的领导，不许摆资历、搞帮派、不合作。李嘉在企业里全权代表霍振祥，谁要是反对李嘉，谁就是反对霍振祥，就要准备离开企业！这样的魄力对家族企业的带头人来讲实属不易，而李嘉也没有辜负霍振祥对他的信任和期望，带领统一一步步走向了成功。后来，这些人中的一部分因为种种原因还是离开了统一，甚至成为统一的竞争对手，但还是有相当一部分人仍然留在统一。他们不仅是为了恪守霍振祥当年的要求，更是由于发自内心对李嘉的钦佩。

跨国联姻

2006年9月,霍振祥将"北京统一石油化工有限公司"和"统一石油化工(咸阳)有限公司"的75%股份出售给壳牌中国有限公司,统一与壳牌正式合并,完成跨国联姻,而霍振祥则成为合并后统一的股东,不再具有经营管理权。按照签约时双方达成的协议:合资企业中,统一润滑油管理团队、销售团队及企业各类岗位和人员基本不变,所有岗位都将延续原有劳动合同,并不断提高劳动待遇。因此,作为总经理的李嘉要带领其原有管理团队继续在合并后的"壳牌统一"效力,任期为五年。

作为统一的标志性人物,在统一与壳牌合并这个问题上,李嘉也有他个人的见解。他说在霍董决定出售统一75%股份之前,他已经深感企业发展遇到了巨大瓶颈。润滑油行业的上游产业一直为国家所控制,因此,随着统一的发展、产能的进一步扩大,上游原料供应已经不能满足其发展的需要,以致统一不得不减少销售、缩减生产。另外,一个民营企业,能将年销售额做到30个亿,不可谓不成功,因此,企业内部上至管理层下至普通员工面对如此骄人的业绩,自满、浮躁之风难以遏制。"统一需要一次脱胎换骨的彻底变革,才能扭转这股浮躁之风,才能将企业引入良性的持续发展。但是,仅仅依靠(统一)自身的力量是难以实现的。"因此,在统一和壳牌合并这个问题上,李嘉非常支持,他确信这是将统一引入良性持续发展的最佳途径。由于双方合并的前提条件是统一原有的管理团队不变,因此,当时的李嘉没有别的选择,只能暂别一手提拔和重用他的霍振祥。

在合并初期,文化冲突让李嘉及原来的统一团队很不适应。合并后不久,原销售部副总选择离开。当时壳牌保留了统一的职业经理人,但是壳牌有很多全球统一的标准,如安全标准、环境标准、保安的要求等。民营企业一般认为只要不违法就好,而对于壳牌来说这些标准是其做生意的底线。统一的原管理团队觉得做生意没必要达到如此高的一个标准,这将增加巨大的成本。在日常管理中,壳牌有大量的会议，填制各种报表，矩阵式的管理需要向各个部门报告，这也与统一过去的办事方法有很大的不同。在民营企业中除了有异常事项需要报告之外，正常的办公事项都可以自行处理。而在壳牌，除了需要隔周做汇报，还时不时有亚太区的领导来视察，每个领导都会提一些建议，这让李嘉有些无所适从。但随着时间推移，双方逐渐融合，李嘉发现壳牌的管理方式有很多独到之处。事后反思当初各个来视察的领导所提出的一些问题时，李嘉发现他们看得确实很长远，对未来具有预见性。

壳牌委任中国润滑油业务董事邓江（John Dain）担任合资后的"壳牌统一"董事长，他在人员引进和管理上与担任总经理的李嘉存在着分歧，这也体现了双方在合资后文化上的一定冲突。壳牌觉得统一原来的人员在能力方面与企业未来的发展存在较大差距，应该直接从外部引进人才来替代原有的员工。但李嘉提出换人和培养人应同时进行，李嘉觉得这些现有的员工很质朴，虽然存在着能力缺口，但公司有义务去帮助他们来弥补这个缺口。而邓江认为这个方法见效太慢，没法在规定的时间内完成壳牌规定的人员重组要求。

在并购过程中，管理团队将文化整合放在了第三阶段，而这本应该是在第一阶段就应该解决的。这使得引进的人才和现有的员工不能有效融和。现有员工排斥外来人才，员工内部出现分化，分化成原统一的人员、壳牌的人员、新招聘的人员这三类。员工内部分化，就连他们的工作方式，行为方法也都完全不同。

李嘉后来反思说："在企业融和过程中我们要告诉新进入的员工你进入企业以后什么话不能说，什么事情不能做。"在壳牌的日子里，李嘉深刻认识到文化整合的重要性，新老团队的融合是事业成功的关键要素。

再度回归

五年的跨国公司任期届满之后，壳牌对李嘉的工作能力和工作业绩给予了极大的肯定，并决定与其签订无固定期限的劳动合同。这对于一个职业经理人来讲，无疑是一个巨大的诱惑。然而，与霍董的亲密合作，以及那种互相信任、互相尊重所带来的默契，让他即便经过了五年也无法忘记。而此时，通过出售股权获得大量资金的霍氏家族也在其他产业做得风生水起，并在 2011 年 3 月成立了霍氏集团。不论是基于集团发展的需要，还是基于对李嘉的信任，霍振祥都希望李嘉能在其跨国公司任期届满之时回到霍氏集团，两人再重温当年创业时的激情，把现有的产业做大做强。而对于李嘉而言，这无疑又是一次机会。作为职业经理人，李嘉一直有一个梦想，就是将一个企业做成上市公司，完成由实体经营到资本运作的全过程，这也符合霍振祥想做一番事业的初衷。因此，双方可谓一拍即合。

在霍振祥郑重向李嘉表明邀请其再次加盟的愿望后，双方经过充分交流沟通，对未来的合作前景达成了共识。李嘉自 2012 年 2 月 1 日正式加盟霍氏集团担任CEO，上任后即制订了百日计划，制定集团的发展方向，调整组织架构，梳理业务结构，分析以往的业绩情况，将考核指标进行简化，以形成业务发展的长效机制。另外，李嘉此次回归，并非一个人回归，而是率领了一个包括 CFO 和 CIO 在内的团队加入霍氏集团。李嘉一再向他们强调，要尊重原有团队及其功劳，只有充分的相互沟通和彼此学习，才能增进新老团队的信任和共识。

但是，此次的回归与第一次创业时的加盟相比，无论是霍氏集团还是李嘉都发生了很大的变化。李嘉第一次加盟统一时，企业规模小，资金也有限，缺乏专业的管理人才，虽然遇到了一些霍氏家族成员和老员工的反对，但相比较而言还是容易被接受。而此时的霍氏集团，不但拥有大量资金，而且在物流、典当等行业做得有声有色，同时还有意进军茶叶、量子灯等很有市场前途的新兴领域。因此，在目前良好的发展局面下，除霍振祥外，霍氏集团现有管理层并不一定都希望有外来人员加入。在霍氏集团有意发展的新兴产业中，李嘉的一些想法与霍振祥也尚存在分歧，比如霍振祥原先开发茶产业倾向定位于高端的商政礼品茶，而李嘉则更看好利用标准化检测手段在大众市场上推广安全、方便、高品质的现代中国茶。双方应当通过怎样的沟通和磨合，才能形成对未来发展策略的共识？而如何制定对李嘉及新进团队的激励措施才能既安抚现有管理层，又达到对新加入成员的激励效果，并且能够实现企业的长短期发展目标，这也是困扰霍振祥董事长的一大难题。

尾声

夕阳西下，黄昏来临，霍氏集团位于北京大兴的总部大楼笼罩在夕阳的余晖中，落地窗前的霍振祥董事长，凝望远方，陷入深深的思索，不知他心中是否已有答案。然而，无论如何，明天的太阳依然会升起，如今的霍氏集团正如朝阳般蓬勃发展，霍振祥坚信，他与李嘉的合作必将再次上演家族企业和职业经理人的完美结合。

第 9 堂课

管理兄弟姐妹合作关系
翁氏集团

本案例由Marteen Dieleman撰写。此案例仅作为课堂讨论材料，作者无意暗示某种管理行为是否有效。作者对真实姓名等信息进行必要的掩饰性处理。

未经Richard Ivey School of Business Foundation书面授权，禁止任何形式的复制、收藏或转载。本内容不属于任何复制版权组织授权范围。如需订购、复制或引用有关资料，请联系 Ivey Publishing, Richard Ivey School of Business Foundation, The University of Western Ontario, London, Ontario, Canada, N6A 3K7; phone (519) 661-3208; fax (519) 661-3882; e-mail cases@ivey.uwo.ca.

Copyright ©2016, Richard Ivey School of Business Foundation

版本：2016-09-23

管理兄弟姐妹合作关系　第9堂课
翁氏集团

2016年，安迪·翁（Andy Ong）正为他和他的兄弟姐妹共同经营的境况不佳的家族企业而担忧。这一企业于1957年由他们的父亲在中国香港地区创立。现在，他的父亲和一个弟弟相继去世，他和其余的兄弟姐妹需要为公司的未来制订计划。是否应该允许所有的兄弟姐妹及其子女们成为公司的董事？他要如何建立切实可行的治理结构来帮助家族制定正确的决策？如何使企业经营重新步入正轨？

一个蓬勃发展的利基业务

翁氏集团是由安迪的父亲罗伯特·翁（Robert Ong）创立的。罗伯特来自中国福建省。1957年，罗伯特在香港开了一家销售专业美术用品的小商店。一开始罗伯特就专注于销售高质量产品，并在艺术家社群中吸引了一群忠实的顾客。他工作勤奋又节俭，很快就攒下足够的钱在商场里经营自己的第一家店铺。他获得了颜料、画笔和其他绘画用品的著名品牌的分销权，还会就如何使用这些新材料提供专业建议，因此他的商店受到了广泛好评。

三十年后，罗伯特和他的妻子在香港已开设了十家商店，他的四个孩子也加入了这项事业，帮助他管理不同的店铺。他们一起将生意拓展到业余艺术家的其他种类绘画用品。最终，翁氏成为一个著名的品牌。而且，其所有的扩张都是通过内部资金支持的，实际经营过程中没有任何债务。

所有权和领导权

2010年，八十多岁的罗伯特中风后，只能卧病在床，无法交流。他的子女们接管了他的生意，每个子女负责业务运营的不同方面。最年长的安迪负责主店的运营，这一家店已经从一个小商铺发展成一个大型的两层楼商店；次子伯纳德（Bernard）管理第二家店；老三塞西莉娅（Cecilia）负责运营和行政；老四丹尼尔（Daniel）管理其余所有的商店，并负责存货采购。

四个兄弟姐妹拥有相同的股权（每人10%），并且预计他们父亲的股权（60%）会在他们四个人之间平均分配（见图9.1）。四个兄弟姐妹的几个孩子们——安迪的女儿、伯纳德的两个儿子——也参与到企业的经营中。塞西莉娅没有子女，丹尼尔的孩子还太小不能参与企业的经营。罗伯特的第三代子女在公司中并没有任何股份，他们在董事会中担任顾问的角色。

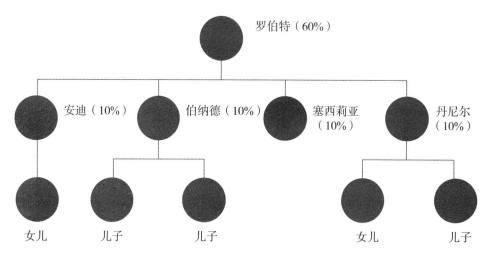

图9.1　翁氏家族谱系与集团所有权结构（2016年之前）

分岔路口的传统家族企业

正如很多中国的传统家族企业一样，翁氏家族，将集团大部分关键的职位交给家庭成员，其他员工主要担任执行类而不是管理类职位。第三代子女在企业管理现代化上做出了一些尝试，例如改进网页和客户关系管理系统，但这一尝试由于线上购买量不足而受挫。

到罗伯特中风时，公司收入已经开始下降。租金、劳动力成本都在提高，来自当地的竞争也越来越激烈。而且，相比其他细分的零售市场来说，翁氏所处的市场

规模较小,所以利润率变得非常低。、

2012年年初,罗伯特去世了。

丹尼尔建议管理层讨论建立全新的、不包括零售的商业战略。他建议考虑向其他商业领域进行多元化发展。然而,他的哥哥姐姐们在继承了父亲的遗产和行业的商业品牌之后,并不同意这一发展方向。他们还指出,由于他们依赖正在减少的分红为生,所以不愿意再进行大规模投资。在进行了一些讨论却没有达成共识之后,他们再也不对这件事进行争论了。翁氏家族决定让集团聚焦于经营上的改进。

重组家族企业

2014年,翁氏家族聘用了一位人力资源顾问来帮助他们分配不同家庭成员的职责,以使企业的经营更加专业化。顾问就企业的领导力问题表达了自己的一点担忧。在缺乏明确领导者的情况下,顾问建议翁氏家族在四位兄弟姐妹之间选择一位来领导企业。这一建议在兄弟姐妹之间制造了紧张气氛,他们对于选择一位领导者的提议感到不舒服。因为他们都持有相同的股权,已经习惯基于共识进行决策。

四位兄弟姐妹中最年轻的丹尼尔,早先时候宣布他计划退休,这令其他人大吃一惊。家庭成员都没有养老金。作为公司的董事,他们依赖并不丰厚的分红和适中的工资生活。大部分的利润总是被再投资到公司中,家族成员几乎没有资产——除了公司的股份,但这还不能向家族之外的人出售。因此,他们说服丹尼尔多留下来一段时间,因为他是公司新生力量的重要组成部分。

向第三代过渡

2016年6月,伯纳德突然去世,他的股权转到两位儿子的名下(见图9.2)。在一段时间后,两个儿子要求将他们俩都任命为董事,在他们的父亲去世之前,他们一直担任顾问的职位。

这就提出了新的问题:家庭成员应该允许伯纳德的两位儿子都成为专职董事吗?如果是的话,他们是拥有两票独立的投票权,还是联合拥有一票投票权?安迪

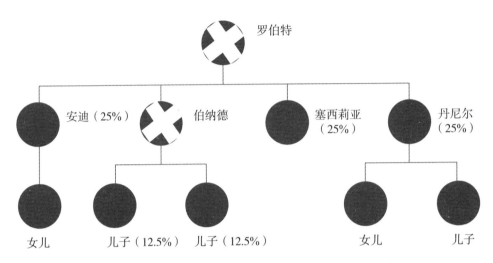

图9.2 翁氏家族谱系与集团所有权结构（2016）

的女儿应该如何安置？她比伯纳德的两个儿子更年长，在企业里担任更加高级的职位。她也应该被任命为董事吗？传统意义上，家族企业偏好男性继承人，让安迪的女儿加入董事会可能导致更大规模的领导层，使得达成一致变得更加困难。

翁氏家族目前面临一系列问题：他们应该允许丹尼尔退休吗？如果这么做，他在董事会中所持有的股份应如何处理？在经济周期下行和现金流枯竭的情况下，企业要买下他所持有的股份很难。丹尼尔的儿子还在上学，但他的女儿已经23岁，暑假将要从美国的大学毕业并回国。然而，丹尼尔的两个孩子都没有对加入公司表现出明显的兴趣。

设计未来

安迪感到很困扰。翁氏家族该怎么做？他决定要召集所有家族成员开会讨论公司面临的这些问题。作为家庭中最年长的成员，他知道其他人会期望他来做决定。

第 10 堂课

PacificLink数字媒体
上市还是出售

本案例由Alvin Lam和Andrew Delios撰写。此案例仅作为课堂讨论材料，作者无意暗示某种管理行为是否有效。作者对真实姓名等信息进行必要的掩饰性处理。

未经Richard Ivey School of Business Foundation书面授权，禁止任何形式的复制、收藏或转载。本内容不属于任何复制版权组织授权范围。如需订购、复制或引用有关资料，请联系 Ivey Publishing, Richard Ivey School of Business Foundation, The University of Western Ontario, London, Ontario, Canada, N6A 3K7; phone (519) 661-3208; fax (519) 661-3882; e-mail cases@ivey.uwo.ca.

Copyright ©2016, Richard Ivey School of Business Foundation

版本：2016-12-02

2015年年初，PacificLink数字媒体的创始人林溢锋（Alvin Lam）正在考虑是将公司上市，还是将其卖给自2008年以来一直试图收购该公司的众多企业中的一家。

PacificLink是香港地区最大的数字营销公司，林溢锋于1998年创立。在接下来的17年里，公司员工增长到300多名，但增长并不稳定。21世纪初的互联网泡沫及2007年至2008年的全球金融危机，使行业和公司承受了巨大的压力。然而即使在衰退期间，PacificLink仍然生存下来，并重新定位，以图更好、更强劲的增长。

在许多方面，过去8年（2007—2015）是PacificLink发展最好的阶段。在这段时间里，公司业务已经扩展到中国大陆和台湾地区。这种增长在很大程度上取决于林溢锋"发展人才"的愿景。林溢锋的梦想是创建一个基于优秀人才而发展的企业。投资员工意味着创造积极的职业发展道路，通过聚焦研发，鼓励员工掌握高新技术，以及凭借专业和积极的工作人员使对服务感到满意的客户的数量增加。

正如林溢锋所设想的，投资于他的员工带来了业务上的成功；然而，林溢锋仍然认为还有更多的机会来实现PacificLink的潜力。这意味着要努力满足林溢锋对公司最初的愿景：通过最新技术在全球范围内发挥出客户在互联网上的全部潜力。面对这个愿景，林溢锋必须决定哪条路径会产生未来增长的最佳机会：将PacificLink上市还是出售。如果林溢锋选择正确，PacificLink将在数字媒体行业拥有真正的全球的影响力。

公司成长（1998—2008）

林溢锋是一个将学术知识付诸实践的企业家。作为香港科技大学金融专业的毕业生，他从他的学术研究中脱颖而出，并对包括并购价值创造模型在内的公司理财有很好的理解。他利用自己对公司财务控制和资本市场的了解，在公司成立的第一个十年里不断发展PacificLink。

该公司的最初增长与互联网业的兴起同步。PacificLink成立于1998年，这是一个充满机遇的时间点。该公司最初由一两个人运营操作一两个人运营，但它很快被一家名为Netalone的上市公司收购。Netalone取得PacificLink 51%的股份，估值为1 200万港币。[1] Netalone的收购帮助PacificLink完善了技术，帮助其更好地理解核心业务功能，如人力资源、财务控制和法律考虑等。此外，公司改善了进入市场的战略，并从Netalone的资源和业务网络中获益。

从长远来看，这次成为并购目标帮助林溢锋更好地理解了出售业务的心理状态。虽然PacificLink在被收购前只运营了两年，但林溢锋还是不得不去努力适应对公司失去完全控制，以及同时成为一个雇员和一个老板的状态。

像许多数字媒体和数字营销公司一样，PacificLink在收购一年后取得了良好的业绩。然而，从2001年开始，三个连续的危机袭击了东南亚市场：美国的"9·11"恐怖袭击、互联网泡沫的破灭，以及SARS公共卫生危机。PacificLink很幸运：它只从25名员工减少到8名员工，而超过90%的竞争对手没有躲过这一系列危机。在这个艰难的时期过后，林溢锋将公司私有化，与剩下的8名员工于2003年对公司重新展开运营。

从2003年到2008年，林溢锋和他的团队专注于通过并购实现有机增长。最初，林溢锋通过这些方法发展他的公司，将公司的员工扩大到60人。在这一增长之后，PacificLink收购了一家小型网络设计机构、一家信息技术解决方案公司和一家广告公司。在这三次收购之后，公司员工人数超过100人。

这些收购为公司增加了新功能，增强了PacificLink提供"全面客户价值"的能力。"全面客户价值"指如何通过为该客户提供不同的服务，从同一客户那里获得新的收入。换句话说，收购使PacificLink能够向其客户提供多样化的服务。

重要的是，公司继续进行的并购使其从买方角度出发思考。林溢锋十分珍惜并购经验，因为他学会了作为并购方，需要如何为被并购方提供资源和业务网络，以帮助被并购公司成长。此外，林溢锋帮助培训目标公司的管理团队。他还努力使新收购的业务与PacificLink的愿景一致。

到2007年,PacificLink成为香港地区最大的独立数字营销代理商。到2008年Pacific Link已经拥有100多名专业人士。PacificLink在香港市场的地位反映了它的成长:其客户群非常优秀。在香港,该公司的客户包括90%的十大银行、80%的十大房地产开发商、80%的香港地区的大学及50%的全球化妆品巨头。PacificLink每年都会赢得几十个奖项。

21世纪10年代中期是PacificLink的增长高峰期。这次的扩张也增强了林溢锋对培养人才以实现业务增长的重要性的信念。有机地扩大业务和并购带来了与增长相关的典型组织问题,譬如如何构建公司并整合其目标,以及如何为员工、管理者建立合适的制度和福利计划。

PacificLink在21世纪初的稳定增长被全球金融危机所打断。虽然PacificLink的业务受到危机的影响,但其卓越的声誉帮助它渡过了困难时期。和以往经历的危机相比,公司受到的创伤更少。例如,即使经济下滑,PacificLink仍然能够从知名客户那里获得新业务,包括来自香港海洋公园的大型招标项目。

此外,由于数字营销仍然是一个相对新的趋势,各企业对数字营销的尝试使得这方面的预算也在增长,因此,PacificLink能够利用其声誉和不断增长的需求实现利润增长,超越其在市场上的竞争对手。市场和需求的变化也给员工创新提供了时间和动力。该公司转向开发移动应用(apps)和社交媒体服务的技术。

公司成长(2008—2015)

2009年年初,林溢锋意识到数字营销行业即将迎来强劲反弹。他还看到智能手机的使用越来越受欢迎,iPhone的广泛普及就证明了这一点。于是,林溢锋和他的高级管理团队开始重新考虑PacificLink的服务内容和业务结构。

在他们对过去十年的回顾中,林溢锋和他的团队观察到,数字营销主要发生在网络渠道,如媒体门户、博客和论坛等。在这些渠道人们花费了大量时间。林溢锋意识到移动时代即将到来,市场即将被移动设备及其他创新产品打乱。

此外，尽管PacificLink的网络开发业务已经蓬勃发展了十年，但这一业务可能面临衰退。网络用户开始将他们的浏览行为转移到移动平台，而不是传统的网络界面（如笔记本电脑和台式机）。

谈到不断发展的媒体，Facebook于2008年登陆香港，随即为数字营销行业带来了新的话题——社交媒体。林溢锋回忆说，PacificLink是第一家在"社交媒体营销"下为Facebook提供服务的机构之一。公司客户的反馈不是他们需要支付多少钱，或者如何通过使用社交媒体获利；相反，客户的主要问题更为基本——"什么是社交媒体？"

也就在那时，林溢锋和他的团队意识到，他们不得不做出一个大胆的决定，改变自己赢得成功的秘诀：PacificLink需要从传统网络平台转向移动媒体及其他不断变化的媒体形态。林溢锋知道公司必须迅速做出改变以利用这些新趋势。

为了开发移动团队，林溢锋提出了两个解决方案：首先，他开始寻找PacificLink可以并购的移动应用开发公司。这个解决方案没有立即实施，因为香港地区现有的移动机构的估值极高。其次，他鼓励PacificLink的内部程序员学习移动编程，特别是在iPhone的iOS平台上。在内部构建移动编程能力是一种比通过收购这些能力更具成本效益的解决方案。对于PacificLink的员工来说，将他们职业生涯的基础从网络应用程序转变为移动应用程序是一步冒险动作，林溢锋随即对这一转变作出承诺。

对于不断发展的媒体，林溢锋遵循了类似的路径。最初，他在2008年寻求收购公关公司，但该收购计划并未成功。林溢锋在公司内部发展了公关能力，为PacificLink的现有客户提供公关服务。这个事业部成立于2008至2009年，但在这段时间由于经济下滑很少客户愿意在公关活动上花费资金。因此，PacificLink很快决定将公关服务团队转变为社交媒体团队。2010年之后，该团队成为PacificLink新收入的重要来源。

市场在移动应用开发和社交媒体使用方面的增长十分迅速。与他四年前的预期一致，在2012年，林溢锋看到移动应用程序的技术发展改变了整个数字营销生态。发展速度如此之快，以至于很难通过PacificLink的内部开发继续保持在这些新技术上的领先地位。因此，林溢锋开始再次寻找专注于研究新的颠覆性技术的初创公司的投资机会，试图通过收购进一步加强PacificLink集团的能力。

PacimLab

在内部，公司设立了PacificLink实验室（PacimLab）。PacimLab最初作为成本中心，但最终转为收入中心。PacimLab团队与业务开发团队密切合作。PacimLab开始有8个人。到2015年，团队仍只有不到10人，有五六个成员是PacimLab的原始成员。这些员工对创新充满热情。他们的任务是在全球数字营销和数字活动中研究并提出对"下一个大事件"的洞察。PacimLab客户都是顶尖的公司，它们希望得到最新颖、最具创新性的数字营销方法和数字活动。

PacificLink通过这些举措继续扩大其影响力。该公司是最早的数字活动和包括数字自动售货机推广在内的数字安装提供商。数字自动售货机是由PacimLab团队根据硅谷的想法重新创建的。数字自动售货机被证明十分有助于推销产品——它激发客户的兴趣，这些客户排着长队，与嵌入在机器中的软件交互，以尝试获得奖励（产品样本）。

PacimLab是林溢锋领导风格中的关键部分，他努力开发一个能培育创造力的环境。他的管理风格是高度价值驱动的：他的价值观和PacificLink的管理措施激发了公司的首创精神和人员自我管理。林溢锋也深信竞争的价值。

随着PacificLink在市场上的发展并取得了主导地位，林溢锋预见到竞争的下降，这可能会损害公司在这个不断变化的行业中的创新能力。林溢锋为抵制这种影响，让他的高管在市场上创建新的品牌与PacificLink竞争。他认为内部竞争可以激发公司内的创业精神和创新。

Pixo Punch是这些新品牌中的一个。林溢锋从集团主公司挑人组建了该子公司，林溢锋将其确定为一个新的品牌。任务十分明确：Pixo Punch将专注开发与PacificLink不同的行业客户，它可以与PacificLink进行类似业务竞争。同样具有这种性质的下一个品牌是LemonXL，这是继Pixo Punch和PacimLab之后的第三个新品牌。LemonXL成为独立子公司，每月向林溢锋出具财务报告。

到2015年，PacificLink集团有6家公司。每家公司的总经理向林溢锋汇报工作。每个公司的组织结构有两到三层。

地理扩张

随着全球经济在2008年后开始复苏，PacificLink也开始寻求地理扩张。2011年，公司成立了上海办事处，作为PacificLink 100%全资拥有的新设子公司。2012年，公司通过收购台湾地区的代理机构成立了PacificLink台湾地区办事处。

2010年年初，PacificLink在香港地区购买了一家小型公司。然而，被收购公司没有达到预期业绩，PacificLink将其卖出收回了80%的投资成本。PacificLink还进军天使投资，投资了诸如Chok Taxi和Lingsik King（一家销售零食的在线电子商务商店）等公司。

到2010年中期，PacificLink已经在香港地区数字媒体领域发展成为一个成熟稳定的实体。它在中国内地的业务也充满希望。公司的声誉使得PacificLink自2012年以来不必招揽新客户，老客户的再次合作及老客户推荐新的客户就可以使公司保持适度增长。地理扩张和天使投资成为PacificLink在增长方面的两个新焦点。

此外，作为香港地区最大的独立数字代理机构，自2008年以来，有超过20名买家希望收购PacificLink。林溢锋拒绝了这些公司提出的优厚条件，因为他并没有看到并购的好处。他的主要担心是潜在收购者似乎对PacificLink强大的财务数据更感兴趣，而不是发展PacificLink的人才。

林溢锋还是想让公司继续发展。然而，这需要相当大的资本来支持PacificLink下一阶段的增长。在埃森哲提出收购PacificLink前，林溢锋倾向于在香港地区上市。

埃森哲

2015年，埃森哲是世界上最大的专业服务公司之一。它雇用了37万人，创造了超过300亿美元的收入。该公司为世界上最大和最知名的公司提供服务，包括大部分福布斯全球500强公司。

埃森哲提供了多种基于咨询的解决方案。其中，重点领域包括战略、数字化转型、技术和运营。埃森哲在亚洲已经运营了二十多年，1993年在香港地区和台北地区首次开设办事处之后，它试图将其大中华区服务与其全球利益联系起来。[2]

2010年年初，埃森哲一直在实施"埃森哲互动"服务计划。该计划是其数字转型部门的一部分，该部门在8个不同领域提供数字服务：数字、客户和营销策略、数字营销、数字社交媒体和协作、数字内容服务、数字商务、数字客户体验、数字销售和数字客户服务。[3]

埃森哲通过收购扩大了埃森哲数字互动部门。其他收购目标包括数字营销和设计公司，如avVenta、Acquity集团、Fjord、Reactive Media和Brightstep等。这些公司在北美、欧洲和亚太地区开展运营。

凭借其收购的公司及其在香港地区的强大地位，PacificLink成为埃森哲的优先收购目标。PacificLink拥有专业技能和声誉，可以促进埃森哲日益增长的数字化转型业务。然而，将PacificLink纳入一家非常大的公司，如埃森哲，将充满挑战。

决定

林溢锋已经为PacificLink在香港举行首次公开发行（IPO）准备多年。2011年，公司达到了香港创业板市场的上市标准。2014年，林溢锋完成准备工作，满足了香港证券交易所主板的所有上市。

IPO将为公司提供现金，对林溢锋和PacificLink的其他所有者的财务影响将是深远的。香港的空壳定价现象（见附录10.1）为PacificLink的股东（可能是员工）提供了财富增长的机会。

在财务方面，相比IPO出售公司更不具吸引力，但如果是埃森哲这样的大公司，出售公司可以为林溢锋和PacificLink提供其他机会和利益，而这些都不能在IPO中立即实现。但同时，与一个非常大的公司合作也可能对林溢锋的经营理念带来挑战，林溢锋一直以来的理念是使公司保持小而灵活，以保持创新和市场领导者的地位。

林溢锋不得不作出选择。PacificLink有两种形式的增长历史：有机增长和并购。

现在林溢锋需要作出如何发展公司的重大决定。PacificLink是应继续有机增长方式，通过上市和利用上市资金增长，打开进入其他区域和全球市场的新时代；还是应该接受埃森哲的收购邀约，这样做一定会为PacificLink提供一系列新的潜在资源，但是林溢锋必须放弃他管理了17年的公司的控制权。

附录10.1 香港的空壳公司

根据空壳公司的定义,一家公司IPO的价值包括其核心业务的价值,以及该公司作为使海外投资进入香港的"外壳"的价值。

空壳公司的过度支付在2013年中被媒体广泛报道。当时《华尔街日报》[4]发表了一篇文章,强调了七家中国内地房地产开发商通过收购股票控股中国香港地区上市公司的做法,然后将其作为筹集资金的工具。

腾讯收购Mascotte控股有限公司这一事件受到了更多的媒体关注,被收购公司是一家由低科技家具制造业务组成的控股公司,于2015年7月以9 700万美元的价格被收购。[5]腾讯将该公司的名称改为恒腾网络集团有限公司,业务转向在线服务(包括家具销售)。

内地企业在香港寻找上市公司的优势之一是它们可以规避IPO的相关审查。由于PacificLink已经开始IPO,一家内地公司可以利用PacificLink作为空壳来绕过监管上市的负担。

林溢锋预见IPO可以向PacificLink注入现金,提高其收购速度并实现增长。他计划将公司25%的资产进行上市。在试用期和监测期后,林溢锋愿意将公司作为空壳出售,可以作为股票出售给寻求在香港地区上市的内地投资者或公司。林溢锋和持有者的财务价值将来自IPO,这属于核心业务的价值,而空壳销售也会带来价值。随之而来的变现价值将相当可观。

注释

1. 除非特殊说明，文中所有货币单位均为港币；1998年1美元约为7.80港币。

2. "About Accenture", Accenture, accessed July 10, 2016, https://www.accenture.com/hk-en/company.

3. Ibid.

4. Esther Fung, "Chinese Developers Take the Backdoor to Hong Kong Listings," *The Wall Street Journal*, July 1, 2013, accessed July 10, 2016,http://blogs.wsj.com/moneybeat/2013/07/01/chinese-developers-take-the-backdoor-to-hong-kong- listing.

5. Reuters, "Tencent Deal Throws Spotlight on Hong Kong Backdoor Listings," *Business Times*, July 3,2015, accesssed July 10, 2016, www.businesstimes.com.sg/companies-markets/tencent-deal-throws-spotlight-on-hong-kong-backdoor-listings.

第11堂课

Infosys
董事会层级的同行评审

本案例由R. Chandrasekhar在Yaqi Shi教授的督导下撰写。此案例仅作为课堂讨论材料，作者无意暗示某种管理行为是否有效。作者对真实姓名等信息进行必要的掩饰性处理。

未经Richard Ivey School of Business Foundation书面授权，禁止任何形式的复制、收藏或转载。本内容不属于任何复制版权组织授权范围。如需订购、复制或引用有关资料，请联系 Ivey Publishing, Richard Ivey School of Business Foundation, The University of Western Ontario, London, Ontario, Canada, N6A 3K7; phone (519) 661-3208; fax (519) 661-3882; e-mail cases@ivey.uwo.ca.

Copyright ©2014, Richard Ivey School of Business Foundation

版本：2014-02-21

Infosys 第11堂课
董事会层级的同行评审

Infosys技术有限公司[1]是一家总部位于印度班加罗尔市的信息技术公司。2001年4月,该公司的董事长兼首席顾问N. R. 纳拉亚纳·默西(N. R. Narayana Murthy)为公司在董事会层级上引入了同行评审模式(Peer Review)。

2008年4月,默西基于如下两个原因,对同行评审模式进行重新审视:

首先,默西正在考虑通过引入一个叫做"董事会评审"(Board Review)的绩效评估新模式,来强化同行评审。在同行评审中,董事会的每个成员都会审查董事会其他所有成员的个人表现;相应的,在董事会评审中,董事会的每个成员会需审查董事会的整体表现。

其次,Infosys的提名委员会——一个董事会级别的委员会,其任务是筛选和审查Infosys董事会的任命——最近推出了一个新的章程。章程规定,提名委员会"协调和监督懂事个人及懂事会整体在公司治理方面绩效的年度自评"。提名委员会因此在Infosys董事会中得以发挥积极作用。它的新地位与董事会其他委员会一致起来,例如审计委员会、薪酬委员会和风险管理委员会(它们也有自己的章程)等。这些措施旨在完善Infosys公司治理的总体框架。

默西说道:

> 自从实施同行评审以来,我坚定地相信其作为董事会层级的绩效评估工具的实用性。但是,当我从新的发展角度重新审视它时,一些问题开始浮出水面。同行评审会增加董事会讨论的价值吗?它是否是不可或缺的?它是董事会评审的补充还是重复?我们应该在同行评审和董事会评审中选择一个,还是两个都要?我们应该将自评作为独立实践,还是应该保留其现有的形式,只是作为同行评审的一部分?对于这些根本性的问题,我并不确定我们是否得出了答案。

公司治理迷局

开端

　　Infosys是印度一家由七名信息技术专家组成的团队创立的公司，在创立十几年之后，Infosys于1993年6月在印度股票交易所作为公开有限责任公司上市。这七个人曾经在印度西部浦那市的一家印度软件公司工作过，离开该公司后创立了Infosys。当时，Infosys董事会由七个创始成员组成，他们作为公司的全职雇员，拥有高管职位，并充当着不同的角色。在1997年，作为在纳斯达克上市准备工作的一部分，Infosys董事会开始确认董事会中担任独立董事职位的潜在候选人。

　　纳斯达克强制规定每家上市公司必须拥有自己的独立董事，这项规定在"确保投资者信心中发挥重要作用"。[2] 纳斯达克还强制规定上市公司的各董事会委员会必须有独立董事成员。此外，纳斯达克市场规则4200（a）(15)还规定了哪些人不能担任独立董事。这些规定的目的是划分管理和治理的作用，从而保证董事会的完整性和独立性。当Infosys于1999年3月在纳斯达克上市时，其董事会有十名董事——六名创始董事[3]和四名独立董事。

　　到2001年3月，Infosys历史上第一次将管理委员会的三名成员提升至董事会级别的职位，管理委员会是公司负责战略实施和日常运营指令的第二线。他们都不是创始董事，他们的升职使得执行董事的名额上升到八个。为了保持平衡，Infosys同时在董事会中增加了四个新的独立董事，使得独立董事的数量也上升到八个。[4]

　　董事会规模的扩大使得董事会层级绩效评估的问题变成Infosys的核心问题。在许多公司，包括全球性企业中，这都是一个灰色地带。他们所使用的衡量绩效的唯一标准是一年之中董事会——包括董事会和董事会委员会——的成员参加的会议数量与每年举行的会议数量之比。将这项信息向股东的披露是强制性的，因此该信息是属于公开领域的信息。

　　在内部，一些纳斯达克的上市公司拥有董事会评审系统，其中董事会的每个成员每年都会评估董事会整体的绩效。这种评估是机密性的，对股东的披露也不是强制性的。

从一开始，Infosys对其公司治理的实践就是以世界一流水平为基准。但是在董事会层级绩效评估的问题上，公司却倾向于自己开辟一条新道路。同行评审就是其中一步。

集团动态

董事会职位是对多年来对公司提供有价值的业务或专业技能的人才的认可。在印度董事会中的董事，特别是独立董事，不习惯接受评估。因此，2011年，当默西第一次与Infosys董事会的同事讨论同行评审的想法时，少数同事对此感到不舒服。他们认为，公司董事会的责任特性是共享的而不是孤立的，一对一的评估与这个特性格格不入。其实用性方面也存在问题，如信息是否能保密，对于新的被任命者来说是否也是一个抑制因素等。然而，由于董事会中大多数人的观点是赞成的，因此同行评审得以实行。

默西说道：

> 董事会层级的绩效取决于很多变量。成员间彼此联系的方式就是其中一个，集团动态发挥作用的方式是另一个变量。但是，一个常见情况是，当个人作为执行或独立董事进入董事会中时，他（她）已经创造了骄人成绩。他（她）们本身不需要证明自己。如果在学校等类似的情况下，他（她）们可能已经获得学术界的终身职位了。但是，他们仍需要被激励。因此，什么能够激励他们？在我看来，唯一能够激励他们的是董事会中同行对其的尊重。这些同行是在董事会中唯一能够看到他（她）的绩效的人；他们也是他（她）就公司相关事宜进行交流的唯一的人群。我意识到，在潜意识层面，同行意见会被董事会成员高度重视。同行反馈也会是促进公司进步最有效的工具。这就是我引入同行评审概念的方法。

它也由创始董事的一种既有观念所推动，即Infosys每个层级中的每个职位都必须由最值得的人定位和拥有。其推论是，每一个职位，无论多么崇高，必须进行定期评估，并且应该有适当的渠道来提供和接受反馈。因此，同行评审在Infosys中，通过董事会成员评估彼此绩效并提供反馈来提高董事会效益。

进程

Infosys在设计和实施同行评审流程中并没有借助外部的帮助。默西亲自领导同行评审问卷（见表11.1）的开发工作。董事会的每个成员必须对其他15名董事进行评级，针对8个不同的属性选择"非常满意""满意"和"一般"中的一个。问卷的最下部还有"自评"一栏，该评估是开放式的。在年度最终董事会会议开始的几周前，董事会将会把问卷以电子文件的形式发放给每个董事。董事会会议通常在4月的第二周、每年的股东大会之前进行。

表11.1 同行评审问卷

A	同行评审	董事1	董事2	董事3	董事……
#	董事们注意，请根据如下各属性给你的每位同行评级： 3＝非常满意；2＝满意；1＝一般				
1	你如何评价他（她）在董事会中的表现？				
2	你如何评价他（她）在董事会会议期间贡献的强度和有效性？				
3	你如何评价他（她）在离线讨论（董事会会议之外）和外部活动中贡献的有效性？				
4	你如何评价他（她）作为一名董事会成员对自己作用和责任的理解？				
5	你如何评价他（她）对公司面临的战略问题和挑战的理解？				
6	你如何评价他（她）对公司经营的竞争环境和在此环境中发生的变化的知晓和理解？				

（续表）

A	同行评审	董事1	董事2	董事3	董事……
7	你如何评价他（她）在有关公司当前问题和董事会议程主题上所处的信息水平？				
8	你如何评价他（她）在有关公司治理的最新趋势和发展上处于的信息水平？				
B	自评				
	是否有任何方法或计划来帮助你提高自己作为董事会成员的表现？	• • •			

资料来源：Company files.

每位董事必须对问卷做出回应，并将其以电子文件的形式反馈给董事长。收到所有的反馈后，主席将计算出每个董事在8个属性中的平均分，以及董事个人在每个属性中的最高分。这两个数据将会被纳入同行评审反馈表（见表11.2）中，该表则被作为董事长和每个董事进行讨论的依据。

表11.2　同行评审反馈表

A	董事名称	评分	
	评分标准	你的得分	董事会最高得分
1	你如何评价董事会同事的表现？		
2	你如何评价他（她）在董事会会议期间贡献的大小和有效性？		
3	你如何评价他（她）在离线讨论（董事会会议之外）和外部活动中贡献的有效性？		
4	你如何评价他（她）作为一名董事会成员对自己作用和责任的理解？		

（续表）

A	董事名称		评分
5	你如何评价他（她）对公司面临的战略问题和挑战的理解？		
6	你如何评价他（她）对公司经营的竞争环境和在此环境中发生的变化的知晓和理解？		
7	你如何评价他（她）在有关公司当前问题和董事会议程主题上所处的信息水平？		
8	你如何评价他（她）在有关公司治理的最新趋势和发展上所处的信息水平？		

资料来源：Company files.

保密性

这种讨论是保密的，即没有董事有权知道其他15名董事的平均得分。每个董事只会知道他自己在每项属性中的得分，以及该属性的最高个人得分。董事长和单个董事之间的讨论将会在年度最终董事会会议当天或者在接下来的两三天进行。董事长的表现由首席独立董事进行讨论，届时将会向董事长提供各项属性的平均等级，以及每项属性的最高个人得分。

同行评审有两个特点：一是不与任何独立董事（其薪酬由董事会决定为每年固定金额，并由股东批准）或执行董事（其作为公司的员工，有自己的管理角色的定期评估）的薪酬挂钩。二是保密的，它不会在董事会之外被讨论，也不会超过一对一的范围，即便是在董事会中。即使是默西的个人员工，也承诺在日常工作中保密，并且不能获得关于哪个董事在哪项属性中评级最高，或者他或她在一年中整体排名如何的信息。

默西说道：

> 同行评审是一种机制，通过它，每个董事能够知道与董事会最好的人相比他（她）在特定属性上处在哪个位置。它在董事们需要改善的地方提供指示。

这些结果在董事长和董事之间得到严格保护。在两者之间，过程是透明的。每个董事都可以在获得这些信息的基础上自由选择发展道路。因为没有和同行评审挂钩的结果，所以在评审后没有后续行动。

全球IT服务行业

全球IT服务行业起源于IT作用的日益变化——从支持企业到改造企业，该变化自20世纪90年代初起越来越明显。全球IT服务以每年30%的速度增长，2007年业务量达到了7 080亿美元。[5] 10家最大的企业持有IT服务行业26.6%的市场份额，其中IBM以2007年7.5%的市场份额领跑市场。[6] 它们在四大领域进行运营，分别是产品支持、咨询、系统集成和外包。

2008年的全球经济危机是由2007年年底美国抵押贷款行业的危机所引发的，而危机对全球IT服务行业产生了双重影响。短期内，该行业在2008年增长率跌降至9%，增长率的下跌主要是因为企业客户正在减少他们的IT预算，这与宏观经济放缓是一致的。然而在长期，有人预测行业会快速恢复并继续在成长的道路上前行，因为在新一轮的竞争中，世界范围内的企业将会把IT服务外包给企业外的专家。

全球IT服务行业的基础之所以仍然很健全，是由于以下四个增长驱动力：第一，IT平台对公司执行企业战略至关重要，它们也是获得和留住客户竞争优势的来源。第二，平台正在变得日益复杂，这不仅增加了维护成本，也加剧了管理它们的风险。第三，技术平台超越了客户的核心竞争力，他们更想专注于自己的优势。第四，IT服务行业所提供的产品和服务与距离无关，美国和欧洲的客户可以将他们的整个IT需求外包给位于墨西哥和菲律宾的海外供应商。

印度已成为海外技术服务的领跑者。印度的优势，众所周知有三个维度：

第一个维度是高质量交付的保证，其由一个被称为"软件Y"的全球标准保证。软件Y已经获得了SEI-CMM质量认证，大约有80家印度软件公司（包括Infosys）被认证为最高等级，称为SEI-CMM等级5。

第二，印度提供了比其他地区更高的成本效益。印度公司能够为任何地方的客户节省25%—50%的成本，并因此而闻名。

第三，印度最引人注目的优势是大量掌握熟练英语的劳动力。每年，印度全国有310万大学毕业生，包括50万技术毕业生。它是单体最大的人力池，占据所有海外目的地相关人力资源的28%。

IT服务需求的很大一部分来自发达国家，将近90%起源于北美、西欧和日本。然而，在新兴市场中IT消费正迅速增长，其中印度和中国各自的增长率都接近20%。大型公司大约包揽了全球IT消费的60%，但是中小型企业的IT花费增长速度为每年7%，快于大型公司大概3%的增长率。

全球IT服务行业的特点是供应商之间的趋向。这些供应商整合无缝的、可扩展的服务中的现场和离岸执行能力；增加所提供产品的广度和深度，为客户提供一站式的解决方案；扩展开发客户核心领域的专业知识；定期投资于人力和设施，以保持流动性，通过提供高端服务，例如整合和采取技术战略来优化价值链，同时巩固其在业务流程外包（BPO）的低增值服务中的地位。

而在客户中，一些常见趋势还是很明显的：客户希望减少技术服务厂商的数量，采取与供应商合作开发定制解决方案的协作方式，而不是采取全部或零星外包IT需求的极端方式。

Infosys——公司背景

Infosys于1981年7月由七位IT专家创立，他们的愿景是成为"一家受尊敬的全球性企业，提供最佳的解决方案，雇用一流的专业人才"。[7] Infosys的使命是为客户"定义、设计并提供IT业务解决方案"。它通过利用IT改造业务流程，帮助客户实现战略差异化、提高经营效率。它的客户是全球性的，分布在不同的行业，如金融服务、媒体、能源、医疗、制造、零售、物流等。

在2008年3月末，Infosys综合营业收入达到41.8亿美元，净收入达到11.5亿元。[8] 在之前的5年中，营业收入以40.8%的综合年增长率增长，而净利润是42.7%。

Infosys 第11堂课
董事会层级的同行评审

战略

Infosys正在通过达成8个战略目标实现其使命。

第一个目标是在现有客户中增加业务份额。这里的关键手段就是形成战略性全球采购集团，包括不同地方的高级经理，他们被任命去识别、保护和管理大型的新的长期客户项目。第二个目标是在世界范围内定期拓展新的地区。这一目标可以通过建立销售和市场营销办公室、代表办公室和全球开发中心来实现，这些新的机构旨在为当地乃至全球性客户提供服务。第三个目标是增加在实体和技术基础设施上的经常性投资。这是为了提高资源生产力。第四个目标是通过Infosys领导力研究中心培训员工，逐渐提高员工职位。该机构是一个位于印度南部迈索尔市的内部培训机构，可容纳4 800名员工，各方面向最好的酒店看齐。第五个目标是提高服务产品的组合，Infosys称之为"解决方案集"。这里的重点是解决新趋势、新技术和客户的具体问题。第六个目标是开发丰富的行业知识。其目标是建立领域广泛的专业知识，以进入新的垂直市场。第七个目标是追求联盟和战略收购，尽管文化相容性是一个限制因素，其目的是旨在扩展技能、经验和知识方面的宽度。第八个目标是将Infosys作为品牌进行开发，这样它就能够通过向外部和内部客户提供高质量服务来吸引新客户、新员工和新股东。

结构

Infosys已经将其销售、营销和业务开发团队组织专注于特定的地区和行业领域。具体有4个细分的区域市场（北美、欧洲、印度和世界其他地方），以及6个细分的行业市场（金融服务、制造、电信、零售、能源与公用事业和交通运输）。从收入的角度说，北美是获得最大收入的地理区域，金融服务是获得最大收入的细分市场。

该公司还拥有52个全球开发中心，其中26个位于印度，11个在北美，9个在亚太地区，6个在欧洲。最大的开发中心分布在印度的不同城市。公司多元化的员工队伍包括来自70个国家的91 200人。

Infosys使用"全球给付模式"（Global Delivery Model）来为客户执行解决方

案。该模型共有四大优势。它将每个大项目分割成小的个体组成部分，这些组成部分能够同时在客户处和公司的开发中心被执行。它保证了流动性，即每个组成部分能够在成本效益最优的地点被组合到一起——在一个同样具有成本效益的地点和其他组成部分整合。它部署了易于扩展的基础设施，能够无缝执行项目——全天候、跨时区——从而加速给付。

Infosys有五个成功的关键因素：整合现场和离岸执行的能力；能够向客户提供一站式解决方案的产品宽度；在各领域中处于领先地位的专业知识；吸引并留住高质量技术专家的能力；通过商业周期在人力资源和基础设施上继续进行投资的财务实力。

Infosys努力让自己持续排在印度和世界调研中最受尊敬的公司之列。它也获得了公司治理方面的本地和全球奖项。

Infosys的公司治理

Infosys的公司治理理念基于七个原则：[9]

· 符合法律的精神而不仅仅是法律的文字。

· 保持透明，如果有怀疑，即时披露。

· 在个人便利和企业资源之间做出明显区分。

· 用诚实的方式与外部沟通公司内部运营事宜。

· 遵守（运营）所在国的法律。

· 公司结构简单透明，仅仅由业务需要驱动。

· 管理层是股东资本的受托人，而不是所有者。

自从成立以来，Infosys就将自己定位为全球企业。将自己的公司治理实践以世界一流水平为基准就是第一步。公司每年向股东提供如何遵寻吉百利委员会（Cadbury Committee）1992年发布的报告中指出的公司治理方面的建议信息。公司也提供了针对公司治理最佳实践准则（Code of Best Practices in Corporate Governance）的合规报告，该准则在1998年被印度工业联合会（Confederation of Indian Industry）采用，在

1999年又被Shri Kumar Mangalam Birla委员会（由印度证券交易委员会组成）所采用。Infosys还就其遵守Blue Ribbon委员会（由美国证券交易委员会组成）及股东上市公司治理准则的情况及时向股东进行更新。

默西本人领导了一个由国家监管机构印度证券和交易委员会建立的委员会，并且在2002年默西建议印度公司提升公司治理的现行框架。

默西面临的问题

即将推出的董事会评审将对同行评审进程带来诸多两难的局面。

监督一个联系密切而又独立的董事会的产生是一种长久的实践，没有捷径。默西是习惯于被评估的职业IT专家，也是在Infosys的领导岗位中坚持任人唯贤的创始CEO。因此，作为Infosys的董事长，他营造了鼓励讨论和辩论的环境，以促进董事会成员之间的公开批评。他想知道他是否应该继续坚守在非正式轨道上，而不是遵照年度评审和反馈的严格格式。但是，正式设立结构和制度是将同行评审制度化、确保流程优先于人员的唯一途径。

现在，保证流程和程序的连续性的需求很紧迫，因为默西达到了65岁的法定退休年龄，他即将在2011年中期离开他的办公室和Infosys。从1981年创立Infosys到2002年，默西作为懂事会主席和CEO为Infosys服务了20多年。在2002年，他成为执行董事长和首席导师。2006年8月，一达到退休年龄，他就从Infosys的雇员身份退休，并担任非执行角色的董事长和首席导师。除了使Infosys董事会有效性达到最大化，他现在还负责指导公司的核心管理团队，增强公司的思想领导力，并处理行业问题等。

默西开发了董事会评审问卷（见表11.3），该问卷有3个组成部分。第一部分是关于董事会绩效的一组12个问题，其中每位董事必须在一个5点量表中给出评级：5（非常好）、4（良好）、3（平均）、2（一般）和1（差）。第二部分是针对董事会中需要改进的地方的个人评估。第三部分是董事个人给出的关于提高董事会有效性的一组建议。评分将会在年度股东大会之前举行的董事会会议上进行汇总并提交给共同董事会，一并提交的还有与前一年的得分比较（见表11.4）。

表11.3 董事会评审问卷

A	评估标准	得分
#	董事们注意,请按照如下等级对每项标准进行打分: 5=非常好;4=良好;3=平均;2=一般;1=差	
1	你如何评价董事会整体的表现?	
2	你如何评价不同董事会成员对董事会的作用和责任的共同理解?	
3	你如何对董事会整体是否对公司的长远战略问题投入足够的时间和注意力进行评级?	
4	你如何对董事会讨论是否充分知情进行评级?	
5	你如何对董事会讨论是否解决了与公司最相关的问题进行评级?	
6	你如何评价董事会对财务/预算、产品、管理绩效和其他重要问题提供的信息?	
7	你如何评价不同董事会委员会完成各自职能的方式?	
8	你如何评价董事会在讨论和批准公司战略方面的工作?	
9	你如何评价董事会在继任计划方面的工作?	
10	你如何评价董事会监督管理绩效方面的工作?	
11	你如何评价董事会监督风险评估和风险管理方面的工作?	
12	你如何评价董事会在履行其受托责任(遵守方面)的表现?	
B	有待提高之处	
	在哪些方面可以进行改进,以提高董事会的效率? • • •	
C	建议	
	你有哪些整体措施/倡议等建议来提高董事会的效率? • •	

资料来源:Company files.

表11.4 董事会评审反馈表

A	评分标准	评分	
		今年得分	去年得分
1	你如何评价董事会整体的表现？		
2	你如何评价不同董事会成员对董事会的作用和责任的共同理解？		
3	你如何对董事会整体是否对公司的长远战略问题投入足够的时间和注意力进行评级？		
4	你如何对董事会讨论是否充分知情进行评级？		
5	你如何对董事会讨论是否解决了与公司最相关的问题进行评级？		
6	你如何评价董事会对财务/预算、产品、管理绩效和其他重要问题提供的信息？		
7	你如何评价不同董事会委员会完成各自职能的方式？		
8	你如何评价董事会在讨论和批准公司战略方面的工作？		
9	你如何评价董事会在继任计划方面的工作？		
10	你如何评价董事会监督管理绩效方面的工作？		
11	你如何评价董事会监督风险评估和风险管理方面的工作？		
12	你如何评价董事会在履行其受托责任（遵守方面）的表现？		

资料来源：Company files.

Infosys董事会的年度评估过程将包括下列内容：董事会整体运营效果的评估；

懂事会可以怎样持续改进它的效率；每位董事会成员也将对其他成员进行同行评审，以及每位董事会成员的自评。

同给出同行评审所花费的2到2.5小时相比，董事会评估花费的时间更少，董事只需花费大约15到20分钟。评估董事会整体绩效在一些纳斯达克上市企业的董事会中很常见。这种方式看起来争议更少，当然对董事要求也更少，因为评审的目标——董事会集体——是一个匿名的单位。另一方面，同行评审迫使董事们处于针对具体个人的审判位置，而这个位置是他们在正常情况下并不希望的。不同于董事会评审，同行评审带来了压力——即使在能够保证保密性的情况下。在董事会的正常集体氛围中，除了董事长，每个人都在同一等级。

同行评审在Infosys执行了7年，这7年足够让董事会成员适应。现在的问题是看穿它的逻辑并得出结论。那会是什么？默西坚定地认为其不会和补偿挂钩。

同行评审或许能够使董事重新提名的过程变得更加实质性并有据可依，但是那也意味着将同行评审对更广泛的审查开放，即使是在内部。这将会损害保密性，而目前看来，保密性是其成功的一个关键因素。

默西说道：

> 董事会层级绩效评估的两难问题更加根本。董事会的作用全在于治理，其关乎降低风险、批判公司战略、普遍保证公司未来的安全。这项工作是定性的，这种评审是主观的。他们全都是基于认知的，他们的解释也绝不是确定的。假设今年的评级是5，而去年的评级是4，这在实际层面意味着什么？我不确定。我也不确定同行评审是否对Infosys的财务绩效有任何影响。为什么？因为我们还没有将其和可衡量的结果联系起来。治理变得更好了吗？是的。我会说反馈机制已经帮助我们将公司治理的标准保持在某一水平。但是这种保持就是全部吗？

注释

1. The company was renamed Infosys Ltd. on April 20, 2011.
2. www.sec.gov/rules /other/nasdaqllcf1a4-5/nasdaqllcamendrules4000.pdf, accessed August 2, 2013.
3. One of the founding directors had left the company in 1989.
4. One of the founding directors had retired in 2000 on reaching the age of superannuation.
5. All currencies are in US$ unless otherwise stated.
6. Gartner Data Quest November 2006.
7. Infosys Annual Report 2002-2003, p.14.
8. Infosys Annual Report 2007-08, p.13.
9. Infosys Annual Report 2002-2003, p.117.

第**12**堂课

Satyam公司的治理失败[1]

本案由Ajal S. Gaur和Nisha Kohll撰写。此案例仅作为课堂讨论材料，作者无意暗示某种管理行为是否有效。作者对真实姓名等信息进行必要的掩饰性处理。

未经Richard Ivey School of Business Foundation书面授权，禁止任何形式的复制、收藏或转载。本内容不属于任何复制版权组织授权范围。如需订购、复制或引用有关资料，请联系 Ivey Publishing, Richard Ivey School of Business Foundation, The University of Western Ontario, London, Ontario, Canada, N6A 3K7; phone (519) 661-3208; fax (519) 661-3882; e-mail cases@ivey.uwo.ca.

Copyright ©2011, Richard Ivey School of Business Foudation

版本：2011-04-29

Satyam源于梵语，意为"真相"。讽刺的是，一家与之同名的公司卷入了印度最大的商业丑闻案之一。2009年1月7日，Satyam计算机服务有限公司（Satyam Computer Services Ltd.）懂事会主席B.拉马林加·拉巨（B. Ramlinga Raju），致信给公司的董事会，表明自己将为一起涉及500亿卢比的造假丑闻负责（详见附录12.1）。

这次造假给企业界带来了巨大震撼。不仅仅因为Satyam是一家规模很大的公司，同时它也是公司治理优秀实践的领头羊。Satyam曾在2008年荣获世界治理理事会颁发的"全球公司治理金鸡奖"，同时分别在2006年和2007年获得了全球投资者联系网颁发的"最佳公司治理实践"荣誉。在拉巨给董事会的信中，他阐明了这项造假丑闻已经持续数年。正当分析师们绞尽脑汁也不能理解为什么这么大的造假投资陷阱竟能存在于这样一家庞大的企业中时，115位独立的印度上市公司的董事在Satyam丑闻爆发后的一个月内相继辞职。此次丑闻过后，监管界和企业界面临着一个巨大问题：在公司采用名义上的最佳实践后如何才能确保良好的公司治理。

Satyam的历史

基于2008年的数据，Satyam计算机服务有限公司是印度第四大软件开发和信息技术咨询公司。[2]Satyam是1987年由一对兄弟，拉马·拉巨（Rama Raju）和拉马林加·拉巨合资创建的一家私人有限公司。在随后的20年中，Satyam在印度IT界的成功有目共睹。Satyam于1991年8月从私人有限公司转变成为一家公众上市公司，于1992年对公众发行了自己的股票。

Satyam公司从证券市场所募得的资金用于建设一个软件科技园和一个百分百以出口为导向的团队。随后，Satyam和美国邓白氏公司（Dun & Bradstreet）联手，尝试进入美国市场。1996年，Satyam在美国建立了首个海外办公室，随后又在日本建立了网点。它与澳大利亚、加拿大和多个欧洲国家的公司都建立了新的商业合作伙伴关系。与此同时，Satyam在印度国内也继续增长，在印度多地开设了新办公室设施，以宣传自己旗下的四个品牌——Satyam星火公司（Satyam Spark Solutions），Satyam复兴咨询有限公司（Satyam Renaissance Consulting Ltd.），Satyam企业服务私营有限公司（Satyam Enterprise Solutions Pvt. Ltd.），Satyam咨询私营有限公司（Satyam Infoway Pvt. Ltd.），以及用于开设的IT学校——印度信息科技学院（Indian Institutes of Information Techonology, IIIT）。IIIT是政府与社会资本合作（Public-private partnership, PPP）的产物，并通过全球巨头IBM、微软和甲骨文的参与在印度其他地区得到推广。1997年，Satyam成为美国信息科技协会（Information Techonology Association of America, ITAA）首家颁发Y2K解决方案的印度公司。[3]

为把握20世纪90年代末IT蓬勃发展的势头，Satyam于1998年做了它的第一次绿地投资。它在新泽西州开设了一个软件开发中心，而且随后又在新加坡、阿联酋、澳大利亚、马来西亚、中国、埃及和巴西都开设了类似的中心。1999年，Satyam旗下的不同附属公司都与母公司合并，Satyam在纳斯达克股票交易中心上市。由纳斯达克募集的资金用于新型风投企业的创立和发展。Satyam也和全球多个巨头组织如世界银行、微软、雅虎、SEEC、Healthaxis、Insur-Enroll Solution、Computer Associates、Saint-Gobain Abrasives、Venture Global Engineering、Vignette（Corporation、Emirates、SAS Institute Inc.、i2 Technologies和福特建立了长期的合约和战略联盟关系。2008年，Satyam已拥有超过20亿美元的收入，在60多个国家有超过51 000个合伙人，654名客户里包括了三分之一的《财富》500强和美国500强企业，在63个国家有业务，有31个全球解决方案中心。Satyam成为纽约证券交易所、阿姆斯特丹泛欧交易所、孟买股票交易所和印度国家交易所的上市公司。[4]

增长的同时，Satyam及其雇员们也获得了数个国际和国家地区的奖项和认可。2000年，Satyam因其内部网获得了Web Business 50/50奖。同年，Satyam因其良好的人力资源管理赢得了国家的"人力资源开发奖"（Human Resource Development

Award）。一个顶级IT杂志《数据需求》（*Dataquest*）提名拉巨为2000年年度IT人物。香港《远东经济周刊》基于印度的调查数据将Satyam排为印度最受关注十佳企业。2001年，Satyam又获得了Frost & Sullivan颁布的工程界竞争奖，以及在2003年获得了IBM创新莲花奖。这些奖项和荣誉都是Satyam在客户、雇员和社区中取得的名誉和地位的清晰写照。[5]

Satyam的公司治理

Satyam的一小部分的股权由印度传统家族企业优先控制（见表12.1）。实际上，这些优先股权数年来稳步下降。境外机构投资者拥有公司股权的最大份额，介于40%至50%。其他重要股东包括印度公众、银行和金融机构和共同基金。基于较大股权属于数个国内和境外机构投资商，对于Satyam来说有一个优秀的公司董事会以取得控股方的信任是很重要的。

2008年12月，Satyam的董事会有5个独立董事和4个内部成员（见表12.2）。公司创建者拉马林加·拉巨和拉马·拉巨这两兄弟是董事会里唯一一对亲戚。同时，拉马林加·G.拉巨是董事会主席；另两位董事包括拉姆·米娜帕蒂（Ram Mynampati）（一位内部员工）和克西娜·帕雷普（Krishna G.Palepu）——既是内部董事也是Satyam咨询顾问的一位哈佛商学院教授。Satyam审计和薪酬委员会有4位是公司独立董事成员。审计委员会在丑闻爆发前每年会晤8次，薪酬委员会的会晤次数是3次。

公司董事会和不同委员会的组成方式完全符合印度对上市公司的监管法例。另外，Satyam似乎超出了法律的要求。在Satyam呈交给印度监管当局的报告中有如下的陈述，我们可以看出它的公司治理的管理哲学：

> 公司治理对Satyam的商业运营意义重大。Satyam的治理源动力就是它的核心价值——尊于代表，尊于投资者，尊于顾客和对卓越的追求。公司的目标是为了找到创新和有效率的方式让控股方赞赏，也包括投资者、客户、合作者和社会。因此，Satyam致力于充当一个注重实践并负责的代表公司。

表12.1 Satyam所有权情况

(股权比重%)

类别	2003	2004	2005	2006	2007	2008
发起人持有股份						
印度发起人	20.74	17.35	15.67	14.02	8.79	8.74
外资发起人	0.00	0.00	0.00	0.00	0.00	0.00
一致行动人	0.00	0.00	0.00	0.00	0.00	0.00
分计	20.74	17.35	15.67	14.02	8.79	8.74
非发起人						
机构投资者						
共同基金&UTI	8.88	7.39	7.58	5.70	6.00	4.88
银行，金融投资机构，保险公司（中央/州立政府机构/非政府机构）	4.37	4.33	3.32	1.74	5.63	8.13
外资机构投资者	43.02	51.27	56.06	52.48	47.22	48.09
分计	56.27	62.99	66.96	59.92	58.84	61.1
其他						
私人企业	2.34	1.58	1.00	0.95	0.94	0.33
印度公众	8.47	6.06	4.47	4.06	10.64	10.25
NRIs/OCBs	1.56	1.37	1.24	1.11	1.27	0.00
其他	10.61	10.65	10.66	19.94	19.52	19.58
分计	22.99	19.66	17.37	26.06	32.37	30.16
总计	100.00	100.00	100.00	100.00	100.00	100.00

资料来源：Prowess Database, Centre for Monitoring of Indian Economy.

表12.2 危机前后董事会组成

危机前

姓名	从属关系	资格	职业
Ramalinga Raju	执行主席,发起人董事	MBA	Satyam发起人
Rama Raju	管理董事,发起人董事	MBA	Satyam发起人
Ram Mynampati	执行董事,临时CEO	MCA	雇员,Satyam董事会执行董事
Prof. Krishna G. Palepu	非执行董事,顾问	Ph. D.	哈佛商学院教授
Dr. (Mrs.) Mangalam Srinivasan	独立非执行董事	Ph. D.	肯尼迪商学院管理咨询顾问
Mr. Vinod K. Dham	独立非执行董事	B.E. / M.E. (电力)	New Path Ventures LLC, NEA — Indo U.S. Ventures LLC 董事
Prof. M. Rammohan Rao	独立非执行董事	Ph. D.	印度商学院前任院长
Mr. T.R. Prasad	独立非执行董事	M.Sc.Physics/ F.I.E.(Fellow Institution of Engineers - India)	退休官员(印度政府内阁大臣)
Prof. V.S. Raju	独立非执行董事	Ph. D.	海军研究理事会,印度国防研究与发展部部长

（续表）

姓名	从属关系	资格	职业
危机前			
危机后			
Mr. Kiran Karnik（主席）	独立非执行董事	B.Sc., P.G.D.B.A, IIM	总理科技咨询委员会成员
Mr. Deepak Parekh	独立非执行董事	B.COM./注册会计师（印度、英国、威尔士）	HDFC 银行董事长
Dr. Tarun Das	非执行董事	Ph. D.	印度工业联盟领导者
Mr. S. B. Mainak	独立被提名董事	B. Com., 注册会计师	印度生命保险公司资产运营总管
Mr. T. N. Manoharan	独立非执行董事	B. Com., 注册会计师（印度）	ICAI 前校长和RBI客座教授
Mr. C. Achuthan	独立非执行董事	L.L.B./M.A. Economics	债券上诉裁决处前审判长

资料来源：Prowess Database, Centre for Monitoring Indian Economy.

Satyam相信健全的公司治理法则能为董事会完成使命提供重要框架。董事会成员由控股人基于有策略的管理模式和所有控股人对公司的长期利益的服从选出。因此，公司的管理层将负责健全和执行政策、程序和系统来增进公司的长期价值并服务利益相关者（合作者/投资者/客户/社会）。[6]

Satyam公司的财务健康程度

Satyam的资产负债表展现了一个公司应有的良好财务水平（参照附录12.2至12.4）。从2001年至2008年的8年间，Satyam的营业额从141.2亿卢比增至847.3亿卢比。税后利润也同比持续增长，伴随着净利润率从10%增至20%。Satyam期待2008/2009财年的收入能达到27亿美元（就像其2007/2008财年10K表中所述的那样）。[7] 这些数字都意味着2008年至2009年公司将有24%至26%的增长。2009年美国存托股份每股收益估计将在1.44至1.47美元之间，表明相比前一年会有15.2%至17.6%的增长。2009年每股收益将介于29.54至30.04卢比，相比前一年有17%至19%的增长。

Satyam的财务状况基于客户层面也展现出蓬勃活力：公司前100位的客户提供了Satyam 85%的收入。Satyam有2位客户年运行超过了1亿美元，同时亦有50位客户年运行超过了1 000万美元，230位顾客的年运行超过了100万美元。Satyam是第一家将符合国际财务报表准则（International Financial Reporting Standards, IFRS）审计后的2007/08财年数据上报的印度公司。[8] 该公司的首席财务官(CFO)辛尼瓦斯·瓦拉马尼（Srinivas Vadlamani），对根据IFRS准则集合的财务报表做如下评价：

在采用IFRS准则后我们看到了可观的价值。作为全球准则，IFRS让人不被限制在公司地理位置的条件下同时更好地理解和比较财务水平。另外，既然Satyam采用了这些标准，那么我们的运营报告也可以在不进行财务账目对账的情况下被超过100个已经许可或是需要IFRS准则的国家被理解。更多的是，这个转变给Satyam在欧洲的投资者提供了更清晰、更一致的报告，而Satyam在那里正取得迅速的发展。[9]

公司治理迷局

Satyam危机的爆发

2008年12月16日,Satyam董事会批准了对Maytas Infra公司——一家在孟买交易所上市、价值为13亿美元的公司——51%股权的收购,以及以3亿美元的价格对从未上市的Maytas地产公司100%的股权收购。这两家公司从事建筑和房地产商业活动,它们被收购的过程均受到了Satyam的董事、拉马林加·拉巨的两个儿子的大力推动。拉巨的直属亲戚和朋友共持有梅塔斯·因弗拉36%的股权和梅塔斯地产公司35%的股权。Satyam声明,为成功完成这场收购,除了已有的2亿美元现金,还需借3亿美元的资金。Satyam辩护称投资需要多样化,因此才进入朝阳的印度房地产行业。鉴于在美国和欧洲重要市场IT行业增长放缓慢,公司的多样性是IT企业必不可少的。[10]

投资者对这个市场消息的反应非常负面,这直接导致了Satyam股价下跌55%。随着公众和机构投资者对这个消息的坚持反对,Satyam于2008年12月17日取消了这项收购。然而,这个举措并没有平复负面评论和股价下跌,Satyam在印度股票交易所的股价下跌了30%。鉴于这一交易涉及多方参与,投资者和媒体也开始对Satyam的公司治理方法产生质疑。为重塑投资者信心,Satyam招开了一次董事会会议,商讨在2008年12月29日回购自己的股票。12月23日,世界银行勒令Satyam禁止自行交易8年,因为Satyam为获取利润丰厚的合约,竟向世界银行的工作人员提供贿赂。尽管Satyam迅速反驳了这些指控,但它的股价还是持续下跌。12月26日,自1991年起即担任公司独立董事的马加兰·苏里尼瓦萨(Mangalam Srinivasan)辞职。在笔述中他阐明了因没有反对此项收购而承担的道德责任。2008年12月26日,Satyam中止了本应在12月29日召开的董事会会议。同日,基础建设及金融服务信托公司(IL&FS)在二级市场以每股139.83卢比的价格卖出了价值44.1亿的Satyam公司股份。拉巨家族以抵押股权的方式来获取IL&FS信托的大额贷款。结果导致在12月月末,拉巨家族对Satyam持有的股份从2008年9月初的8.65%稀释到了5.13%的水平。[11] 2008年12月月末,Satyam的市值在短短两周内被削减了40%。[12]

在这场灾难发生的过程中,一位声称自己是Satyam前任高级执行官的人给一位董事会成员写了一封匿名的电子邮件，这封邮件详细陈述了Satyam的财务漏洞和造假行为。这封信同时提及Satyam其实并没有足够的被银行认可的可变现资产。这封电子邮件被转送至包括首席执行官拉马林加·拉巨在内的所有董事会成员中。一些人甚至猜测这封邮件是最终导致财务造假被揭露的源头。面对来自市场和分析师的批评，另外三位独立董事——主持董事会同时也是批准该项收购的拉蒙翰·劳（Rammohan Rao）、西克以及娜·帕雷普和文诺德·德汉姆（Vinod K.Dham）均从董事会辞职。

2009年1月7日，拉马林加·拉巨向印度的监管机构印度证券交易监管委员会提交了辞职信（见附录12.1）。在这封信中，拉巨承认自己将Satyam财务报表的账目总价值修改至713.6亿卢比。篡改的报表还包括不存在的现金和银行存款504.6亿卢比。拉巨坦白了自己过度吹嘘盈利数字，而实际上公司盈利率只有3%；他同时承认公司高层包括首席运营官和首席财务官都知晓实际和账面财务数字有差距这一事实。拉巨说自己是为维持股价而被迫过度夸大公司的盈利水平，并说这也是为了防止被恶意收购。拉巨进一步强调自己并没有因操纵Satyam当时的高价股票而获取任何利益，他从未出售任何持有的股票，而只是通过他的家族将这些股权抵押给他人而得到用来填补账目的救命贷款。拉巨这样形容他的处境：我就像骑在老虎身上，不知道如何在不被吃掉的情况下脱身。

为达到Satyam的现金融资标准，拉巨用他的股权抵押给他的朋友和家人并获得贷款：他对公司的控股从2003年的20.74%跌到了2008年的8.74%。在为他的行为辩解时，拉巨说他最后一次尝试把Satyam从恶意收购中拯救过来和填补现金空缺时，他实行的梅塔斯收购失败了，最终他选择辞职。

本次丑闻导致了许多后果：拉巨被捕并入狱；孟买交易所Satyam的股价从52周高点544卢比跌到39.95卢比；美林投资银行终结和Satyam的合作；拉巨的兄弟拉马·拉巨也被捕；印度证监会派出了一个特别审计小组调查造假案；Satyam遭到了多场包括来自美国的起诉；印度政府解散了Satyam的董事会，并指派了新的董事和首席执行官。

本次调查

印度中央调查局（CBI）对Satyam造假案展开调查。根据CBI报告，Satyam被操纵的利润超过了960亿卢比。[13] 其他发现也不同于拉巨信中的陈词。对持股人、调查人和公众来说，最大的困惑在于拉巨是怎样将虚拟资产的假账蒙骗诸如税务公司、证监会、印度央行这样的监管者长达七年之久的。而政府机制如内外部审计人、董事会究竟扮演了怎样的角色？谁应该扮演监管不合法公司的角色？拉巨声称的3%的净利润率让人难以相信，因为同期竞争对手达到了20%—25%的利润。这样一个大规模造假案不以私人获利为目的让人实在难以置信。[14]

根据CBI在2009年4月7日的罚款单，拉巨及其家属共注册了327家公司，他的亲属通常是这些公司的董事会成员。[15] 这些公司都不是上市企业，所以并不需要根据政府的要求去披露它们商业交易的细节。令人瞠目结舌的是这些事实是怎样在层层审计监管之下被隐瞒的。

任何一家公司传统上有三层审计过程：首先，是一个由首席财务官带领的内部审计小组。其次是外部审计，在Satyam的案例中这个角色由普华永道会计事务所担当。最后，董事会有一个审计委员会，这个委员会由一个独立董事成员带领。在Satyam的案例中，这三个层面的审计都经历了不同程度的失败。

Satyam在2000年与普华永道签署合约，在2003年至2008年的5年间，普华永道的审计费上涨了3倍达到4.3亿卢比。Satyam付给审计公司的费用是其他IT公司支付的2倍。举例来说，印度的另外三家领先IT企业——Wipro、Infosys和Tata咨询——分别是2.8亿、1.53亿和2.77亿卢比。[16] 这些公司都位列印度国内或是国外的股票交易所主板，和Satyam相似，它们都遵循国际会计准则。来自普华永道的审计师们发表了这样一份简短的声明：

> 由普华永道所执行的审计过程是符合审计规则也是由适当的审计证据所支持的。基于我们的责任和客户的隐私，对Satyam的指控我们不置任何评论。普华永道事务所将尽全力维系和实现自己对监管层面的职责。[17]

鉴于Satyam给普华永道支付了高于寻常的审计费用，有理由相信公司外部的审计师允许了各种会计违规行为如修改现金和银行存款账目。[18] 审核现金是最简单的审计方式，审计师只需获得银行的确认从而对现金数额审核。如果银行不去核查现金，那么审计师将不能对现金数目的正确与否作出公正评价。一开始，Satyam存款银行的工作人员以保证客户的隐私安全为由并没对现金做评论，随后，银行就被牵扯进了调查当中。

拉巨承认，Satyam财报上从1998/1999年度的3 320万卢比到2007/2008年的332亿卢比的定额存款都是假的。审计师们理应对银行账目作出独立调查。印度法律规定，每年利息额超过200美元的公司都应当在银行缴纳税费——而这笔钱应直接打到政府账户。这样大的一个数目只有可能被虚假的文件所隐蔽，而这些文件都应受到各层次的监管。[19]

对Satyam的财务违规也有来自内部或是外部审计师的其他暗示。例如，Satyam于2007/2008财年结束时公布了23.6亿卢比的亏损，这却是在拥有446.2亿卢比不动资产账户的同时发生的。[20] 这笔资金并未用于持股者的分红，或是像通常一样取得可观的银行利息，如此情况，审计师们只有在他／她能充分表明自己在审计过程中没有重大过失的情况下才能逃避自己的责任。随着对丑闻的进一步揭露，普华永道印度区域的审计师总裁辞职。在Satyam资产负债表签字的两位合伙人戈帕拉克西娜（S. Gorpalakrishnan）和斯里尼瓦斯·塔卢里（Srinivas Talluri）也被停职和入狱。

危机过后

这次造假导致Satyam市值缩水超过78%。对政府指派的新董事会而言，最大的挑战就是让这家公司生存下来以保障投资者和雇员的利益。2008年2月，市场监管者（SEBI）给Satyam的51%股权全球竞标开了通行灯。有超过1.5亿美元的净资产待价而沽。竞标分为两个步骤：第一步，竞标成功的公司将收购Satyam 31%所有者权益的股份；第二步，中标的公司需要在二级市场交易获得至少20%的公司股份。为防止在竞标结束后中标公司不能对51%的股权收购成功，收购其他的额外股权也被允许。

Mahindra科技公司，一个属于Mahindra & Mahindra集团的品牌，以每股58卢比的价格竞得了Satyam。它为Satyam31%股权支付了175.7亿卢比，Mahindra公司希望将Satyam的债务区分开而独立运行这个公司。[21]

附录12.1　致Satyam公司董事会函件

发件人：Satyam计算机服务有限公司董事会主席拉马林加·拉巨

收件人：Satyam计算机服务有限公司董事会

抄　　送：印度证监会主席会，各证券交易所

尊敬的董事会成员：

带着深切的遗憾及沉重的良心负担，我要宣告以下事实：

（1）截至2008年9月30日，Satyam资产负债表中：

①夸大（不存在）的现金及银行结余504亿卢比（账目中为536.1亿卢比）；

②应计利息37.6亿卢比是不存在的；

③在资产账户上，123亿卢比的负债价值被低估；

④债务持有的资产被夸大49亿卢比（账目中为265.1亿卢比）。

（2）在第二个季度（Q2），我们公布的收入为270亿卢比，营业利润率为64.9亿卢比（收入的24%）。而实际上，我们的收入为211.2亿卢比，实际营业利润率则为6.1亿卢比（收入的3%）。这使在第二季度，人为导致现金及银行结余虚增58.8亿卢比。

资产负债表缺口的增加纯粹是因为过去几年虚抬利润（仅限于独立的Satyam公司，子公司的数据反映了其真实业绩）。实际利润和账目中反映的运营利润之间的缺口逐年增加。并且由于公司经营规模的显著增长（在2008年第三季度，年收益为1127.6亿卢比，而官方外汇储备为839.2亿卢比），它已经达到了不可收拾的地步。由于该公司必须占据更多的资源和资产，并且证明具有较高的业务水平，显著增加的成本使实际利润和账目中所反映的利润之间的缺口进一步加剧。

每一个为了消除缺口而做出的决定都以失败告终。由于发起人仅持有一小部分股权，如果表现不佳，公司将会被接管，进而将暴露这一缺口。持有人将陷入骑虎难下的境地。

被中止的Maytas收购是最后一次填补虚拟资产的尝试，而Maytas的投资者认为这是一次很好的撤资机会和战略适应。原计划是等Satyam一解决完问题，就推迟向Maytas的付款。但是，事实并非如我们所愿。接下来几天所发生的事便是众所周知的结果。

我希望董事会能知晓：

（1）在过去8年间，我和执行董事（包括我们的配偶）均没有出售任何Satyam的股份——除了声明中的一小部分及作慈善用途的出售。

（2）在过去两年，通过求助和抵押发起人的股份，并通过给予承诺的方式从已知渠道筹集资金123亿卢比，这些资金被注入Satyam公司（未反映在Satyam的账目上）以保证公司正常运作。但公司发展需要支付大量股息、收购及巨额的资本开支，因此这些资金并未解决根本问题。每个尝试都是为了使公司运营下去以确保工资的及时支付。最后一根救命稻草就是通过贷方出售大量抵押股份。

（3）我，以及执行董事，均未从公司谋取任何利益或因财务条款而受益。

（4）任何董事会成员，包括前任和现任，对公司的此种情况均不知情。公司的业务领导和高层如Ram Mynampati, Subu D, T. R Anand, Keshab Panda, Virender Agarwal, A.S. Murthy, Hari T, S.V. Krian Kavale，Vijay Prasad, Manish Mehta, Murali V., Sriram Papani, Kiran Kavale, Joe Lagioia, Ravindra Penumetsa, Jayaraman 和 Prabhakar Gupta 都对这些有违实际情况的内部事项不知情。我及执行董事的所有近亲和远亲对此问题均不知晓。

本人已告知事情真相，我将尊重及借助董事会的智慧处理这些问题。不过，我将推荐以下步骤：

（1）就对Maytas收购失败一案已经在过去几天形成了危机小组。其中包括了Satyam最成功的一些领导：Sabu. D. T., R. Anand, Keshab Panda, A. S. Murthy, Hari T. 和Murali V. 等，都是支持我们的力量。我建议Ram Mynampati成为危机小组的主席。Ram同时也可以担任公司的临时CEO。

（2）可以信任美林投资银行对于一系列收购提供的咨询和帮助。

（3）你们面前可能有一份我准备的会计审计二次报告。

我为Satyam工作已超过二十年，见证了公司从仅有很少的人增长到了一个拥有53 000人的团队，见证了Satyam变成了在65个国家运营的位列《财富》500强的公司。Satyam建立了所有层面的卓越的领袖地位和竞争优势。我真诚地向让Satyam成为与众不同公司的所有股东道歉。鉴于现在的情况，我对公司在危机中走出并重建充满了信心。我对董事会目前采取的行动表示强烈的赞同。由政府指派的T. R. Prasad先生对稳定大局相当重要。鉴于危机小组的成员和财务顾问美林投资银行在这期间支持公司，我将把这篇声明抄送给他们。

基于这些情况，我将从Satyam董事会主席的位置上辞职，并且愿意在公司再度扩张时回到董事会。接下来几日，我在Satyam董事会继续工作仅为保证懂事会正常运行。

我对我的行为完全负责并愿意承担一切后果。

拉马林加·拉巨

2009年1月7日

资料来源：http://www.hindu.com/nic/satyam-chairman-statement.pdf.

附表12.2 Satyam财务状况

年份	2008	2007	2006	2005	2004	2003	2002	2001	2000
实收资本	134.10	133.44	64.89	63.85	63.25	62.91	62.91	56.24	56.24
净值	7 357.60	5 789.36	4 333.64	3 217.02	2 580.80	2 134.88	1 930.40	812.91	350.06
长期资本	7 381.30	5 803.15	4 346.21	3 226.89	2 588.10	2 153.24	1 936.20	984.89	641.39
固定资产成本与折旧	1 486.50	1 280.40	1 153.16	937.70	838.80	775.89	739.24	545.85	418.55
销售收入	8 137.30	6 228.47	4 634.31	3 464.22	2 541.50	2 023.65	1 731.90	1 220.00	672.81
息税前利润	1 947.80	1 580.84	1 448.61	867.76	662.69	369.75	494.11	540.37	176.65
税后利润	1 715.70	1 423.23	1 239.75	750.26	555.79	307.42	449.38	486.29	129.98
股票市值	26 453.00	31 259.30	27 552.30	13 041.40	9 281.90	5 565.96	8 418.90	6 577.30	24 907.00
年化每股盈余	24.99	20.77	37.22	22.85	17.06	9.49	14.24	17.17	22.86
股息支付率（%）	13.99	16.77	18.91	21.89	23.49	31.61	8.32	4.66	9.93
经营业务现金流	1,370.90	1,039.06	786.81	638.66	416.55	501.14	594.38	222.86	161.81
投资业务现金流	-641.22	1,678.60	-53.85	-341.17	-240.28	-1 256.90	-147.98	-2.71	-147.19
融资业务现金流	-227.79	34.10	-43.94	-103.58	-94.18	-50.79	500.20	-174.84	52.79
关键比率									
销售增长率（%）	30.65	34.40	33.78	36.30	25.59	16.84	41.96	81.33	77.93

（续表）

年份	2008	2007	2006	2005	2004	2003	2002	2001	2000
资本负债率	0.00	0.00	0.00	0.00	0.01	0.01	0.06	0.40	1.04
长期资本负债率	0.00	0.00	0.00	0.00	0.00	0.00	0.05	0.28	0.72
流动比率	5.41	5.91	6.50	7.12	6.42	6.15	5.30	2.81	2.20
固定资产比率	5.88	5.12	4.43	3.90	3.15	2.67	2.70	2.53	1.89
存货比率	0.00	0.00	0.00	0.00	0.00	0.00	0.00	0.00	0.00
应收账款率	4.20	4.49	4.91	5.10	4.74	4.62	4.49	4.13	4.20
利息保障倍数	327.91	207.73	436.25	1 141.79	883.59	699.88	51.47	10.73	4.34
已动用资本回报率（%）	29.55	31.15	31.34	29.85	27.95	26.64	33.83	45.55	33.44
净资产回收率	26.10	28.12	26.85	25.88	23.57	20.55	32.76	55.46	50.28

*除比率外单位皆为亿卢比。

资料来源：Prowess Database, Centre for Monitoring Indian Economy.

附表12.3 公司主要竞争对手重要财务数据对比表

年份	Infosys Tech Ltd			Wipro.Ltd			Tech Mahindra Ltd		
	2008	2007	2006	2008	2007	2006	2008	2007	2006
实收资本	286.00	286.00	138.00	292.30	291.80	285.15	121.40	121.20	20.80
净值	13 490.00	11 162.00	6 897.00	11 556.70	9 320.40	6 420.45	1 228.40	878.00	597.86
长期资本	13 490.00	11 162.00	6 897.00	15 433.10	9 558.40	6 470.61	1.323.40	927.00	597.86
固定资产成本与折旧	4 508.00	3 889.00	2 837.00	2 282.20	1 645.90	2 364.52	550.50	442.80	306.96
销售收入	15 648.00	13 149.00	9 028.00	17 658.10	13 758.50	10.264 09	3 604.70	2 757.70	1 197.14
息税前利润	5 118.00	4 153.00	2 737.00	3 586.50	3 183.40	2 342.81	404.60	133.60	240.64
税后利润	4 470.00	3 783.00	2 421.00	3 063.30	2 842.10	2 020.48	325.70	65.20	220.12
股票市值	81 804.60	112 641.00	81 830.30	62 155.40	80 740.20	79 649.20	8 578.33	17 289.00	0.00
年化每股盈余	72.50	64.35	81.41	19.94	18.61	13.47	25.90	5.07	19.76
股息支付率(%)	45.86	17.74	55.10	30.07	32.18	37.12	21.25	43.25	50.56
经营业务现金流	3 834.00	3 263.00	2 316.00	715.90	2 669.60	1 911.08	209.70	3.2	133.47
投资业务现金流	-978.00	-1 091.00	-392.00	-1 123.90	-1 881.90	-1 685.50	-198.30	-142.40	-205.45
融资业务现金流	-777.00	-316.00	172.00	2 290.90	238.50	59.8	35.60	119.10	-0.72
关键比率									
销售增长率(%)	19.01	45.65	31.60	28.34	34.05	41.06	28.34	130.36	29.79

（续表）

年份	Infosys Tech Ltd			Wipro.Ltd			Tech Mahindra Ltd		
	2008	2007	2006	2008	2007	2006	2008	2007	2006
资本负债率	0.00	0.00	0.00	0.19	0.02	0.01	0.19	0.03	0.00
长期资本负债率	0.00	0.00	0.00	0.19	0.02	0.00	0.19	0.00	0.00
流动比率	3.85	3.75	2.77	2.15	1.57	1.46	2.15	1.38	1.55
固定资产比率	3.73	3.91	3.60	8.99	6.86	4.97	8.99	7.36	4.05
存货比率	0.00	0.00	0.00	51.29	70.73	74.37	51.29	0.00	0.00
应收账款比率	5.81	6.90	6.52	5.70	6.10	6.12	5.70	4.58	3.80
利息保障倍数	5 118.00	4 153.00	2 737.00	30.71	442.14	748.50	30.71	95.28	0.00
已动用资本回报率（%）	41.52	45.99	45.09	28.70	39.72	41.01	28.70	86.22	44.53
净资产回收率	36.26	41.90	39.89	29.35	36.11	35.72	29.35	72.05	40.74

* 除比率外单位皆为亿卢比。

资料来源：Prowess Database, Centre for Monitoring Indian Economy.

附录12.4 2008年12月至2009年2月Satyam股票数据

(10亿卢比)

日期	开盘价格（卢比）	最高价（卢比）	最低价（卢比）	收盘价格（卢比）	均价（卢比）	交易量（卢比）	股票市值（卢比）
2009.2.27	46.45	46.45	39.30	41.50	43.86	128 519	27.96
2009.2.20	48.00	50.90	44.50	45.45	47.90	266 951	30.62
2009.2.13	48.50	49.00	41.15	46.30	45.97	272 405	31.20
2009.2.6	53.10	61.00	45.35	47.40	51.02	520 114	31.94
2009.1.30	39.70	60.00	39.70	54.05	51.63	916 756	36.42
2009.1.23	24.90	39.30	23.05	38.85	29.70	632 440	26.17
2009.1.16	28.60	40.00	20.00	24.45	28.07	691 184	16.47
2009.1.9	180.00	188.70	11.50	23.85	102.45	1 114 151	16.07
2009.1.2	175.30	186.00	173.40	177.60	179.95	198 450	119.64
2008.12.31	133.00	176.40	129.60	170.20	159.67	546 502	114.65
2008.12.26	163.00	168.60	114.70	135.50	143.31	531 998	91.30
2008.12.19	225.00	231.90	153.80	162.80	188.42	461 004	109.70
2008.12.12	230.00	238.70	212.60	220.80	226.34	45 968	148.75
2008.12.5	246.00	251.00	222.00	224.40	231.19	41 595	151.21

注释

1. This case has been written on the basis of published sources only. Consequently, the interpretation and perspectives presented in this case are not necessarily those of Satyam Computer Services Ltd.or any of its employees.
2. Prowess database, *Centre for Monitoring of Indian Economy*.
3. htpp://content.icicidirect.com/Research/HistoryCompany.asp?icicicode=SATCOM,accessed on January 7, 2009.
4. Satyam Annual Report, 2008.
5. http://content.icicidirect.com/Research/HistoryCompany.asp?icicicode=SATCOM,accessed on January 7, 2009.
6. Satyam Annual Report 2007.
7. Satyam Annual Report 2008.
8. Satyam Annual Report 2008.
9. Ibid.
10. Ravi Kant, "Satyam-Maytas deal:A mockery of corporate govemance," *Merinews*,December 18, 2008, www.merinews.com/article/satyam-maytas-deal-a-mockery-of-corporate-governance/153334.shtml, accessed on March 13, 2009.
11. Ibid.
12. "Satyam promoters may have lost stakes," *Livemint*,Reuters,December 29,2008,accessed on March 12, 2009.
13. "Satyam fraud could amount to Rs10.000 cr.CBI," *Livemint*, Press Trust of India, March 22,2009.
14. K.Venkatasubramanian, "Satyam Computer—Open Offer:Reject", *Hindubusinessline*, June 21,2009.
15. CBI charge sheet, April 7, 2009, p.41, signed by Chief Investigating Officer A.V.V.Krishna.

16. Prowess Database, *Centre for Monitoring of Indian Economy*.
17. www.indianexpress.com/news/satyam-auditing-based-on-evidence-says-pric/408575/ accessed on June 22, 2009.
18. CBI charge sheet, April 7,2009, p. 50.
19. CBI charge sheet, April 7,2009, p. 26.
20. Satyam Annual Report, 2008.
21. "Tech Mahindra completes 31 pc acquisition in Satyam," *IBN Live*, May 6,2009,http://ibnlive.in com/news/tech-mahindra-completes-31-pc-acquisition-in-satyam/91897-7.html,accessed on May 31, 2009.

第 13 堂课

百事可乐长春合资公司[1]
资本支出分析

本案例由Peter Yuan和Geoff Crum在Larry Wynant教授和Claude Lanfranconi教授的指导下编写。此案例仅作为课堂讨论材料，作者无意暗示某种管理行为是否有效。作者对真实姓名等信息进行必要的掩饰性处理。

未经Richard Ivey School of Business Foundation书面授权，禁止任何形式的复制、收藏或转载。本内容不属于任何复制版权组织授权范围。如需订购、复制或引用有关资料，请联系 Ivey Publishing, Richard Ivey School of Business Foundation, The University of Western Ontario, London, Ontario, Canada, N6A 3K7; phone (519) 661-3208; fax (519) 661-3882; e-mail cases@ivey.uwo.ca.

Copyright © 2000, Richard Ivey School of Business Foundation

版本：2010-01-12

这是1994年的6月中旬,安德里·哈沃斯(Andrew Hawaux),百事可乐东亚地区的财务副总裁在过去两周里,一直在收集有关在长春市建立股权合资公司的资料。虽然百事可乐已经在中国投资了七家合资公司,但是这将是第一批两个由百事可乐同时控制公司的董事会和日常管理事务的新建绿地合资公司中的一个。百事可乐的每项投资计划都需要经过一整套系统的评价程序,其中包括运用资本预算工具,如净现值(NPV)和内部收益率(IRR)等。陈述报告提交给百事可乐的亚太总裁之后会确定最终决策。根据已收集到的资料,哈沃斯先生正在考虑长春百事可乐合资公司是否会产生足够的利润。他打开了一罐百事可乐,开始工作。

百事可乐国际公司

百事可乐从1934年起开始在国际上销售其产品,当时公司在加拿大运营。目前,百事可乐业务已涉及190多个国家,占国际软饮料市场份额的1/4左右。表13.1和表13.2提供了百事可乐的财务报告。百事可乐的北美业务覆盖美国和加拿大。其主要国际市场包括阿根廷、巴西、中国、印度、墨西哥、菲律宾、沙特阿拉伯、西班牙、泰国和英国。公司也在新兴市场国家如捷克共和国、匈牙利、波兰、斯洛文尼亚和俄罗斯建立了业务,而在这些地区,百事可乐公司是第一家进行营销的美国消费品公司。公司的国际化策略主要偏重于那些百事可乐当地占有率已经很高的区域,以及那些还没有被其他饮料公司占领的新兴国家。

表13.1 百事可乐股份有限公司收益表（单位：百万美元）

	1992	1993
销售额	21 970.0	25 020.7
销售成本	9 569.6	10 844.6
总利润	12 400.4	14 176.1
公司管理开销花费	8 646.8	9 864.4
折旧费	1 188.9	1 405.2
扣除利息和税金前收益	2 564.7	2 906.5
利息开支	586.1	572.7
非运营收入或花销	113.7	88.7
特殊项目	（193.5）	-
税前收益	1 898.8	2 422.5
总税金	597.1	834.6
净收入	**1 301.7**	**1 587.9**

资料来源：PepsiCo Inc. Annual Report.

表13.2 百事可乐股份有效公司资产负债表（单位：百万美元）

	1992年12月31日	1993年12月31日
流动资金		
现金	2 058.4	1 856.2
应收款项	1 588.5	1 883.4
坏帐准备	6.6	6.4
库存	768.8	924.7
其他流动资产	420.0	493.4
总共流动资产	4 842.3	5 164.1
固定资产		
地产、厂房及设备	7 442.0	8 855.6
无形资产	6 959.0	7 929.5
其他固定资产	1 707.9	1 756.6
总资产	***20 951.2***	***23 705.8***
流动负债		
应付票据	706.8	2 191.2
应付款项	1 164.8	1 390.0
应付税金	387.9	823.7
其他流动负债	*2 064.9*	*2 170.0*
总流动负债	4 324.4	6 574.9
长期负债		
总长期负债	7 964.8	7 442.6
延期长期税金	1 682.3	2 007.6
其他长期负债	1 624.0	1 342.0
总负债	*15 595.5*	*17 367.1*
股权		
普通股权	5.355.7	6 338.7
总负债及股权	***20.951.2***	***23 705.8***

资料来源：PepsiCo Inc. Annual Report.

全球软饮料业务

进入20世纪的最后十年,随着西方市场的日趋饱和,碳酸软饮料市场的竞争变得更加激烈,跨国企业因此开始增加其在全球市场上的运作以实现持续增长。俄罗斯、拉丁美洲和亚洲同时被可口可乐和百事可乐瞄准为扩张的主要地区。从历史上看,先进入一个"白色"市场(先前没有可口可乐或百事可乐营销的地区)的公司会随着市场的成熟持续占有该市场的大多数份额。

中国的软饮料行业

政治和交易

碳酸软饮料行业在当时的中国是高度分散的,由大量的地区性企业组成。由于地理的原因,即缺乏一个有效的用于广大地区的分销递送系统,并没有形成全国性品牌的碳酸软饮料产品。然而,地区性的碳酸软饮料企业确实能够在其所处地区拥有相对较高的市场份额。

在1993年以前,进入中国市场的成本是很高的。各地区政府保护本地区的碳酸软饮料企业,以此来保证当地企业的生存。一家外国碳酸软饮料公司进入中国唯一可以接受的方式是与中国一家本土企业(该企业可以不涉足于生产碳酸软饮料或瓶装业)通过"合资经营"(CJV)的方式进行合作。合资经营的结构是这样的,即公司所投入的企业资本的数量份额并不需要与公司所分配到的利润的数量份额相等。例如就桂林的合资经营公司来说,百事可乐公司提供了80%的资金,但只得到了17%的利润。

在1993年,中国开始实施一系列的改革措施,以使中国市场对外国投资者更具有吸引力。合资经营的方式不再受欢迎,一种新的企业形式——股权合资企业被建立起来。在这种新的规则制度下,一家外国碳酸软饮料公司可以与中国政府所指定的国有企业进行合资经营,并且外资最多可持有60%的股份,其余40%的股份必须由中国企业持有。其利润将按照资本投入的比例进行分配。

第一家利用这个新规则的碳酸软饮料公司是可口可乐公司。在1993年，可口可乐公司与中国政府签订了1 000万美元的合作备忘录[2]，授权可口可乐公司在中国的10个城市建立瓶装设施。其产品可以在中国任何地方销售，条件是产品必须是由一家在中国的合资企业提供的；而且一旦在合作备忘录上指定某个城市建立瓶装饮料厂，其他的竞争公司在两年内就不允许在该地区设厂。由于从临近城市运送产品是很困难的，一旦在合作备忘录上指定的城市设厂，就意味着该公司可以"占用"周边地区。

虽然该措施旨在提高发展速度（就是说，越快建立起一个公司，这个公司就能越快占有市场份额），但中国政府并不想看到一个垄断的局面出现。在1994年，中国政府与百事可乐签订了一个相似的协议。根据官方的公布，百事可乐的1 000万美元不但买下了城市经销权，而且还买下了负责碳酸软饮料在中国的总发展权。暂定的计划是，其中的400万美元投资到合资公司的建立（实质上是为中国国有企业在与百事可乐形成的未来合资公司中获得的股权融资）；另外400万美元花费到对中国当地饮料的扩张和发展，包括技术和设备方面的投资；剩下的200万美元建立"中国食品和饮料培训发展中心"。表13.3给出了百事可乐和可口可乐当时分别签订的合作备忘录所指定的城市列表。

表13.3 百事可乐与可口可乐瓶装生产线城市分布

地点	百事可乐工厂	可口可乐工厂	地点	百事可乐工厂	可口可乐工厂
哈尔滨	√	√	郑州		√
长春	√		兰州	√	
沈阳		√	南京	√	
鞍山	√		成都		√
大连		√	重庆	√	
太原		√	武汉		√
石家庄	√		合肥		√

（续表）

地点	百事可乐工厂	可口可乐工厂	地点	百事可乐工厂	可口可乐工厂
青岛		√	昆明		√
长沙	√		贵阳	√	
济南	√				

资料来源：PepsiCo Inc. Annual Report.

1994年情况

百事可乐认为中国的政治和经济发展前景是良好的，政府对经济改革有着持续的承诺。在1994年之前的10年里，每年实际人均国民生产总值的增长率在8%到12%之间，人均财富增长的势头预计会持续。饮料消费总量在世纪之交预计将会从当时的每人13瓶（每瓶8盎司装）翻到两倍以上。在已经成熟的消费中心，例如北京和上海，已经大大超过了这个估计——北京的人均消费量是84瓶（每瓶8盎司装），而上海则达到了90瓶（每瓶8盎司装）。

从全行业来看，碳酸软饮料的产量达到了6.8亿箱（1箱有24瓶，每瓶8盎司装）。百事可乐预测碳酸软饮料到2000年（包括2000年）将继续以每年12%的速度增长。在碳酸软饮料市场，可口可乐已经开始领先。可口可乐有13个瓶装厂，占有碳酸软饮料市场15%的份额。这个15%的份额代表着可口可乐品牌的8 500万箱（1箱有24瓶，每瓶8盎司装）及当地品牌的2 000万箱。而百事可乐有7个瓶装厂，占有总碳酸软饮料市场6%的份额，这代表着百事可乐品牌的3900万箱（1箱有24瓶，每瓶8盎司装）及当地品牌的200万箱。

虽然这些数字困扰着百事可乐的管理者们，但他们也认识到现在就承认输掉比赛还为时过早。哈沃斯先生估计，在一个人口超过12亿的国家里，可能只有50%的人听说过百事可乐或可口可乐——所以中国市场仍然是非常有潜力的，是一个需要继续发掘和发展的市场。

百事可乐的战略目标已经从公司的平台"愿景2000"中清楚地阐述了出来。

"愿景2000"表达了两个突出的目标：在本世纪结束之前减小和消除与可口可乐的差距，并在2000年后超越可口可乐成为行业的领导者。

长春厂址

百事可乐下一个瓶装公司的建议是在中国的东北地区，具体是指在吉林省的省会长春市建厂。长春在150公里半径之内有1 500万人口，其1994年至2006年的人口预计平均增长率为1.2%。1993年的人均收入是1 440美元，并预测在2006年将增加到3 420美元。附近的吉林市有380万人口，以及四平市有230万人口。

长春被认为是一个尚未得到发展的市场，其人均饮料消费量是21瓶（每瓶8盎司装），低于已建立的成熟消费中心。百事可乐预测，到2000年人均饮料消费总量将达到41瓶（每瓶8盎司装）。长春被看做扩张的一个首要目标，因为当地软饮料市场里没有国际品牌。当地品牌的碳酸软饮料占有该行业95%的份额，但这些品牌被认为还无法满足当地的消费需求。许多长春居民听说过可口可乐或百事可乐，而且他们渴望能够"感受"这种与西方生活方式密切相连的产品。在已发展成熟的消费中心，已经观察到许多居民只用他们可支配收入的一小部分来购买可口可乐或百事可乐——以此来追求有诱惑力的、吸引人的"美国梦"。百事可乐和可口可乐也都已经在俄罗斯和东欧国家里发现了这一现象。

可口可乐在长春市场的份额相对来讲很小且数量有限，其来源于可口可乐在沈阳、北京和天津的瓶装厂，而且仅在一些宾馆和饭店中有售。可口可乐公司在这里没有生产设施，而按照签署的合作备忘录，它直到1997年是不能在长春建立生产设施的。但是，最近可口可乐公司购买了大片土地并意图在1997年之前，生产非可口可乐品牌的产品。百事可乐预计可口可乐将在1998年的早期开始其旗舰产品的生产。在长春也能发现一些百事可乐的产品，但同样数量非常有限。这些百事可乐产品有可能来自中国的东海岸城市，或者是从俄罗斯的东部走私进来的，因为中国的东北省份与俄罗斯有着较大数量的贸易往来。

百事可乐的战略很清晰，长春定位是一个"建立和维持屏障"的地区，并在"前三年平稳发展，分阶段进入"。相比较而言，在那些可口可乐品牌已经有较高存在感的地区，比如南京，百事可乐给其的定位是"打破屏障，消除差距"，以及"在第一年里来个迅速的大规模市场打入行动"。

合资提议

按照中国关于合资企业的新的规定，百事可乐要采用一种股权合资经营的方式。这次是与中国政府暂定的两家国有企业合资，一家是长春的第二食品厂，一家是北京的崇音工贸公司。第二食品厂建于1932年，是长春当地碳酸软饮料的市场领导者，占有30%的市场份额。北京崇音，基于北京，是中国国家轻工业局下属的一家子公司。百事可乐就是与国家轻工业局签订的关于10个合资瓶装厂所在城市的合作备忘录。

协议规定，百事可乐将控制合资公司57.5%的股权，并且合资公司将被命名为长春百事可乐饮料有限公司，第二食品厂将控制其37.5%的股权，而北京崇音将持有余下的5%的股权。协议有效期是50年，这是中国法律允许的最长期限。两家中方合资单位的资本投入将以现金和/或按市场公平价格计算的固定资产方式，并按合资协议中的所有权的比例进行注入。百事可乐的资本投入将由固定资产——主要是生产线——和美元／人民币现金的方式注入。在第一年——1994年，或者说财务上的第0年，总的资本支出1 170万美元将由合资各方提供，其余的资金将在以后年份中提供。表13.4提供了一个预计的资本支出、折旧和摊销的计划时间表。所有现金需求将通过内部融资实现，因为百事可乐通常的政策是反对在这种类型的项目中采用负债筹资的方式。

作为一个新建的合资企业，长春合资公司被视为一个中等规模的企业。请参看表13.5与其他百事可乐合资公司的比较。最初，工厂将建有一条瓶装生产线，并有可能在未来再增加另外两条生产线。所预测的未来三条瓶装线的生产能力将是每年2 340万箱（每箱24瓶，每瓶8盎司装）。百事可乐将任命公司的总经理，而中方负责任命副总经理。虽然在开始时，百事可乐将安排外国人士担任公司高级管理人员，但企业希望随着时间在未来能够发展本地的优秀管理人员。

表13.4 长春合资企业预测的资本支出、折旧和摊销的时间表

（单位：千美元）

日历年份	1994	1995	1996	1997	1998	1999	2000
财务年度	0	1	2	3	4	5	6
资本支出	11 698	5 778	11 086	5 581	1 325	5 375	7 838
折旧		896	2 069	2 838	2 843	295	3 362
摊销		78	551	849	890	3 578	910
日历年份		2001	2002	2003	2004	2005	2006
年		7	8	9	10	11	12
资本支出		3 426	4 823	5 003	4 445	4 523	5 280
折旧		4 018	4 235	4 444	4 506	4 679	4 266
摊销		729	773	728	735	815	919

表13.5 百事可乐在华合资企业生产力情况

现有合资企业	年生产能力（百万箱）
上海	46.4
广州	43.9
长春	**23.4**
武汉	21.3
深圳	19.8
成都	16.3
北京	13.4
重庆	12.0
福州	8.8
南昌	7.0
桂林	5.1

财务预测

与百事可乐所有大型资本需求一样,财务部门需要给该项目做出一个12年的现金流量预测。由位于美国的公司总部决定不同国家项目预测所使用的折现率,其中包括国家风险溢价。根据当时的情况,百事可乐使用了13%作为它的加权平均资本成本或者它认为所必须的对投资者的回报。而中方合作者的目标回报率是20%。百事可乐决定用一个折中的16%作为合资公司的最低投资回报率目标。

当时,美国的通货膨胀率是3.5%,而中国是12%。因此,外币随着时间必须进行调整以保持其等价的购买力(按照利率平价理论)。百事可乐估计人民币相对于美元将每年贬值,当时1美元兑8.7元人民币,这一汇率水平将以相当于两国之间的通货膨胀率的差距的速度逐年贬值。对该项目所做的现金流量的预计首先是以人民币进行的,然后换算成了美元,计算中使用了表13.6中所给出的人民币对美元的汇率。

表13.6 汇率预测

美国通货膨胀率	3.50%
中国通货膨胀率	12%
通货膨胀率差异	8.2%

日历年份	1994	1995	1996	1997	1998	1999	2000
人民币兑美元汇率	8.7	9.4	10.2	11.0	11.9	12.9	14.0
日历年份		2001	2002	2003	2004	2005	2006
人民币兑美元汇率		15.1	16.4	17.7	19.2	20.7	22.4

收入预测

在与合资公司的同事讨论之后,哈沃斯先生估计1995年(第一年)的销售额将达到490万美元。他们估计出了在未来12年中的销售额增长率、毛利率和运营成本等

（详见表13.7）。固定资产的折旧作为其中的一部分包括在了销售成本中。运营成本包括销售与运输成本、营销成本、经销商佣金和总务及管理费用，还包括了一个对无形资产的摊销的折扣。此外，百事可乐估计坏账摊销将达到赊销收入的3%，而赊销收入预计将占总销售收入的50%。

认识到这么长时间跨度的预测通常是不准确的，而且地区经理们可能对他们自己的项目过于乐观，因此百事可乐实施了一个对所预测的税前净利润（NOPBT）作为销售收入百分比的最高值或限额。基于在世界各地的运营经验，百事可乐相信瓶装厂的平均税前净营业利润率（即NOPBT占销售收入的百分比）大约在11%左右。这个限额规定了任何同等水平项目的财务预测所允许的最大税前净营业利润率。一旦所估计的税前净营业利润超过该限额，在资本预算分析中的税前净营业利润将被调整，以能够把估计降到11%的水平。公司相信这样的一种机制能使预测更加谨慎和保守。

税收和法律保证

作为鼓励和刺激外资手段的一部分，合资公司将从盈利的第一年起两年内免税。中国税法允许将亏损递延。在这两年后，合资公司将享受3年内的7.5%的减税政策，而这以后就需缴纳15%的全额税金。另外，一项新的当地税收政策将在2001年生效，预计是3%的税率。对合资公司所征收的税率预计在未来的年份中将维持在该水平。

中国法律还规定公司必须留出15%的净收益作为一个法定储备。这个法定储备是为了禁止公司把所有盈利都分配出去。法定储备可以在未来期间用于抵消公司的损失，但不能用来分配给股东。

资本支出和营运资本的变化

随着销售的增长，在允许对营运资本和固定资产的投资有一个增加后，百事可乐将着重于把净现金流作为一个新的投资。合资公司的合作伙伴们将在最初的几年中花费大量资本来建造设施（见表13.4）。瓶装生产线将分别在1994年、1996年和1999年运营。

表13.7 长春合资企业的预计利润及成本

(单位: 千美元)

	1995	1996	1997	1998	1999	2000	2001	2002	2003	2004	2005	2006
销售额	4 851	14 689	24 649	27 075	31 118	35 544	43 788	51 768	61 173	70 913	81 335	92 309
销售成本	3 039	7 894	12 923	13 961	15 995	18 272	22 879	27 561	33 334	39 292	45 476	51 731
其他加工花销	594	1 579	2 015	2 088	2 207	2 553	2 944	2 962	2 986	3 050	3 077	2 388
毛利	1 218	5 216	9 711	11 026	12 916	14 719	17 965	21 245	24 853	28 571	32 782	38 190
运营成本												
销售及运输成本	1 020	2 064	3 096	4 098	3 761	4 484	6 533	5 722	6 875	7 346	7 879	8 649
经销商佣金	188	585	949	972	1 076	1 304	1 620	1 932	2 315	2 710	3 107	3 506
营销成本	480	948	1 517	1 939	2 083	2 255	2 252	2 596	2 851	3 235	3 348	3 708
总务及管理	1 239	1 296	895	854	853	972	1 082	1 191	1 255	1 317	1 387	1 457
瓶、箱损坏及摊销	193	547	816	802	772	701	466	472	388	366	416	487
坏账销账	73	220	370	406	467	533	657	777	918	1 064	1 220	1 385
税前净营业利润(NOPBT)	(1 975)	(444)	2 068	1 955	3 904	4 470	5 355	8 555	10 251	12 533	15 425	18 998
以11%为限额对NOPBT的调整	—	—	—	—	(481)	(560)	(539)	(2 861)	(3 522)	(4 733)	(6 478)	(8 844)
调整后的税前营业利润	(1 975)	(444)	2 068	1 955	3 423	3 910	4 817	5 694	6 729	7 800	8 947	10 154
税金支出	—	—	—	—	—	293	506	598	1 211	1 404	1 610	1 828
税后的营业利润(NOPAT)	(1 975)	(444)	2 068	1 955	3 423	3 617	4 311	5 097	5 518	6 396	7 336	8 326
法定准备	—	—	310	293	513	542	647	764	828	959	1 100	1 249
净收入	(1 975)	(444)	1 758	1 662	2 910	3 074	3 664	4 332	4 690	5 437	6 236	7 077
比值												
销售额增长率	N/A	202.8%	67.8%	9.8%	14.9%	14.2%	23.2%	18.2%	18.2%	15.9%	14.7%	13.5%
毛利率	25.1%	35.5%	39.4%	40.7%	41.5%	41.4%	41.0%	41.0%	40.6%	40.3%	40.3%	41.4%
税前净营业利润率	-40.7%	-3.0%	8.4%	7.2%	12.5%	12.6%	12.2%	16.5%	16.8%	17.7%	19.0%	20.6%

对营运资本的需求将随着运营的逐步扩张而增加。营运资本定义为应收账款（AR）加上存货减去应付账款（AP）。百事可乐公司估计其一半的销售额将是现金支付，而另一半则是平均赊销期为120天的销售。相对的，合资公司自己的付账期则平均为45天。库存将由原材料和成品组成。百事可乐估计其库存中的原材料的周转期平均为 1.3个月，而其成品的周转期为7.5天（1/4个月）。这些估计与公司在中国的其他运作企业的经验结果是一致的，但比起百事可乐在世界其他地方的营运资本来讲处于比较高的水平。

瓶子和装箱的保证金以及破损

瓶子和箱子是合资公司固定资产投资的一部分。经销商因为要使用这些容器会给瓶装厂提供瓶子和箱子的订金。百事可乐在预测时会将这些订金作为现金流量。另外，运营成本中会包括一个对全年费用的估计。

百事可乐浓缩剂的销售

在评价该提议所产生的财政影响时，哈沃斯先生明白有两套财务预测需要分析：合资公司的一套，以及百事可乐的一套。虽然合资企业是瓶装厂和经销商，但它将从百事可乐按预先安排的交易价格购买产品所使用的浓缩剂。哈沃斯先生估计瓶装厂合资企业的商品成本的一半将是浓缩剂的成本。在最近的两个财政年度中的每一年，在扣除销售成本、销售费用和管理费用之后，净贡献在整体上达到了百事可乐销售额的17%。

两个实体的财务业绩表现——瓶装厂和百事可乐，将从不同的角度去评估。从百事可乐的角度来看，合资公司在可口可乐之前抢先迅速地占领市场份额是至关重要的。而收入和股息实质上是处于第二位的考虑，特别是大多数股息将用于再投资，而不是分给百事可乐的股东。百事可乐的回报将从浓缩剂的销售及瓶装利润中产生。

中方股东将控制合资公司的42.5%的股权。尽管百事可乐强调了该项目的长期性并使中国合作伙伴明白这一点，但中国股东们仍然渴望能在短期内获得股息回报。

预测时间段之后的投资价值

百事可乐计划申请能在中国运营的最长运作期——50年，而这是根据当时中国法律所允许的最大期限。根据当时的中国法规，合资企业在50年后将结束。但许多人相信随着经济的进一步开放，合资企业的合作伙伴关系将会被允许延伸至更长时间。哈沃斯先生认为，合资公司在12年预测期后最终价值的合理估计可以通过以下的未来现金流的现值的计算公式进行计算：

$$最终价值=现金流 \times (1+增长率)/(折现率-增长率)$$

他相信一个长期（12年）的增长率，即每年5%，是一个保守的估计。

资本支出预算

百事可乐的财政部门已经准备了两组未来的现金流：第一组反映了长春合资企业实体（参看表13.7和表13.8）的现金流动，而第二组包括了浓缩剂销售的贡献（参看表13.9）。对于每一种情况，现金流动分析给出了针对该项目的净现值和内部收益率的估算。所提出的有关长春合资企业的建议代表了百事可乐在中国的战略设想的一个主要部分。哈沃斯先生意识到，针对该项目，百事可乐的亚太地区总裁及总部将会要求一个令人信服的财务分析报告，并在报告中要显示出对于百事可乐及所有新合资公司的股东有足够吸引力的和足够高的回报。

（衷心鸣谢理查德与简·毅伟基金给予此案例开发的大力支持，案例属于理查德与简·毅伟基金的亚洲案例系列）

表13.8 长春合资企业的现金流分析（合资企业）

(单位：千美元)

	1994	1995	1996	1997	1998	1999	2000	2001	2002	2003	2004	2005	2006
净收入		(1 975)	(444)	1 758	1 662	2 910	3 074	3 664	4 332	4 690	5 437	6 236	7 077
折旧 +		896	2 069	2 838	2 843	295	3 362	4 018	4 235	4 444	4 506	4 679	4 266
摊销 +		78	551	849	890	3 578	910	729	773	728	735	815	919
瓶子抵押 +		746	1 252	1 097	528	644	679	455	568	515	524	533	600
资本支出 −	(11 698)	(5 778)	(11 086)	(5 581)	(1 325)	(5 375)	(7 838)	(3 426)	(4 823)	(5 003)	(4 443)	(4 523)	(5 280)
营运资本 −		(732)	(1 558)	(1 538)	(367)	(622)	(684)	(1 317)	(1 258)	(1 491)	(1 543)	(1 645)	(1 725)
净现金流	(11 698)	(6 765)	(9 216)	(577)	4 231	1 430	(497)	4 123	3 828	3 883	5 216	6 095	5 858
终值													55 913
净现金流 包含终值	(11 698)	(6 765)	(9 216)	(577)	4 231	1 430	(497)	4 123	3 828	3 883	5 216	6 095	61 771
折现率	16%												

	不包含终值	包含终值
净现值	12 868.2	4 748.1
内部回报率	2.4%	12.9%

百事可乐长春合资公司 第13堂课
资本支出分析

表13.9 长春合资企业的现金流分析（百事可乐）

（单位：千美元）

	1994	1995	1996	1997	1998	1999	2000	2001	2002	2003	2004	2005	2006
净现金流（包含终值）	(11 698)	(6 765)	(9 216)	(577)	4 231	1 430	(497)	4 123	3 828	3 883	5 216	6 095	61 771
百事可乐所占合资企业的现金流份额	(6 726)	(3 890)	(5 299)	(332)	2 433	822	(286)	2 371	2 201	2 233	2 999	3 505	35 518
销售成本		3 039	7 894	12 923	13 961	15 995	18 272	22 879	27 561	33 334	39 292	45 476	51 731
合资企业从百事可乐购买浓缩品		1 520	3 947	6 462	6 981	7 998	9 136	11 440	13 781	16 667	19 646	22 738	25 866
浓缩品的边际贡献		258	671	1 098	1 187	1 360	1 553	1 945	2 343	2 833	3 340	3 865	4 397
浓缩品终值			(4 628)										41 971
百事可乐的总现金流入	(6 726)	(3 631)		767	3 619	2 182	1 268	4 315	4 544	5 066	6 339	7 370	81 886
折现率	16%												
净现值	10 060												
内部回报率	24.5%												

注释

1. The Richard Ivey Shool of Business gratefully acknowledges the generous support of The Richard and Jean Ivey Fund in the development of this case as part of the RICHARD AND JEAN IVEY FUND ASIAN CASE SERIES.
2. Au figures in US$ unless otherwise noted.

第 14 堂课

西捷航空公司
信息技术治理和公司战略

本案例由Malcolm Munro和Sharaz Khan撰写。此案例仅作为课堂讨论材料，作者无意暗示某种管理行为是否有效。作者对真实姓名等信息进行必要的掩饰性处理。

未经Richard Ivey School of Business Foundation书面授权，禁止任何形式的复制、收藏或转载。本内容不属于任何复制版权组织授权范围。如需订购、复制或引用有关资料，请联系 Ivey Publishing, Richard Ivey School of Business Foundation, The University of Western Ontario, London, Ontario, Canada, N6A 3K7; phone (519) 661-3208; fax (519) 661-3882; e-mail cases@ivey.uwo.ca.

Copyright ©2013, Richard Ivey School of Business Foundation

版本：2013-07-24

西捷航空公司 第14堂课
信息技术治理和公司战略

通过施行一些合理的措施，西捷航空公司（WestJet Airlines）已经取得了巨大的成功。这家公司创建于1996年，最开始是一家使用3架波音737-200飞机在加拿大西部的5个城市之间进行飞行的地方航空公司。到2011年，这家公司声称拥有超过90架波音737-NG飞机，航线覆盖了18个国家、85个目的地，雇佣了超过9 000名员工。这家公司已经成为加拿大第二大航空公司，同时也是北美地区第九大航空公司。它把自己的企业文化描述为集中提供"顶级顾客体验"的"高价值、低票价航线"的企业文化的航空公司。这些年，信息技术在西捷航空公司的成功中发挥了重要的作用。与信息技术相关的组织、结构和员工在业务发展中逐渐成长起来。不过信息技术部门仍旧是相对较小的，至少是和其他与西捷航空公司同等规模的公司的信息技术部门相比较来说是这样，但是从技术角度来说其信息技术部门具有很高的能力。其信息技术系统是西捷航空公司自有的，即内部建立和发展的，而且在当时是相当先进的——比如，西捷航空公司是首先有电子机票的航空公司之一。信息技术及其系统为西捷航空公司提供了竞争优势，是它的发展和成长中不可分割的一部分。

但是俗话说得好，"今时不同往日"。随着西捷航空公司的成长，战略计划的一个重要组成部分就是实现代码共享——两家或者两家以上的航空公司分享同一个航班的航空业务安排。这将使每一家航空公司都能够让它们的旅客去到全球更多的城市，并且通过允许在不同的航线网络中只进行一次订票来简化流程。西捷航空公司的系统非常复杂，它是独立的，无法并入其他任何一个大型的国际订票系统中。因此，这一要求使得信息技术部门必须将其并入一个国际订票系统的核心中去，西捷航空公司选择了Sabre（半自动业务研究环境）中央订票系统。不幸的是，与Sabre的连接并不像计划中进行的那么顺利，这给信息技术相关业务带来了问题。

信息技术部门需要根据业务的不同进行不同的工作。其他航空公司在信息技术的整合和顾客体验方面变得越来越富有经验，但是西捷航空公司却没有齐头并进。

虽然西捷航空公司在其内部组织中有专门负责信息技术的管理人员，但是从来没有设立过首席信息官（CIO）或是领导层面的信息技术人员。由此，首席执行官和他的管理团队做出了一个决策，在一个为期两年的合同基础上雇佣一名有经验的首席信息官，帮助西捷航空公司的信息技术系统达到其他航空公司的标准，同时也检验是否应在领导层永久地设置一名首席信息官的职位。

谢丽尔·史密斯（Cheryl Smith）在2011年初与西捷航空公司签订了合同。在和西捷航空的首席执行官及其他高级管理人员进行了会面之后，史密斯在2011年4月被任命为执行副总裁和首席信息官。史密斯把西捷航空公司看做"正是我在寻找的一家希望运用信息技术来更上一个台阶的公司"。西捷航空的公司战略严重依赖于信息技术部门作为坚固的作战保障来提供创新性的顾客产品和服务的能力，信息技术是西捷航空公司实现它的野心和未来公司增长的核心。

史密斯立刻发现了西捷航空公司的信息技术管理模式中的重大机会。她第一步就重建了信息技术组织的结构，使信息技术和公司目标结合起来，彻底检查信息技术相关计划和预算，总而言之，就是使信息技术更好地响应业务的需要。总的来说，她提出了信息技术的大改造，采用一些富有侵略性的方案来解决操作问题。但是，多数信息技术部门的员工——他们中的一些人在西捷航空公司刚成立的时候就在其中工作了——对史密斯的想法持保留态度。史密斯意识到向管理团队和信息技术部门员工传达新理念是一个巨大的挑战。她需要除了炫目的图表以外更多的东西。但是，史密斯知道如果信息技术部门想要成为公司业务强有力的支持者并且带领公司更上一个台阶的话，第一步必须要做的就是治理模式的改变，她需要尽快行动了。

西捷航空公司的故事

西捷航空公司的总部位于加拿大的卡尔加里国际机场。西捷航空是由飞行员兼企业家克莱夫·贝多（Clive Beddoe）和三个商业伙伴在1996年建立的，他们在美国西南航空之后，把西捷航空公司的业务模式也塑造成为廉价航空。最初服务的市场包括卡尔加里、埃德蒙顿、温哥华、基隆拿和温尼伯——都是加拿大西部的城市，这也是西捷航空名字的由来。在1996年年末，飞往加拿大西部其他三个城市的航线也加入进来。到1999年，西捷航空公司将它的业务网络扩展为服务12个加拿大西部的目的地。

加拿大西部地区的业务增长非常迅速。在2000年到2004年之间，西捷航空在加拿大西部和东部之间增加了超过12个目的地，包括多伦多、蒙特利尔和哈利法克斯的主要中心，从而使得公司能够开拓多伦多—蒙特利尔—渥太华三角这一极具潜力的市场。这样，西捷航空公司的网络就横跨了加拿大的东西海岸，公司开始用波音737-NG客机来更新它的机群。

2004年到2005年间，西捷航空公司急剧扩张，增加了许多飞往美国城市的航班，包括旧金山、洛杉矶、圣地亚哥、菲尼克斯、纽约城、拉斯维加斯和檀香山。2006年发生了一个里程碑式的事件，即西捷航空公司开始提供到巴哈马群岛的首都拿索的定期航班，这是公司长期目的地战略的关键契机。2009年，西捷航空采用了Sabre国际航空订票系统，这使公司能够建立代码共享，并且和超过30家航空公司建立联航协定，以此来将新的全球航班业务加入其网络中，这是一个在几年之内从代码共享伙伴处产生了巨大额外收入的行动。协定中著名的航空公司包括美国航空公司、达美航空公司、英国航空公司、法国航空公司、荷兰皇家航空、澳洲航空、新西兰航空公司和中国国际航空公司。到2011年，西捷航空增加了另外18个国际目的地，服务北美、加勒比海地区和墨西哥的81个目的地。

另一种形式的增长发生在2003年，西捷航空公司和加拿大越洋航空成为合作伙伴。加拿大越洋航空专门提供夏天从加拿大城市飞往欧洲的包机航班和冬天从加拿大飞往南部地区的包机航班。在这一协议下，西捷航空将越洋航空的乘客带往墨西哥和加勒比海区域的目的地。有了这些经验，西捷航空公司在2006年推出了西捷航空假期计划，提供灵活而廉价的航班和旅游套餐计划。

在业务增长的同时，西捷航空公司也因其强大的公司文化而闻名。在2003年到2011年间，西捷航空获得了大量的荣誉，包括被评为加拿大第二受尊敬的公司

（2003），拥有加拿大最受人钦佩的企业文化（从2005年开始连续5年），被纳入了加拿大最受人尊敬的企业文化名人堂（2010），拥有最好的空乘人员（2011），以及获得加拿大J.D. Powers and Associates 2011年客户服务冠军奖的两家公司之一。西捷航空公司通过员工标语"因为所有者关心"（Because Owners Care）来传达其强有力的企业文化和对客户尽心尽力的服务，而这句标语背后指的是大约有86%的符合条件的员工参与了员工认股计划这一事实。

一个开辟新高度的事件发生在2009年，西捷航空公司新建的六层大楼竣工，这一大楼位于卡尔加里快速扩张的国际机场的跑道之中的现有的大楼旁边（见图14.1）。

这一新的建筑彰显着公司的实力，也帮助其更好地开拓加拿大市场，使得西捷航空公司的国内市场份额从2000年的7%上升到了2009年的38%。这一成绩和它的主要竞争对手加拿大航空公司相比毫不逊色，后者的市场份额在同一时间内从77%下降到了55%。西捷航空公司2011年的年报称，"2011年是我们公司成立16年以来的第15次年度报告盈利，我们希望这一盈利趋势继续保持下去"（见表14.1）。

总之，魔术师般的西捷航空公司在航空业中完成了一项壮举，相当于在15年间把一家街头夫妻经营的杂货店转变成了一家发展蒸蒸日上的国际零售商。

新的首席信息官

"当你已经达到你的职业目标，同时拥有杰出的工作经历和更多时间可以去做出贡献时，你会怎么做？"这是谢丽尔·史密斯2010年面临的问题。史密斯1973年在宾夕法尼亚州立大学获得公共管理硕士学位后开始了她的职业生涯，她的毕业论文选题为公共管理中的计算机信息技术。她遵循着自己的兴趣，第一份工作就是在新成立的美国众议院信息系统中做一名程序分析师，并且最终成为主管。在众议院工作了7年并且养育了两个孩子之后，史密斯成立了自己的咨询公司——Analinc，为一些商业的、非营利机构和政府客户工作。她在这段时间的工作集中于详细的数据库设计、系统接受度测试计划和选址、设施规划。

西捷航空公司 第14堂课
信息技术治理和公司战略

图14.1 西捷航空公司总部大楼

表14.1 西捷航空公司2011年财务摘要

	2011	2010	2009	2008	2007
合并财务信息*					
收入（千美元）	3 071 540	2 607 294	2 281 120	2 549 506	2 127 156
税前收益（千美元）	208 006	133 465	136 796	254 749	233 313
净收益（千美元）	148 702	90 197	98 178	178 506	189 048
现金和现金等价物（千美元）	1 243 605	1 159 316	994 989	820 214	653 558
每股收益					
基本（美元）	1.06	0.62	0.74	1.39	1.46
稀释（美元）	1.06	0.62	0.74	1.37	1.44
运营摘要*					
有效客运英里（ASM）	21 186 304 409	19 535 291 313	17 587 640 902	17 138 883 465	14 544 737 340
普票乘客运英里（RPM）	16 890 941 121	15 613 121 610	13 834 761 211	13 730 960 234	11 739 063 003
满载率	79.7%	79.9%	78.7%	80.1%	80.7%
收益率（美分）	18.18	16.70	16.49	18.57	18.12
每有效客运英里收入（美分）	14.50	13.35	12.97	14.88	14.62
每有效客运英里成本（美分）	13.29	12.37	11.77	13.17	12.58
每有效客运英里成本，除去燃油费和员工利润分成（美分）	8.85	8.80	8.45	8.29	8.79

*2010年和2011年的结果采与国际财务报告准则（IFRS）一致，2009年及之前的数据遵循加拿大公认会计准则。

资料来源：Westjet 2001 annual report.

1985年，史密斯接受了一个5年期的职位任命，成为大型会计和专业咨询服务公司安永的主要负责人。她的职责包括为大范围的重要组织机构进行大型信息系统的计划、分析、设计、发展和实施。

1990年，史密斯离开安永之后，在霍尼韦尔联邦系统公司作为一名信息管理系统主管开始了她稳定晋升的职业生涯。1994年，她被任命为贝尔大西洋公司（Bell Atlantic Corp，现在是Verizon）的一个业务部门的首席信息官，1998年又被任命为奇斯潘能源公司（KeySpan，现在是National Grid）的第二副总经理和首席信息官。奇斯潘能源公司是一家本部在纽约的能源公司，在她的任期内，这家公司和许多其他能源公司进行合并，成为美国东部最大的能源公司之一。

2002年9月，史密斯被任命为麦克森公司（McKesson）的执行副总裁和首席信息官，实现了她成为一家财富50强公司首席信息官的长期职业目标。麦克森公司是世界上顶尖的制药和医疗保健技术服务公司。史密斯负责麦克森公司全球范围内的信息技术，包括全公司的技术策略和指导，以及日常的操作。她管理着每年4亿美元的预算，领导了1 500名员工。

到了2006年，史密斯为一个新的挑战和完全不同的职业经历做好了准备，这一次是作为一名首席执行官。她成为了utility.net的首席执行官，这是一家在大型电力公司中利用下一代电力线宽带专利的私人公司。为能源网络公司开发电力线宽带技术使得utility.net可以为农村地区的家庭和公司提供低价且高速的互联网接入，网络通话和其他宽带业务。不幸的是，这家公司在风险投资和信贷市场大幅紧缩的时候，没能获得第三轮融资（5 000万美元），这导致了2009年公司的正常破产。

2010年，史密斯结合在能源、医疗保健、通信、制造和政府机构服务等行业作为首席执行官和首席信息官的经历，仔细考虑了她作为信息技术高级经理的职业生涯。她意识到，她已经从通过信息技术的创新发展为组织带来重大的有形价值中获得了极大的满足感，最令人兴奋的机会存在于想要将信息技术作为一次博弈的公司——那些信息技术对企业战略和未来发展十分重要的公司。她把自己看做一名"变革推动者"，对自己利用信息技术来促进关键业务转变的能力充满信心。

这些因素最终使得她认定现在她在信息技术市场合适的职位是"合同制的首席信息官",这是一个能够空降到一个组织并且立刻带来价值的职位,但是只会获得一个有限时期的合同。这种安排的优势是雇主不必承担永久雇佣一名新员工带来的潜在风险。

史密斯于2010年后期在自己的网站上(www.smithandassociates.us.com)列出了她愿意接受的职位,表明了她为一家年收入在30亿至50亿美元、希望"让信息技术成为帮助公司更上一个台阶的关键因素"的公司进行工作的兴趣。最终她在2011年和西捷航空公司签订了合同,接受了在多伦多和首席执行官格雷格·萨瑞茨基(Gregg Saretsky)进行会面的邀请。随后,她和她未来的高管同事进行了小组会议,和信息技术部门的许多人进行了单独交谈。西捷航空公司和史密斯似乎十分契合。一切都进行地很顺利,她接受了一份作为执行副总裁和首席信息官的两年期的任命,从2011年4月25日开始。

西捷航空公司信息技术现状

在史密斯到来的两年前,西捷航空决定采用Sabre订票系统——在世界范围内被航空公司和旅行者广泛使用的基于计算机的订票系统。Sabre在2009年10月的转接对大量的共享航空系统来说是一个困难的转变。这使得西捷航空的领导层敏锐地感知到了公司对技术的依赖,以及信息技术组织在作战保障和战略增长方面的重要性。

和信息技术员工及他们的业务伙伴来说,在经历了15年令人兴奋的业绩增长之后,他们已经成为西捷航空公司高级管理人员,同时,他们已不能描绘或识别信息技术员工和它的组织结构的能力水平。"进来帮助我们识别我们有什么"是史密斯最初工作安排的最佳描述。西捷航空公司是否有最适当的技术、合适的专业知识、高效的程序和方法、有效的运营结构和稳固的系统,这些都是有待确认的。正如首席执行官萨瑞茨基观察到的那样,"我并不确定我们是否有好的信息技术……也许事实恰恰相反"。对史密斯来说,这意味着她对西捷航空公司也没有一个清晰的看法。

西捷航空公司 第14堂课
信息技术治理和公司战略

在史密斯到来之前,她了解到美国IBM公司的研究部门刚刚给西捷航空公司的信息技术问题提供了一个解决方案:建立一个重要的项目管理办公室(PMO)——一个需要大量资金的实体。史密斯认为,在信息技术运营仅仅需要进行重组的情况下设立一个项目管理办公室并不是一个明智的选择,并且要求在她到来之前暂停这一计划。

在她入职后的第一个月,史密斯集中进行信息技术的标杆管理,她引进了两个标杆管理和绩效管理专家来进行交通运输行业相似规模公司之间的对比研究。这一研究的目的是确定资源和预算的合适水平,把西捷航空公司信息技术部门的花费和不同技能类别的人员数量与行业标准进行对比。

标杆管理的结果显示,西捷航空公司信息技术部门的雇员总数、预算和行业标准相比十分契合其目标。另一个关键的发现是,在有着240名员工的信息技术小组中,有大量杰出的技术人员,以及那些被描述为"高级技术人员"的员工。他们身处信息技术的众多领域,在技术方面很有竞争力,但是许多人都是在职业生涯早期就进入了西捷航空公司,因此对"西捷航空公司式的信息技术方式"更加了解。和行业标准数量相比,不同技能的雇员数量之间也有错配现象。

至于系统、运营和程序,西捷航空仅仅达到行业标准的一半。西捷航空公司的信息技术只根据公司的需要而进行运营的做法已经过时了。一些从公司成立的"第一天"就在西捷航空公司的员工,为从白手起家创造了这些结构而感到自豪。他们或多或少希望保留原有的做法是可以理解的。但问题是,"这些使西捷航空公司发展壮大至今的做法,能够帮助它前往它需要到达的地方吗?"

史密斯意识到西捷航空公司的信息技术组织是根据信息技术小组计划、建立、运营、维持和治理方面的传统内部功能来构建的,也就是说,以信息技术运营和操作最为舒服的方式。所有的开发人员都作为一个团体来工作,所有的维修人员也是一样。所有的工程管理人员和业务分析员在一个单独的团队中一起工作,他们中的每个人都致力于商业智能、信息技术治理、咨询台、终端用户计算系统和信息技术支撑。这一布置的基本原理是每一小组的每个人都是"全能的",从而使得团队能够在不用考虑某一名员工是否在场的情况下，对任何一个从业务端发来的紧急需求做出快速反应。这也意味着，任何一名员工能在任何一天为不同的项目或系统工作，多样化的活动能够使工作变得更加有趣。

但是，从一个外部的信息技术专家的角度来看，这样的组织架构带来了许多挑战：它导致了信息技术部门和被服务的业务部门没有直接的链接，对业务部门来说项目进程的可见度很低，而且没有业务部门的专属资源。这意味着业务主管们在信息技术资源方面需要持续进行竞争，以及信息技术部门对任何一个业务部门的直接责任都很小。正如史密斯描绘的一样，"这些业务部门觉得，他们就像越过一面墙给系统扔去了要求，有时他们想要的东西会被扔回来，有时并不会。"对业务部门的管理者来说，说好听一些信息技术部门是一个秘密，说难听一些就是一个黑洞。

信息技术的计划/预算过程，对业务部门和信息技术部门来说也是一个充满挑战的经历。16名业务部门的副主管和信息技术部门的副主管每个月进行会面，对资源和优先事项进行谈判。业务部门的副主管感到十分挫败，因为每件事情都与承诺和预期相差很远。令信息技术部门气恼的事情是"这些业务无法区分优先次序"或是"优先次序不断变化"，项目也永远不会停止或是加以限制，即使信息技术部门提出了建议，项目仍在不断地增加，而且尽管信息技术部门用可获得的资金做出了最大限度的努力，时间和资源方面的匮乏使得事情永远做不好。史密斯很快意识到这一类型的信息技术计划和预算的局限性。

史密斯在她到来的第一个月就取消了每月一次的信息技术计划/预算会议，取而代之的是每一个业务部门的副主管都有机会就每年向西捷航空公司管理层提出主要的资金项目来进行投票。如果一个项目被纳入了公司当年的信息技术预算中，信息技术部门就会致力于为这一项目工作并完成它。如果项目没有被纳入信息技术预算中，那么任何资源都不会被投入到这一项目中。这样做的目的是按照轻重缓急来安排项目，并且减少项目的数量，以便对全公司战略最为重要的项目能够被成功地展开和完成。

除了和信息技术组织架构、信息技术计划和信息技术预算有关的问题，另外两个重要的问题很快就出现了。第一个就是在西捷航空公司总部与飞机跑道相邻的数据中心的高风险的位置。数据中心建造得很好，但是这一中心运行了公司所有的系统，包括所有的常用应用软件，没有这些软件西捷航空公司的运营会立即崩溃。西捷航空显然需要在卡尔加里150英里半径范围以外的某个地区建立一个备用的数据中心，来确保电网、水、通信线路等的富余。

第二个需要担心的问题是尽管西捷航空公司每星期7天、每天24小时都在运作，但是信息技术部门的员工只在白天工作，在常规工作时间之外只有在加班或是在线寻呼的情况下才可以联系到他们。除了代价高昂之外，"我们要求他们在夜里随叫随到，这使得我们的员工感到筋疲力尽，"史密斯说道。一个全年无休运营的航空公司需要昼夜不停的、现场的信息技术支持是符合逻辑的。

还有一些有关具体细节的信息技术问题需要得到关注，比如说处理系统中断、根源分析、服务票据的开立和报告、项目协调和追踪、改变/复原控制和管理和响应时间监控的流程标准化。但是，这些需要等一等再处理。

史密斯也和高级业务领导进行了彻底深入的讨论。一个新的愿景是战略增长可以通过顾客服务和满意度来立刻实现。公司的"力挽狂澜者"通过为顾客提供从和西捷航空公司签订合同到返回家中的无缝飞行体验来将西捷航空公司和其他航空公司迅速区分开来。在最开始，这需要一个新的、更加灵活的西捷航空的假期专栏网站，使得旅行者可以找到目的地、制订出行计划和预定行程，进而更加便捷地外出旅行。业务领导者也要求新的自助服务终端、网站、移动终端，使得顾客在世界上所有西捷航空公司拥有航线的国家和机场能够进行自助服务、验票并领取登机牌。公司要求更新的、更灵活的电话服务中心系统，改善顾客的体验并且确保中介在家工作的能力。另一个倡议是发展西捷航空公司创新性的基于现金（并不是像行业标准那样基于点）的常客项目。基于现金的系统被认为对顾客极为友好，因为它没有不适用期，可以在任何西捷航空的航班、产品和服务上使用。这些及其他一些商业建议正在积极地筹划中。

史密斯和高级信息技术领导团队在开始的几周里对这一"大图景"进行了深思

熟虑，之后他们认为，如果西捷航空公司希望维持其增长速度、实现卓越，信息技术将是关键的成功因素。史密斯知道他们面临着远远大于简单应用"常识上的信息技术"的挑战。对信息技术提供业务所需要的产品和服务来说，彻底的改变是必不可少的。信息技术部门的整个工作方式需要改变。简而言之，需要一个信息技术部门的改造方案。

信息技术部门改造方案

史密斯和信息技术领导团队知道他们的信息技术应用战略的核心是通过增加系统功能、提高业务部门对信息技术在地区和国际范围内进一步扩展西捷航空公司的业务的信心来提高公司年收入。团队认识到这意味着从根本上来说，信息技术需要从头到尾地进行重新调整，对业务需求更积极地响应，使得业务部门能够更好地利用信息技术方面的能力。信息技术部门需要在运营方面更加透明，对西捷航空公司每一个业务部门更加负责。所有的这些都意味着信息技术治理模式和业务流程的彻底改变，包括计划、预算和日常的运营。但是，这也意味着信息技术文化的改变，成为一个合作倾向的理念体系——一个以客户为中心的运营方式，似乎和信息技术部门现存的组织上孤立的团队完全不同。这也意味着业务部门对信息技术部门的看法的改变——是作为一个合作伙伴，而不是在信息技术紧急事件的情况下的快速反应的任务接受者。总而言之，这是一个让人惴惴不安的前景。

信息技术治理模式大改造的第一部分集中于和业务部门（航线运营部、市场营销部、财务部、人力资源部及西捷航空支线西捷安可）增强联系。现有的信息技术架构和业务端没有直接的联系，相比于桥梁更像是作为一个屏障在服务。借鉴通用汽车公司的首席信息官在20世纪90年代末提出和传播的理念，史密斯期望通过打破几个现有的信息技术功能团队，将其人员再分配给特定的业务部门，他们之后会致力于处理这些业务部门特定的信息技术应用和需要，以此建立"面向业务"的信息技术组织架构。240名信息技术部门的员工中有一半进行了再分配，这些分配集中于特定的业务领域，包括开发人员和应用支持人员、企业资源规划体系团队、项目经理和业务分析员，以及商业智能团队。另一半的员工仍然在一起工作，包括那些处理信息技术基础设施运营、通信、安全、信息技术行政管理、质量保证和检测、咨询台和终端用户支持的员工。这些人没有被明确地分配给任何一个业务部门。后者要负责维护整个组织的共同基础设施，并且遵守行业最佳实践。就像史密斯所解释的那样："一个用通用技术来支持共用基础设施的基本运营团队的成本效益很高的。"这使得面向业务的信息技术团队能够完全响应业务的需要和优先顺序，同时也确保了所有的应用和系统都能进入并且被共用基础设施支持。所有的业务部门和他们的应用软件都被要求和共用基础设施保持同步，并能在基础设施上使用，这可以使计算机硬件、软件、通信和多种技术组合的成本下降，专业知识水平提高。

在信息技术部门的领导层面，新设立了五个新的业务部门首席信息官的职位，每个业务部门首席信息官都会被分配去支持某一业务部门的行政副总裁（见图14.2）。每一个业务部门首席信息官都会为他们业务部门的成功奉献自己。业务部门首席信息官和他们的特别小组会确保每一个业务部门都获得优先权；基础设施和运营团队会确保所有的部门以一个和谐的方式运营。通过这种方式，信息技术可以采用与业务部门同样的方式运营。整体思路就是使执行副总裁和业务部门副主管能够更好地控制他们专有的信息技术资源的优先权。最早的计划是设立一个项目管理办公室，但这会在业务和信息技术部门之间新建一个信息技术员工层面，这需要更多的新员工，现在这种面向业务的信息技术组织架构并不需要额外的资源。业务部门首席信息官是根据他们的背景从现有的领导团队中进行选择和分配的。比如，有飞行员执照的高级信息技术领导会被分配给航线运营的执行副总裁，有工商管理硕士学习背景的高级信息技术领导会被分配给财务部门等。

史密斯和新的信息技术高级领导团队紧接着把他们的注意力转向了信息技术计划和预算流程。在新的治理模式下，240名信息技术员工中有大约120名会是基于应用的（面向业务的）。这意味着许多——大多数——业务部门想要进行的项目会通过他们的专门信息技术小组在信息技术运营预算范围内进行。接下来的问题要么是部门内大部分项目需要的资源远远多于他们被分配的资源，要么是项目需

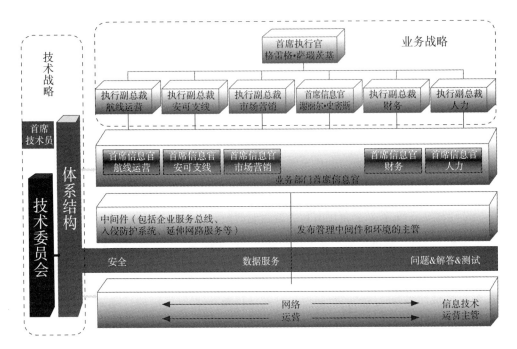

资料来源：Company files.

图14.2　西捷航空公司信息技术组织架构计划

跨越整个公司。为了解决这一问题，信息技术部门会提出年度预算来决定主要的资金和运营项目。每一个业务部门都需要为他们想要达成的组织范围内的目标做出商业案例，并且通过展示给西捷航空公司的行政管理团队来获取优先权。高优先级的项目会得到投资，剩下的项目则不会。这会给信息技术部门接下来12个月的工作提供优先顺序。每月一次的副主管见面会被取消。信息技术部门会以周为单位向每一个业务部门递交详细的项目进度报告，同时每个月向西捷航空的领导团队递交报告。在年度运营和资金预算中没有通过的工作将不会进行。一个单独的信息部门的员工会负责每个星期协调和向全公司报告所有工程项目的进度。

新的信息技术计划另一个主要部分是处理座落于飞机航道尽头的数据中心。史密斯和领导团队出于对信息技术运营的考虑，提议在多伦多（有着不同的气候模式、时区和电网的区域）建立一个备用的数据中心。对天气的考虑涉及卡尔加里的西捷航空公司的员工可能会因为严重的暴雪天气阻碍其前往西捷航空公司办公楼（考虑到西捷航空公司的地理位置，这并非是不可能的）。西捷航空公司需要一个能够获得俄克拉荷马州的Sabre的完全访问权限的备用数据中心，这一中心也需要有维持所有航班活动的能力，即当灾难发生时，要有很高的可恢复性（见图14.3与图14.4）。

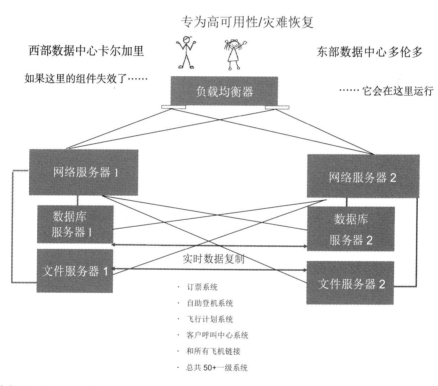

资料来源：Company files.

图14.3　计划中的西捷航空公司数据中心

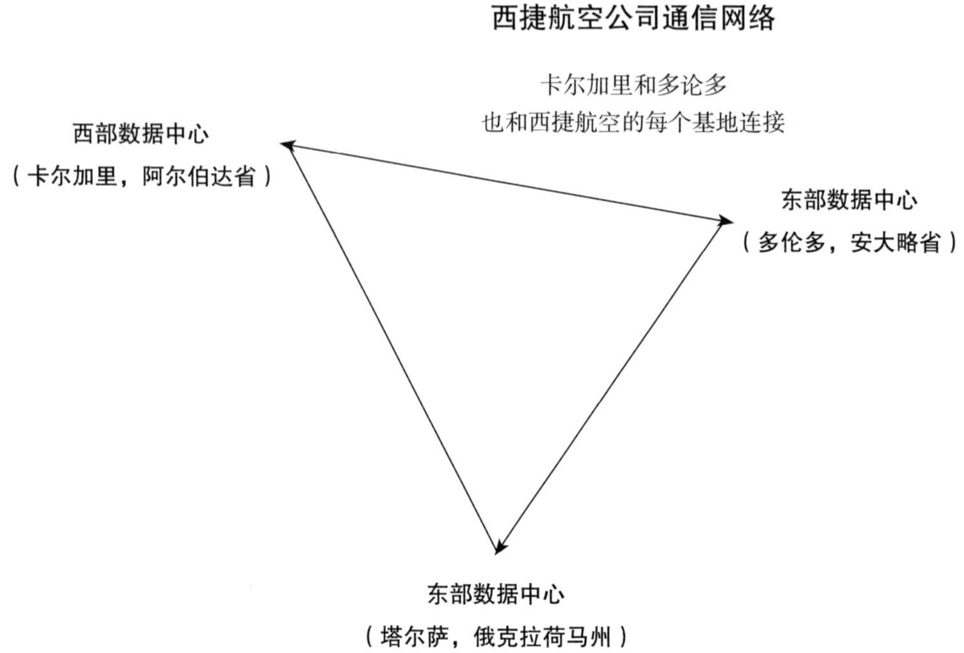

西捷航空公司通信网络

卡尔加里和多论多
也和西捷航空的每个基地连接

西部数据中心
（卡尔加里，阿尔伯达省）

东部数据中心
（多伦多，安大略省）

东部数据中心
（塔尔萨，俄克拉荷马州）

资料来源：公司文件。

图14.4　计划中的东部数据中心与西捷航空公司核心通信网络

新的信息技术治理计划中最后一个主要的部分是确保信息技术运营中心有着每周7天、每天24小时的现场办公人员，以与西捷航空公司的航线运营相一致，从而令信息技术部门能够即时对系统运行中断及突发事件做出反应和处理。这会给处理应急情况的航线运营人员提供更充足的信心，也为信息技术团队剩下的员工提供了一个更好的工作与生活相平衡的环境。

转变可能带来的创伤

史密斯仔细考虑了改变的强度，以及不同团队可能会受到怎样的影响。她对她和同事们——首席执行官和其他执行副总裁的信誉非常有信心。自史密斯到来以后，她就花费了大量的时间和她的同事们解释将会发生什么并且获得他们的承诺。

令同事们知情会令他们更积极地处理可能因重建信息技术部门运营计划而产生的组织上的"噪声"。但是对他们来说，批准这一提案需要他们的意见发生180度的转变。她知道她需要令人信服地表达出对西捷航空来说信息技术的重要战略地位，并且展示出这样一个变更计划会使信息技术组织如何履行这一角色。

在信息技术部门中，史密斯知道她所提出的改革方案会出大乱子，这可能严重影响和打乱长期以来形成的惯例和人际关系。她很担心是否能够说服信息技术部门的员工接受有一半的人要专门为特定业务部门工作，而另一半的人集中于基础设施支持和发展这一再分配计划。正如史密斯在行政管理团队中建立信誉一样，她也在信息技术部门做出了同样的努力。一个最好的证明就是她把自己的办公室设在了信息技术部门中，而不是与其他行政副总裁一样在行政管理楼层。

但是，最初一些高级信息技术人员对这一方案表现出了高度的怀疑，一些直率的评价包括"这是不可能实现的"。一个主要的担心是，如果把信息技术部门一半的员工分配到单独的业务部门中去，会失去把所有员工集中在一个团队中在协同和后备专业知识方面的优势。一些入职较早的职工——那些显然对已有系统带来的成就感到自豪的员工——似乎有些抵触改革。就像一名员工对史密斯提出的意见那样，"我不能同意你想要做的事情，请考虑将所有的事情都保持原样"。另一名资深的信息技术员工谈到，"你试图做的事情是不会成功的，起码不会在西捷航空公司成功"。简而言之，一些资历较老的信息技术员工（和其他一些没有发声的人）并不同意改革。这意味着一些资历较老的员工很可能会辞职，这会使得史密斯面临的挑战进一步恶化。信息技术部门的员工流动率从历史上来看是西捷航空公司各部门中最低的，长期的、受人尊敬的员工离开公司会使团队中许多人感到沮丧，即使是那些同意变革的人。类似这些是信息技术团队自然而然会担心的事情，他们都表现出了紧张不安和缺乏安全感，这些都是史密斯在制订方案时需要处理的。

制订方案

总的来说，史密斯的中心论点是西捷航空公司现有的信息技术服务框架和反应式的"英雄"文化限制了信息技术更上一个台阶的能力。信息技术运营方式的彻底改变，包括信息技术治理模式，对西捷航空在竞争中取得领先地位是必不可少的。在这一计划中，业务部门的领导能够通过他们的业务部门首席信息官控制其信息技术资源，并且能够完全了解他们的信息技术合作伙伴是谁，信息技术部门在做什么，什么时候能做好，以及项目的预算，这使完成任务的优先顺序有完全的透明度。史密斯会进一步指出组织及过程方面的改变方案——和在未来18个月内会投产的新的、先进的、家庭支持的"客户服务"应用结合在一起——会是真正的力挽狂澜者。她会证明这一方案是把信息技术带向一个更高层次的最佳方案，而它也能把公司业务带向更高的台阶。

史密斯需要使故事足够吸引人，以此来说服业务部门和信息技术团队完全相信这一新的治理计划。当她的合同到期时，这些变化需要落实到位，否则组织就会回到原先的运营方式——或者更糟糕，它可能以混乱的或是模棱两可的方式结束。变革的战略重要性需要有效地向所有团队进行说明。她也需要能够对与变革成功的关键因素有关的问题做出回答。提出的方案是否真的能够实现？在业务方面，"使它实现"意味着管理者需要拥有主动识别问题和机会的能力，以及和信息技术部门一起工作来有效开发新技术方面增长的能力。在信息技术方面，"使它实现"意味着史密斯需要以某种方式积极响应信息技术人员因为他们作为专业技术人才的渴望而被这份职业所吸引这一现实。她需要一些东西来代替可能失去的认同感和减少了的定期与有着相似技术兴趣的人们进行交谈的机会，这是新的信息技术运营环境的可能特征。除此之外，还有其他新的问题在不断发酵。

对史密斯、西捷航空公司和西捷航空的信息技术部门来说，向"下一个层级"迈出第一步的时间到了。但是，通过最有效的方式向紧张不安的管理团队和持怀疑态度的信息技术部门传达战略的核心论点是一个巨大的挑战。合同上的墨迹才刚刚干透，行政管理团队希望史密斯迅速行动……

第15堂课

巴诺有限公司[1]
尤凯帕委托书带来的挑战

本案例由Ram Subramanian教授撰写。此案例仅作为课堂讨论材料，作者无意暗示某种管理行为是否有效。作者对真实姓名等信息进行必要的掩饰性处理。

未经Richard Ivey School of Business Foundation书面授权，禁止任何形式的复制、收藏或转载。本内容不属于任何复制版权组织授权范围。如需订购、复制或引用有关资料，请联系 Ivey Publishing, Richard Ivey School of Business Foundation, The University of Western Ontario, London, Ontario, Canada, N6A 3K7; phone (519) 661-3208; fax (519) 661-3882; e-mail cases@ivey.uwo.ca.

Copyright ©2011, Ivey Management Services
版本：2011-11-16

2010年9月4日，美国图书销售商巴诺（Barnes & Noble, BN）的创始人及执行总裁莱昂纳德·瑞吉奥（Leonard Riggio）得知罗纳德·伯克尔（Ronald Burkle）已经通过他的尤凯帕（Yucaipa）基金为将于9月28日举行的股东大会签署了"最终委托声明"。尤凯帕的委托书如下所示，虽然对于那些被巴诺推荐去竞选公司董事的候选人来说是个挑战，但是委托书却又为尤凯帕推荐的候选人提供了充分的理由。[2] 对瑞吉奥而言，这已经是最近两天里第二个有关尤凯帕的令人不安的消息了。伯克尔在9月2日声明，他正在对特拉华州衡平法院否决其对巴诺公司毒丸（Poison Pill）方案的诉讼这一事情提起新的诉讼。[3]

由尤凯帕基金代理选出的专家
申请于2010年9月2日的表DFAN14A2

"尤凯帕基金宣布对特拉华州衡平法院驳回尤凯帕基金对巴诺公司的毒丸权利计划诉讼的裁决提请上诉。"

- "我们认为，在我们针对瑞吉奥控制的巴诺公司董事会的诉讼中受争议的重要股东权利——股东的平等待遇和自由有效地投票选举独立董事的权利——应该由特拉华州最高法院裁定。"——由尤凯帕基金的发言人发表的声明

- "在2010年9月25日年度股东大会上，巴诺股东们将会有机会对尤凯帕基金提出的修改董事会批准的毒丸权利计划以消除对瑞吉奥及其家族的特殊待遇，以及对尤凯帕提名的三位新的独立董事候选人进行投票。"

在瑞吉奥仔细研究尤凯帕委托书的内容后，他意识到，他及巴诺公司董事会必须在年度股东大会之前应对这个挑战。伯克尔对瑞吉奥对巴诺的策略极力批评，作为巴诺公司18%股份的拥有者，他对特拉华州的裁决提出上诉。瑞吉奥为了避免失去

对自己所创立的公司的掌控，必然会对伯克尔挑战公司董事候选人的事件做出回应。

巴诺公司

巴诺是一家总部位于纽约的连锁书店（NAICS 451211, SIC 5942），通过其实体书店或网站向顾客销售大众图书（精装和平装的小说与非小说）、儿童书籍、电子书籍及其他数码产品、电子阅读器及相关配件、杂志、礼品、咖啡厅产品及服务、音乐和电影等。它通过两个商业部门进行经营：巴诺零售，以及巴诺学院。截至2010年5月，巴诺零售拥有并经营着大小从3 000平方英尺到60 000平方英尺不等的720家书店，平均面积26 000平方英尺。这一部门也包括了Barnes&Noble.com及斯特灵出版社（Sterling Publshing，从事SparkNotes的生产及书籍的出版业务）。同时截至2010年5月，巴诺学院则通过网站和637家大小从500平方英尺到48 000平方英尺不等的书店销售课本、学习用品和礼品。[4] 2010财年，巴诺报告了58.1亿美元的收入和3 668万美元的净收入（表15.1与表15.2）。[5]

表15.1　巴诺财务状况总结

年度	2010财年	13周至2009年5月2日	13周至2008年5月3日	2008财年	2007财年
收入	5 810 564	1 105 152	1 155 882	5 121 804	5 286 674
运营成本	73 246	（3 244）	（1 747）	143 331	202 151
净收入	36 676	（2 693）	（2 224）	75 920	135 799
店铺数目	720	726	717	726	713

注：1. 公司宣布从2009年9月起改变财权年度，以更好地匹配巴诺零售和巴诺学院的业务周期。2010财年，公司有长期贷款2.6亿美元，截至2008年5月3日的财政年度长期贷款为8 700万美元，2006和2007财年长期贷款为0。

2. 本表除店铺数目外，单位均为"千美元"

资料来源：*Barnes&Noble 2010 annual report.*

表15.2 巴诺股价历史（选定日期）

（单位：美元）

日期	高	低
1/2/2008	34.89	26.24
6/2/2008	30.65	24.43
1/2/2009	20.00	14.81
6/1/2009	26.96	19.78
1/4/2010	20.74	17.18
6/1/2010	20.00	12.80
7/1/2010	13.94	11.89
8/2/2010	16.74	12.70
9/1/2010	17.92	15.11
9/2/2010	16.50	15.48
9/3/2010	16.87	16.28
9/7/2010	16.00	15.57

资料来源：*Yahoo Finance.*

在20世纪60年代末，莱昂纳德·瑞吉奥在纽约作为学生店员受雇于纽约大学书店，每小时赚1.1美元。瑞吉奥于1971年从纽约大学退学并辞去了他的工作。他买下了巴诺在纽约第五大道的商店并马上开始扩张。他曾在1976年于《福布斯》杂志上发表评论，并简明地指出了他的战略："在美国图书销售业有3万个迷你书店，而我们是唯一一个超级市场。"[6]

利用折扣（巴诺对最畅销书籍打6折）及大规模采购，并且通过增加每个商店的零售面积，瑞吉奥将巴诺公司建成了全国性连锁店。2003年，其每平方英尺销售额达到244.33美元（比普通的独立书店多出将近50%）。到2010年，这一数字减少到了231.03美元。巴诺于1993年通过首次公开募股上市，1996年瑞吉奥以5 900万美元私下收购了电子游戏零售商GameStop，随后在1999年以2.18亿美金的价格卖给巴诺。巴诺在GameStop上投资了4亿美元，然后将其分拆上市。2002年，莱昂纳德·瑞吉奥辞去巴诺首席执行官职务，他的兄弟史蒂芬·瑞吉奥（Stephen Riggio）取代他的位置。2010年3月18日，巴诺宣布有着电子商务背景的主管威廉·林奇（William Lynch）将成为新的CEO，同时，莱昂纳德·瑞吉奥担任董事长，史蒂芬·瑞吉奥担任副董事长（见表15.3）。[7]

表15.3 巴诺董事会成员情况

姓名（英文）	主要公司	年龄（岁）	董事会任期（年）
Leonard Riggio	董事长，BN	69	25
Stephen Riggio	副董事长，BN	55	18
George Campbell Jr.	主席，The Cooper Union	64	3
William Dillard, III	董事长和执行总裁，Dillard, Inc.	65	18
David G. Golden	合伙人及执行副总裁，Revolution LLC	N/A	1
Patricia L. Higgins	前主席及执行总裁，Switch and Data Facilities Inc.	59	5
Irene R. Miller	执行总裁，Akim,inc.	57	18
Margaret T. Monaco	负责人，Probus Advisors	62	16
David A. Wilson	总裁及执行总裁，Graduate Management Adimissions Council	68	1

审计委员会：Higgins (主席), Monaco 与 Wilson

薪酬委员会：Campbell (主席), Dillard, II 与 Golden

公司治理及提名委员会：Dillard, III (主席), Higgins 与 Monaco

资料来源：http://barnesandnobleinc.com/for_investors/for_investors.html and www.mergentonline, accessed March 10, 2011.

图书销售行业

2010年，尽管有着例如巴诺和边界书店（Borders）这样的全国性连锁店和领先互联网零售商亚马逊（Amazon），图书零售业仍是一个价值240亿美元的分散市场。连锁书店属于零售行业的"专业零售"板块。据标准普尔早先的预测，美国图书销售行业将在2010年饱和，并且由于书籍的成人读者群的减少，行业增长预期将为0或者最多为较低的个位数。而且，标准普尔指出，电子书（2010年销售额为5亿美金）将会吞噬印刷版书籍的销售。边界书店宣布破产被认为对巴诺有利，因为两家连锁店都瞄准从传统实体书店购买书籍的顾客群。标准普尔认为，例如巴诺和亚马逊这样的主要商家会利用他们对图书出版商的议价能力来提高他们的毛利率。

图书销售市场的两个主要竞争者为巴诺与亚马逊。基于互联网的零售商亚马逊创立于1995年，巴诺则在1997年推出了自己的网站。2010年，分析师认为，亚马逊凭借15%的整体市场份额成为图书销售市场的领先者。利用图书行业转向电子书的趋势，亚马逊为自己制订了在2012年前占领市场50%份额的目标。

亚马逊于2007年11月推出了Kindle电子阅读器。作为回应，巴诺于2009年10月推出了Nook。2010年，Kindle拥有70%—80%的市场份额。此外，苹果（Apple）推出了带有电子阅读器功能的iPad。电子书的经济不同于印刷版书籍。如巴诺和亚马逊这样的零售商往往为售价26美元的印刷书支付13美元成本。而相比之下，电子格式的同样内容的书将以3到4美金的价格销售。[8]

伯克尔与瑞吉奥

1986年，伯克尔创建了一家总部设在加利福尼亚州洛杉矶的控股公司——尤凯帕基金公司，用来投资业绩不佳的公司，并通过并购和对其进行重新战略定位来盈利。2010年，尤凯帕基金利用投资者（主要是养老保险基金）贡献的300多亿美金，取得了大约35家公司的股权。尤凯帕基金以专注于食品零售业出名，它收购合并了Fred Meyer、Ralphs和Jurgensen's，来为资者创造价值。2010年，尤凯帕基金的投资包含了A&P和Whole Foods中的大量股份。[9]

2008年11月24日,尤凯帕基金第一次投资巴诺,购买了75 200股。2009年11月10日,尤凯帕基金又买入了100万股,并且在同一周进一步收购,其在巴诺的股份达到了16.8%。[10]

就在尤凯帕基金对巴诺第一次投资之前,伯克尔打电话给莱昂纳德·瑞吉奥,表示他有兴趣成为巴诺的投资人。两人相知甚详,主要因为瑞吉奥对一家由伯克尔[11]控制,并且是巴诺的音乐、视频、杂志和报纸的主要供应商Source InterLink(2009年申请破产保护并在其后不久就被私有化)投资了数百万美金。在伯克尔2008年11月对巴诺投资后,伯克尔与瑞吉奥在纽约吃午饭,当时他对巴诺提出两条战略建议。第一个建议是放弃与亚马逊及其Kindle电子书阅读器的竞争,而与微软和惠普合作,利用巴诺的店面空间来展示它们的设备。第二个建议是收购传言将要破产的边界书店。后来,瑞吉奥在法庭上这样陈述他对当时谈话的反应:

> 伯克尔是一个撮合交易的人。他喜欢把事情整理在一起。我告诉过他我不希望他买巴诺的股票,虽然我对此无能为力,但我肯定不会听取他关于边界书店的战略建议。我不想在图书业务正在经历彻底改变的时候把钱投入传统实体零售。[12]

2009年9月30日,巴诺董事会同意公司以5.96亿购买瑞吉奥与他妻子私人拥有的624家巴诺学院书店。对巴诺购买学院书店连锁店,瑞吉奥辩解道:

> 学院书店在一个已经证明可以抵抗经济衰退周期的单独的小市场中运营。在20世纪80年代保持大众市场和学院书店作为单独的企业实体是有意义的,现在把它们整合起来也是有道理的。这个世界现在已经是模糊不清的了,因为购书者可能很快将他们阅读的一切——课本、小说、杂志——储存在电子阅读器上。为了达到拥有一个单一平台的目的重新整合公司是十分重要的。[13]

巴诺股东对这一举动表示愤怒,认为这是牺牲了公司富足了瑞吉奥一家,这使公司负债累累并"过于深入地在一个领域进行投资,而这个领域:教材,很可能在短期内向数字化转型"。[14]在这次交易过后,巴诺股票下跌了20%,并且几个机构股东提起了诉讼。尽管伯克尔表示愤怒,但他并没有加入诉讼队伍。[15]

作为对尤凯帕基金于2009年11月增持至16.8%股权的回应,巴诺董事会通过电话会议决定在公司规章制度中插入"毒丸"。毒丸要求一旦外部人士在公司中获得了20%的股权,这项权利计划就将生效。依据这项权利计划,当达到20%的临界值时,现有的股东无需董事会批准可以以50%的折扣购买公司股票。2010年5月5日,尤凯帕基金又额外购买了100 000股巴诺公司股票,将其股权增长至将近20%。同时,它向特拉华州衡平法院提起诉讼以反对巴诺公司的毒丸方案。在诉讼中,尤凯帕基金对瑞吉奥和巴诺董事会提出了多项指控:

> 巴诺董事们试图巩固瑞吉奥家族的地位,并阻碍伯克尔在董事会拥有席位。瑞吉奥利用巴诺公司以高于市场水平的价格购买了他自己的学院连锁书店,将巴诺作为个人的储蓄罐。另外,瑞吉奥家族拥有超过500万美元的年租金利益,公司从瑞吉奥的下属公司购买价值825万美元的课本,并且将运送到零售书店的货运服务承包给瑞吉奥所有的公司。董事会担心维权股东会产生威胁的行为,表现了其阻碍行使股东专营权的决心。[16]

巴诺公司在法庭文件中为毒丸方案辩护道:

> 在得知伯克尔已经买下了几乎18%的股票后,公司董事会有理由担心这是一次恶意攻击,并在法律和财政顾问的建议下设立了毒丸。这个旨在增加恶意收购成本的计划的目的是为了保护我们的股东不受不符合他们最佳利益的行为的伤害。[17]

巴诺的数字化战略

为应对图书销售业的变化,巴诺展开了一项多渠道销售战略。巴诺重新定位其业务,从以实体店为基础的模式,转向采用以互联网和电子商务为中心的多渠道模式。在2009年7月,巴诺推出了拥有超过10万套电子书、杂志和报纸的可供销售的电子书店和数码报摊。除了自己的零售商店和网站,公司开始在BestBuy和BestBuy.com销售Nook,并允许其电子书在苹果和黑莓等各种平台上阅读。在加入巴诺之前曾工作于家庭购物网(Home Shopping Network)的首席执行官威廉·林奇点明了公司的数字化战略：

> 对我的任命是有关公司未来非常明显的一个信号。我们正在转型成为一个零售及科技公司。我们是内容的传播者，我认为在这家公司里没有人会说我们卖的是实体书。我们确实卖实体书，但是我们并不是那样定义自己的。[18]

瑞吉奥重申了公司战略转变的重要意义，以及他自己对此的矛盾心情：

> 最让我对数字化革命感到兴奋的是世界知识及文学更加民主化的可能性。但我依然不能想象，书店——或者我愿意称之为"文化广场"——是被复制在一块儿塑料上的。我们相信实体书店将会在这次革命之中和之后继续存在。同时作为公民和商业人士，我们绝对确信书店将对美国文化至关重要。[19]

伯克尔对巴诺数字化战略的反应

伯克尔总结了尤凯帕基金的投资策略：

> 我们一直在努力购买运营不错但存在一些问题的公司。我们在他它混乱的时候以一个价格收购，这个价格确保我们不会在他们挺不过去的时候破产。而如果他们做得好，我们就会赚很多钱。[20]

更准确地说，伯克尔认为巴诺符合尤凯帕基金的投资标准：

> 每个人都害怕世界末日来临，而我却不。这是一个机遇。我们可以以荒谬的价格买下一个十分了不起的公司及品牌。[21]

在特拉华州衡平法院的证词中，伯克尔指出他对巴诺战略的观点：

> 我们投资有前途的公司，因为我们想要尝试把它们变成更好的公司。同时，我们不想一直拥有它们。我认为，巴诺应该与惠普和微软结成联盟，在零售商店中提供电子产品并且在避免高库存的情况下按需印刷平装图书，而不是去追逐亚马逊的领先技术。巴诺最关键的是其强大的品牌以及其有价值的地产。[22]

决策

在他给巴诺股东们的关于公司2010年年报的信中,莱昂纳德·瑞吉奥重申了巴诺对Nook及数字图书市场的重视:

> 在(推出Nook)不到一年的时间里,公司获得了电子书市场20%的份额,甚至大于现在实体书市场17%的份额……一份针对我们会员(我们最好的顾客)的报告显示:自从购买了Nook,会员实体加起来增长了17%,总数显著增长了70%。此外,我们在BN.com和我们的商店里都开始看到Nook的光环效应。例如,四分之一的Nook拥有者是BN.com的新用户,也就意味着我们已经通过战略市场营销的努力吸引了大量的新的网络消费者。[23]

尤凯帕基金针对董事候选人提名的委托书表明,伯克尔想通过向董事会派自己的代理人来达到塑造巴诺长期战略的目的。创始人、董事长及巴诺的最大股东瑞吉奥,不仅要对9月28日的股东会的代理威胁马上做出回应,而且还要拿出一个可以长期保持对公司控制的行动计划。将公司带向私有会不会就是理想的解决方案?或者是否还有其他选择可以保持对公司的控制权?

注释

1. This case has been written on the basis of published sources only. Consequently, the interpretation and perspectives presented in this case are not necessarily those of Barnes & Noble Inc.or any of its employees.
2. Banes & Noble, SEC Filings, September 2, 2010.
3. Reuters, "Timeline-Ron Burkle's Proxy Fight for Bames & Noble,",www.reuters. com/assets/print?aid=USNO310522720100903,accessed March 11, 2011.
   A poison pill is an anti-takeover measure. In this case, the poison pill prevented any shareholder from acquiring more than 20 cent of Barnes & Noble's common stock.
4. Richard Siklos, "Mr. Hollywood and Barnes & Noble," The New York Observer, August 10, 2010, www.observer.com/print/130607, accessed March 12, 2011.
5. http://bamesandnobleinc.com, accessed March 9,2011.
6. Andrew Rice, "The Billionaire and the Book Lover," *New York*, August 22, 2010,http://nymag.com/print/?/news/features/67636/,accessed March 12, 2011.
7. http://barnesandnobleinc.com, accessed March 9,2011.
8. Value Line and Mergent Online, www.valueline.com and www.mergentonline.com, accessed March 14, 2011.
9. www.yucaipaco.com, accessed March 12, 2011.
10. Reuters, "Timeline-Ron Burkle's Proxy Fight for Bames & Noble," www.reuters.com/assets/print? aid=USNO310522720100903, accessed March11,2011.
11. Dawn McCarthy, "Source Interlink Files for Bankruptcy, Will Privatize," April 28,2009, www.bloomberg.com/apps/news?pid=newsarchive&sid=aDmRedq9AdQo, accesssed March 13, 2011.
12. Andrew Rice, "The Billionaire and the Book Love," *New York*, August 22,2010, http://nymag.com/print?/news/features/67636/, accessed March 12, 2011.

13. Ibid.
14. Phil Milford and Matt Townsend, "Yucaipa's Ron Burkle Fights Barnes & Noble's Poison Pill in Delaware Court," July 8, 2010, www.bloomberg.com/news/print/2010-07-08/yucaipa, accessed March 13, 2011.
15. Ibid.
16. Ibid.
17. Phil Milford and Matt Townsend, "Yucaipa's Ron Burkle Fights Barnes & Noble's Poison Pill in Delaware Court," July 8, 2010, www.bloomberg.com/news/print/2010-07-08/yucaipa, accessed March 13, 2011.
18. Andrew Rice, "The Billionaire and the Book Lover," *New York*, August 22, 2010, http://nymag.com/print/?/news/features/67636/, accessed March 12, 2011.
19. Ibid.
20. Ibid.
21. Ibid.
22. Andrew Rice, "The Billionaire and the Book Lover," New York, August 22, 2010, http://nymag.com/print/?/news/features/67636/, accessed March 12, 2011.
23. 2010 Annual report, http://bamesandnobleinc.com, accessed March 9, 2011.

第 16 堂课

贝恩资本和达乐一元店[1]

本案例由Amanda Chan和Ken Mark撰写。此案例仅作为课堂讨论材料，作者无意暗示某种管理行为是否有效。作者对真实姓名等信息进行必要的掩饰性处理。

未经Richard Ivey School of Business Foundation书面授权，禁止任何形式的复制、收藏或转载。本内容不属于任何复制版权组织授权范围。如需订购、复制或引用有关资料，请联系 Ivey Publishing, Richard Ivey School of Business Foundation, The University of Western Ontario, London, Ontario, Canada, N6A 3K7; phone (519) 661-3208; fax (519) 661-3882; e-mail cases@ivey.uwo.ca.

Copyright © 2012, Ivey Management Services
版本：2012-03-08

序言

2004年11月9日,莎伦·路易斯(Sharon Louis),一家加拿大大型银行的高级研究员,正在与她的团队评估贝恩私募股权投资基金(Bain Capital Private Equity)收购私人连锁店达乐一元店(Dollarama)潜在的风险和收益。路易斯被告知贝恩这次的报价很高,超越其他经验丰富的投资者,如黑石集团(Black Stone)、奥奈克斯(Onex)和安大略省教师养老基金(Ontario Teachers' Pension Plan)。贝恩希望路易斯所在的银行能够成为银行辛迪加的成员来为这次交易提供高达6亿美元的融资,而路易斯的任务就是从债务和股权参与者的视角来分析这项交易。

在魁北克的350家门店中,达乐占据主导地位,是加拿大发展最快的一元连锁商店。目前的达乐领导团队,包括创始人拉里·罗西(Larry Rossy)都希望能保持现有的地位,并且仍然持有约20%的公司股权。贝恩的设想主要是改进运营,并把新开门店数量从现在的每年30到40家的基础上再增加一倍。但是,路易斯注意到大型零售商,如加拿大的沃尔玛,也在扩大门店数量,并且计划增加他们能负担得起的商品种类。

路易斯想将达乐一元店作为一个杠杆收购的对象,并想了解所要求的运营场景和购买价格。在贝恩投资中,这个收购将能在五年后带来20%到30%的赢利。与此同时,为了最新的收购,她想模拟一元店交易前后的资金结构,并仔细审查贝恩针对自己最新收购的运营策略。

加拿大的私募股权[2]

自20世纪80年代末以来,加拿大私募股权市场一直很活跃。出现了多种形式的交易类型,既有初创企业的风险投资,如加拿大睡眠国家(Sleep Country Canada)和Q9

网络；又有杠杆收购，如黄页（Yellow Pages）和启康药房连锁（Shoppers Drug Mark）。然而，加拿大的私募股权市场普遍被认为不如美国市场那么大或那么积极，一些专家原因归咎于定义加拿大市场和经济的三个因素：

一是由于极度依赖资源，并且相对土地面积而言人口较少，加拿大的许多企业并不适合作为初始杠杆收购的对象，因此被限制了增长的机会。此外，只有10%的私营企业的估价超过5 000万美元。对于很多私募公司而言，大多数的加拿大公司要么规模太小，要么达不到私募基金有限合伙人获得20%—30%稳定赢利的要求。

二是由于较少的股市监管和较低的上市成本，在加拿大上市相对容易。所以，与美国的同行公司相比，大多数加拿大的小型企业在更早的阶段就能上市，并使得初创企业在股票交易所如多伦多创业交易所（Toronto Venture Exchange）比较受欢迎。而股权私募公司作为资金提供者的这一角色被很多公司认为是没有必要的。

三是通常来说，加拿大市场相对于美国市场更保守。这意味着公司很少依赖杠杆作为增长战略，收购带来的快速增长和溢价也不像在美国那么常见。

同时，这些因素也导致了加拿大私募参与者的数量更少了。截至2004年，私募股权市场在加拿大由公共养老基金占主导地位，如加拿大私募退休金基金（CPP）、安大略省教师养老金基金（OTPP）、安大略市政雇员退休系统（OMERS）和一小部分私人企业，如奥奈克斯（Onex）、边缘石资本（Edgestone Capital）和帝都资本（Imperial Capital）。在过去的十年里，美国的私募股权公司在加拿大看到了有吸引力的商机，并付诸实践。他们认为美国私募股权市场已经人满为患，资本也已过度饱和了。

超值零售业

超值零售业通常由折扣零售商构成，包括主要的大型零售商，如沃尔玛、好市多（Costco）和一元店。然而，一元店被认为在价值链的末端，并且被描述为"大幅折扣"零售商。达乐公司的管理团队把一元店的特点总结为："（1）大幅度的折扣价格；（2）便利的位置；（3）庞杂的日常品牌或无品牌的产品；（4）少量的、单人份量的产品数量；（5）低价或平价、自助服务环境；（6）有限的库存。"[3] 由于一元店的商品品质曾经遭受质疑，该行业已经采取措施改善这些方面。

在提高行业运营标准的同时，越来越多的消费者关注低廉的价格和较高的性价比，这导致他们更频繁地来到一元店购买商品。在美国进行的行业调查研究表明，所有的消费者，无论其收入水平高低，都对"在基本消费品上节约开支"[4] 感兴趣。根据美国一元连锁店Dollar General 的调查研究显示，家庭收入超过5万美元并且在达乐公司购物的家庭数量在2004年和2005年之间增长了27%。[5] 每笔交易的平均额度为8.95美元。[6]

在2000年和2004年之间，美国一元店产业增长了45%，销售额达到了303亿美元。[7] 著名的竞争对手包括Dollar General、Family Dollar、99 Cents Only Stores和Dollar Tree。该行业在上一个财政年度，平均同店销售额增长在1%到3%之间。此外，在过去的10年中，一元店经历了快速整合，排名前四的企业的销售额从1999年的34%增长到了2004年的48%。[8] 路易斯认为，随着大型连锁店定位从"清仓大甩货"转型到能为消费者提供持续采购服务的零售商，这种整合在一定程度上增加了消费者对一元店这种购买渠道的信心。

排名前四的一元连锁商店也在显著地扩大他们的商业足迹。从2000年到2004年，当被认为是美国零售产业的领头羊沃尔玛又增加了近600个加盟店。同时，美国排名前四的一元连锁商店也增加了5 726家门店（见表16.1）。[9]

表16.1 部分美国零售连锁店数量变化（2000、2004）

2000年商店的数量		2004年商店的数量	
Wal-Mart Store	3 076	Wal-Mart Store	3 668
Dollar General	4 747	Dollar General	7 211
Family Dollar	3 593	Family Dollar	5 454
Dollar Tree	1 449	Dollar Tree	2 595
Fred's	284	Fred's	539

另一个美国产业的发展趋势是，采取这些措施是为了努力获得更多客户的忠诚度，使顾客从冲动购物转换成定期购物，引进杂货品和健康美容护理用品。虽然利润普遍较低，但食品、常备的大宗消耗品在吸引回头客和提高一元店产品背后的一致性方面大有益处。此外，更大范围产品的引进产生了研究公司AC 尼尔森（AC Nielsen）所说的"渠道模糊化"：消费者对特定类型商品的购买不一定非要通过某个特定渠道，并且一种零售服务和环境开始具有其他渠道特质的现象。[10]然而，路易斯认为一些零售分析师怀疑这种策略是否适用于加拿大的市场，因为他们把成功归于美国消费者使用食品券支付的能力很强。

尽管加拿大和美国很相似，但是其零售业处在不同的成熟阶段，并且加拿大的消费者在本质上具有不同的采购方式。根据路易斯的调查，她指出加拿大的产业与美国相比更具寡头垄断特征。加拿大的前五大连锁店控制了80%的市场份额，而美国的前五大连锁店只占了不到60%的市场。

路易斯的研究表明，由于消费者的消费行为不同，美国零售产业的价值相比加拿大更具周期性。美国消费者在经济衰退时会增加零售商品的购买量，而在经济增长时期减少购买量。然而，有数据表明加拿大的消费者普遍于更倾向关注产品的划算程度，这说明加拿大的消费者不管在经济萧条还是复苏时期，从超值零售业购买商品行为没有显著不同。

即使按人均消费量来测算，加拿大的一元店市场也远远没有达到饱和。路易斯认为，美国的前五大连锁店中，平均每个连锁店有18 000名消费者，预计到2010年将减少到12 000名消费者。然而，在2003年，加拿大每家一元店平均有26 700个消费者。当路易斯开始分析时，她相信加拿大市场最多可以容纳600家一元店。但是，当路易斯获悉了美国零售店的分布密度之后，她修改了数据，并提高了大约50%使之达到900家门店。更具体地说，为了和美国零售店市场的饱和程度相一致，路易斯认为加拿大也许还有额外729家门店的增长空间，这意味着这个细分市场拥有巨大的增长潜力。另一方面，路易斯也指出，一元店市场的吸引力导致了面临的外部竞争压力增大，包括引入大幅度折扣的大型卖场和即将进入加拿大市场的美国一元店同行。

路易斯指出，详细地度量加拿大的产业并不可能。贝恩需根据零售产业研究和罗西百货（Rossy）的经验来确定加拿大市场存在什么样的消费潜能。此外，尽管路易斯认为美国一元店同行将提供有价值的参考（见附录16.1可比经营指标），但是没有任何一家加拿大一元店的可比较数据是公开的。路易斯想知道，对于进入门槛相对较低的行业，外部的威胁是否大到足够能破坏一元店长期以来建立的任何一种品牌或规模优势。

达乐一元店

1992年，作为第三代零售商的拉里·罗西将家族零售企业转型并进军达乐一元店市场——一个价格单一的一元连锁店。他的商业理念围绕三大战略：[11]

- 采用固定价格的概念去吸引那些在各种各样的商品中寻找便宜货的消费者；
- 在加拿大市场上实行店面扩张战略，从而带来更大的品牌知名度，增加销售链和运营效率。
- 直接从海外供应商采购商品，绕过经销商以降低成本。

从1992年到2004年，达乐公司在加拿大的店面从44家扩大到349家[12]，其中超过75%位于安大略省和魁北克省。其收入的复合年增长率约为26%。路易斯估计，平均一单价格为6美元左右，平均每个达乐商店拥有60 000名顾客。与他们的竞争对手不同的是，达乐一元店是企业商店，这就意味着他们归公司拥有和经营。路易斯从采访中得知，罗西紧密参与每个新店的开业，这使之拥有显著的品牌和一致性布局。尽管达乐一元店的地理位置分布集中，但是它的规模和分布使它的对手相形见绌；和它最接近的竞争对手也只有不到200家门店。[13] 这种规模让达乐拥有一组核心产品，也摆脱了对清仓商品的依赖，并且驱动消费者前往店里"寻宝"。[14] 根据路易斯的说法，与美国15%到40%的同行相比，清仓甩卖的商品一般占销售额的不到1%。达乐拥有3 700库存单位（SKUs）的普通商品和700库存单位的季节性单品。这些商品包括消耗品、食品、美容护理用品（如洗发水）、特殊场合产品（如贺卡和礼品包装）、文具、厨房及家具用品和清洁用品等。[15]

与加拿大的同行相比，达乐被认为拥有更强的购买力和更广泛的采购范围。达乐已经先于其竞争对手意识到从亚洲采购的明显成本优势。该公司已经在魁北克有四个仓库和一个配送中心，这可以让他们为735家商店提供服务。[16] 其45%的商品[17]是海外采购，并且没有一家供应商提供的产品占店里所有商品的比重过大。达乐也在设计和制作它自己品牌的存货清单方面领先于它的竞争者。这为公司提供了稳定的供应链，并为消费者提供了首选产品的一致性。因为存货和销售水平得到有效管理，所以滞销商品很快就卖光了。

当路易斯回顾达乐的定价战略时，她总结由于达乐固定的价格，任何国际汇兑或燃料成本（对于海运货物）的波动都会影响价格底线。但是，达乐团队通过重新设计采购的数量而降低生产成本从而部分地减少这种影响。达乐面临的另一个风险是通货膨胀对价格的影响；1美元的固定价格已经持续了20年。路易斯想知道对于多点价格策略来说，价格偏离多少会损害达乐的品牌形象。

管理

达乐的管理团队在公司已经平均有25年的工龄，其中包括拉里·罗西、他的两个儿子和其他两个家庭成员及外部招聘的雇员。[18] 路易斯回顾了与企业高管的采访。除了确定公司的战略方向和扩张战略以外，罗西似乎还负责新店的开发和选址。虽然罗西已经60多岁了，但是当路易斯和罗西接触后，她相信罗西在交易之后还会继续留在达乐工作。

虽然大多数的私募股权公司的交易中设制了"甜蜜股权"（Sweet Equity），即新加入的和现有的管理人员会得到部分股权，使他们的利益和私募公司的保持一致。虽然有一些迹象表明公司股权的20%是可以接受的，但是路易斯不确定罗西想要从他自己现有的股份里拿出多少给私募。

加拿大市场的竞争格局

达乐在加拿大的主要竞争对手包括A Buck or Two、Dollar Store with More（DSM）、Great Canadian Dollar Store、Dollar Giant 和 Everything for a Dollar Store。除了Dollar Giant以外，其他所有的竞争对手都有特许经营权，但是没有一家公开上市。

路易斯开始勾画加拿大一元店的市场。她认为A Buck or Two在加拿大大约有50家专卖店。一个新店的特许经营费是25 000美元，建设成本的投资从125 000美元到255 000美元不等。每个月，特许经营人需要拿出净销售额的6%支付品牌使用费。商品必须从供应商的公司总部购买。[19] 路易斯把通过互联网和新闻报道得到的信息放在一起进行梳理，来预估加拿大剩余的市场空间有多大。

DSM成立于1998年，在加拿大拥有大约140家商店，其中80家在西部省份。DSM最近建立了另一个美元连锁店，被称为Absolute Dollar，效仿达乐一元店固定的1美元的价格。DSM预计在未来5年里开设10到15家新店。路易斯认为，总部在北英属哥伦比亚省维多利亚的The Great Canadian Dollar Store大约有80家门店；Everything for a Dollar拥有80家门店；Dollar Giant拥有40家门店，而且也集中在西部。由于相对美国来说，加拿大似乎更有增长潜力，所以这些连锁店成为期待快速进入加拿大市场的美国竞争对手的潜在收购目标。

关于贝恩资本私募股权

从1984年[20] 贝恩把筹集到的第一笔资金（3 700万美元）用于公司启动和并购到如今，[21] 它已经成长为国际公认的私人投资公司，并有专门从事私募股权（Bain Capital Private Equity）、公开交易股权（Brookside Capital）、信贷/固定收益投资（Sankaty Advisors）、风险调整收益（Absolute Return Capital）和风险资本（Absolute Return Capital）的附属公司。[22] 在贝恩资本私募股权投资中，没有特定的地域或者行业限制——贝恩投资进入了大量的企业，包括工业、医疗和消费业务。

贝恩的投资方法是在仔细分析了市场的增长潜力、行业吸引力、竞争地位和财务业绩后，通过提出运作建议和改变所投资企业的业务组合，集中带动净收益的增长。[23] 这个方法来自比尔·贝恩。贝恩意识到贝恩咨询公司（Bain & Company）的客户比同行业做得更好 [24]，并且他相信贝恩的咨询诊断能在PE市场带来更高的回报。就本身而论，贝恩的许多雇员拥有运营或者咨询背景；一些知名的顾问是从贝恩咨询公司的咨询业务转到贝恩的。

另外，贝恩为了避免恶意收购或交易，宁愿通过扩张或重组计划来进行管理。事实上，让贝恩引以为豪的是，在总经理参与每一步决策的过程中，使企业内部形成了具有共识的伙伴关系；许多负责人在所投资企业的董事会占有一席之地。除了这种文化，贝恩的负责人代表了每个基金里最大的投资集团，同时还有一些合作伙伴参与投资。

2004年，贝恩刚刚结束了第八次基金出售，并从有限合伙人处获得了大约35亿的资金承诺；上一次的基金出售在4年前结束，并获得了大约25亿美元的资金承诺。在过去的10年中，贝恩已经参与了或者说是领导了很多行业内最成功的收购，尤其在加拿大的市场，尽管贝恩还没有一个专门的加拿大办事处。仅仅在2000年这一年，贝恩就收购了Sleep Country Canada价值7 000万美元的股权 [25]，并且参与到大型私募股权财团对Shoppers Drug Mart的收购中。由于财团运作Shoppers Drug Mart于2001年11月21日上市 [26]，上市后它的股票价格增长了两倍多，从17美元涨到了2004年11月的37美元。[27] 在2003年的12月，贝恩和养老基金经理人Caisse de Dépôt et Placement du Québec及庞巴迪家族成员，购买了蒙特利尔庞巴迪公司的9.6亿美元的娱乐休闲产品业务单元。这个业务是以Ski-Doo 摩托雪橇和Sea-Doo 水上摩托艇而闻名的。[28] 最近，贝恩于2004年9月用15亿美元从弗莱森（Verizon Communications）购买了Superpages Canada。[29]

达乐一元店业务可能的改进

路易斯认为，贝恩可能会实施一些改进措施。虽然公司并没有比同行表现得差,但是路易斯认为,贝恩会帮助达乐遍布加拿大,并做出一些运作上的改进。罗西认为一些可能会被贝恩的团队考虑的想法包括:向多价格点转换、增加消耗品、升级库存管理和增加支付方式等。

多价格点战略

路易斯得出结论,贝恩的团队和罗西可能考虑增加比原有价格高一些的新产品(高于1美元但是低于3美元)。路易斯指出,在最近前往中国采购的过程中,达乐关注了许多高质量的产品,但是必须以高于1美元的零售价格出售。考虑到必须以高出1美元的价格点出售的产品的数量,路易斯觉得通过多价格点战略可能会增加达乐的SKUs。此外,这个战略允许达乐把价格提高到一个新的价格点,从而抵抗外汇波动或通货膨胀的影响。然而,转移战略也有它的风险,如消费者可能认为达乐不再是一个"超值"的商店了。

增加消耗品

路易斯认为,达乐可以采取的另一个战略是改变其产品组合,增加更多的食品,带动重复购买率。达乐的美国同行发现增加速冻食品可以明显地增加购物篮的平均尺寸(即消费者会购买更多产品)。路易斯不确定在加拿大相对不同的一元店消费者的人口统计特征中,这个战略是否有效。她认为这个战略可能会导致利润率下滑,并无法产生必需的销量来抵消利润的下降。在美国,Dollar General和Dollar Tree把自己定位为"以需求为中心"的商店,服务于低收入和中产阶级家庭。然而,达乐当前的产品组合更多地揭示了"以想要为中心"的战略:达乐提供了更多的季节性商品,每家商店(超过500SKUs)至少有一个过道是销售与节日主题相关的商品(复活节、圣诞节、情人节等)。

加强库存管理

路易斯对加拿大的零售业有深刻的认识,她相信达乐的库存系统很可能是很初级的。她对她访问过的达乐做了评估。没有一个商品有条形码,商店也没有使用零售终端机。路易斯估计，为了给商店提供再补给，雇员必须每天手动搬运200SKUs的货物，并把结果转交到负责购买决策的管理团队。她还指出，达乐每个月都在更换它的产品组合。尽管路易斯相信，达乐可能会从修改产品组合中获取高收益，但是一个更先进的库存管理系统可能只需更低的营运资本需求、更少的过剩店内库存和更高的库存生产率。

增加支付方式

路易斯也注意到，达乐只接受现金付款方式，尽管她从调查中得知转账借记卡交易是现金交易的2.5倍。通过路易斯的走访证实，一个达乐的竞争对手——Dollar Giant，从2001年就已经接受借记卡和信用卡的支付方式了。借记卡或者信用卡系统的实施困难和达乐简单的库存系统有关。推出一个新系统可能会花费两三年的时间，同时增加支付方式可能会增加公司应收款项的收款周期。

杠杆收购假设

路易斯认为达乐是一个有吸引力的杠杆收购的对象。她知道Onex Corporation、Blackstone和OTPP都有兴趣和达乐合作。这意味着贝恩需要谨慎地确定一个能取得成功的价格和精确控制用来决定价格的可预见的操作场景。

扩张

路易斯估计达乐的目标是在未来的5年里每年至少开50家新店。更准确来说，她听说达乐在2005年和2006年计划分别开49家和69家新店，从2008年到2010年每年计划开50家新店。路易斯指出，在过去，达乐平均每年新开20家门店。此外，达乐的一个重要计划是向西扩张，尽管西边有根深蒂固的强劲的竞争对手。最后，路易斯指出，折扣店如沃尔玛，甚至是杂货店如Loblaw，都开始增加具有特色美元项目的区域。在评估达乐前景的时候，路易斯并不知道如何假设增长的范围，以及它们将给公司的股价带来的影响。

达乐需要产生足够的资金来支付内部资本支出和利息及本金的债务。达乐最具特色的是租用它的位置，比如大多数达乐的位置都至少有五年以上的运营租赁合约。平均来说，一家新店的前期投资和启动资金约为40万美元，还有额外20万美元的库存运营资本投资。新店在它们的第一年大约产生180万美元的销售额，并且投资回报期少于2年（通常为14个月）。[30] 由于达乐翻新了它的许多店面，路易斯估计，维护资本支出预计是最低限度的，2006年的增量为200万美元，并且随着公司的扩张而增长。大部分运营资金的增长可能归因于额外的现货库存。[31]

交易结构

路易斯认为，贝恩计划组织的交易为资产收购，此次的收购需要一个资产的账面价值，即超出达乐当前资产负债表的公允价值，超出公允价值的部分将被划为商誉。路易斯估计需要的资产公允价值低于交易价格（见附录16.3），并且预计产生2 250万美元的交易价格。根据加拿大最近的税务法规的变化，前进税率预计为36%。

同样的，正如许多PE的交易标准一样，贝恩计划收取300万美元的年化管理费用。贝恩计划控制达乐五年，只有一部分的所有权在IPO中出售，然后随着时间的推移再慢慢卖掉剩余的股权，这种现象在PE投资中并不罕见。贝恩在加拿大收购的时候多次使用这个战略。

拟议的融资方案计划

贝恩已经与很多贷款人和几家大银行会谈过，包括路易斯工作的银行，他们表示对交易融资感兴趣，计划交易结束后组合成辛迪加来共同承担债务。

路易斯估计，拟议的债务结构可能包括被命名为 Term Loan A 的1.2亿加元、Term Loan B 的2.4亿加元，高级次级融资高达4.5亿。路易斯估计，2.4亿美元的高级次级融资会在购买时完成。Term Loan A和B条件预计分别在2010年5月和2011年11月到期，并向所有现在和将来的附属公司承诺部分高级担保信贷安排和第一优先担保权益。Term Loan A的定价为BA（银行家的评估）加上225个基点（bps），然而Term Loan B可能定价为LIBOR（伦敦银行同行拆息）加上250个基点（bps）。Term Loan

A是到期还款的结构，而Term Loan B每年的固定还款额是最初贷款的10%。高级次级融资将在未来的10年里到期，并且会承受每年加拿大BA加上500个基点的利息（见附录16.4）。高级次级融资还将作为自动取款扫描和提款的循环信贷。

总结

当路易斯用手指轻弹她的笔记和分析时，她觉得达乐是一个吸引人的杠杆收购的机会。然而，她留意到贝恩不会是唯一的适合人选，所以这要求投标的价格必须有竞争力。打开Excel表格，她知道她必须在模型里考虑所有可能的操作改进和假设，并测试不同的资本结构和经营情况的收益敏感性。她知道如果达乐过度杠杆化，一旦没有实现预期的经营水平，她的公司将面临资本风险。

根据路易斯收集的信息，她需要对达乐进行价值评估。基于她前期收集的数据（见附录16.5），她在想哪些数据可以用表对比以及增减多少才是合适的。此外，她还需考虑最恰当的银行债务契约是什么样的。虽然她也想考虑EBITDA CAPEX [32] 的利息覆盖率，但是银行通常考虑的是利息补偿率和租赁经调整后的杠杆比率。

对达乐的企业初步价值评估在9亿到12亿美元之间，并且路易斯相信贝恩团队不想过度曝光这个大交易所用的基金数额。她想知道贝恩是否愿意在这个交易中引入新的合作伙伴。路易斯也在思考贝恩团队在投资持有期结束后可行的退出战略是什么。她想知道如果贝恩未来可能会把达乐卖给对手的话，罗西是否会反对？

附录16.1 可比经营指标

	达乐一元店	Dollar General	Dollar Tree	Family Dollar	99C Only Store
2004年毛利	30.8%	29.4%	36.4%	33.8%	40.1%
2005年预计毛利	32.8%	29.5%	35.5%	33.8%	39.0%
2005年总利润/平方英尺	$63.31	$46.45	$59.13	$40.27	$82.36
同店销售增长					
	2001	2002	2003	2004	2005E
达乐一元店	N/A	6.7%	5.30%	3.00%	2.40%
Dollar General	6.40%	7.30%	5.70%	4.00%	3.10%
Dollar Tree	5.00%	-0.10%	1.00%	2.90%	0.50%
Family Dollar	7.80%	4.10%	5.80%	3.80%	1.80%
99C Only Store	6.10%	5.90%	3.60%	4.50%	-1.50%
新店增长率					
		2002	2003	2004	2005E
达乐一元店		22.80%	7.80%	5.40%	14.00%
Dollar General		10.30%	9.60%	9.30%	8.30%
Dollar Tree		14.60%	10.60%	8.80%	6.50%
Family Dollar		11.50%	8.90%	7.30%	8.30%
99C Only Store		22.80%	25.20%	15.90%	5.90%

注：本表按照公历年显示（即年终）。

资料来源：Dollarama, Dollar General, Dollar Tree, Family Dollar, 99C Only Store, annual reports and case writer's estimates.

附录16.2 达乐一元店收入报表

截至次年1月31日(单位千美元)

	2002	2003	2004	2005E
销售额	372 768	580 196	584 603	633 646
销售成本	261 212	354 945	404 782	426 024
总利润	111 556	153 251	179 821	207 622
费用				
SG&A	62 766	82 758	96 511	107 135
摊销	6 371	8 839	9 280	9 869
总费用	69 137	91 597	105 791	117 004
营业收入(亏损)	42 419	61 654	74 030	90 618
摊销递延融资成本[1]	0	0	0	2 219
FX期权和长期借贷成本[2]	0	0	0	9 276
利息费用	3 641	3 893	5 404	12 783
税前收益额	38 778	57 761	68 626	66 340
收入所得税	15 203	21 320	23 807	18 659
净收益	23 575	36 441	44 819	47 681
调整后的EBITDA[3]	56 161	77 955	91 960	109 746
资本支出	13 541	16 729	12 134	10 355
租金费用	18 389	25 347	28 590	31 100
周期末商店数量	250	307	331	349

注:1. 包括收购时的利息费用。建模型时,假设在2005年交易。

2. 同上。

3. 调整后的EBITDA,消除收购对经营状况的影响(如建立新的库存价值等)。

资料来源：Dollarama Annual Report.

附录16.3 达乐一元店资产负债表——将在交易中被收购的资产的公允价值

截至1月31日（单位：千美元）

	PF2005
现金	15 540
抵押、预付和应收账款	3 614
商品库存	164 989
PPP&E	38 162
有利租赁权益	20 862
商标	108 200
非竞争契约	400
商誉	0
总资产	351 767
应付账款和应计费用	19 793
衍生品头寸	7 198
不利租赁权益	20 064
长期贷款	0
总债务	47 055
股东股本	304 712
	351 767

资料来源：Dollarama 2006 Prospectus, PF= Pro Forma.

附录16.4 其他数据

截至次年1月31日

	2006	2007	2008	2009	2010
预期租赁债务（美元）	37 700	40 092	39 031	35 317	31 445
远期LIBRO利率	3.53%	4,31%	4.75%	1.41%	0.32%
远期BA利率	3.18%	4.29%	4.65%	3.69%	1.69%

资料来源：Dollarama Annual Reports and case writer's estimates.

附录16.5 价值比较数据

	股票代号	货币	2004年11月18日价格	已发行股票（百万）	市值（百万美元）	EPS FY2004A	EPS FY2005E	价格/收入 FY2004A	价格/收入 FY2005E	净债务	企业价值	EBITDA FY2004A	EBITDA FY205E	EV/EBITDA FY2004A	EV/EBITDA FY2005E
美国价值股票零售商															
99 Cents Only Store[1]	NDN	USD	$16.08	71.80	$1 154.5	$0.78	$0.42	20.6x	38.3x	($8.29)	$1 146.3				
Family Dollar Store[2]	FDO	USD	31.80	172.40	5 482.3	1.43	1.53	22.2x	20.8x	(149.6)	5 332.7	478.0	512.1	11.2	10.4
Dollar General Corp	DG	USD	21.18	334.10	7 076.2	0.92	1.01	23.0x	21.0x	290.1	7 366.3	662.5	721.5	11.1	10.2
Dollar Tree	DLTR	USD	29.88	114.70	3 427.2	1.54	1.64	19.4x	18.2x	184.5	3 611.7	400.7	422.8	9.0	8.5
美国折扣零售商															
Wal-Mart Stores	WMT	USD	55.8	4 249.00	237 094.2	2.03	2.40	27.5x	23.3x	25 750	262 844.2	12 713.0	14 672.0	20.7	17.9
加拿大零售商															
Shoppers Drug Mart Corp.	SC	CAD	36.15	209.9	7 587.9	1.24	1.46	29.2x	24.8x	741.8	8 329.7	568.5	636.3	14.7	13.1
Sears Canada Inc.[3]	SCC	CAD	17.90	107.1	1 917.1	1.32	1.35	13.6x	13.3x	1 954.9	3 872.0	451.4	413.6	8.6	9.4
Forzani Group	FGL	CAD	11.07	32.7	361.9	0.85	0.81x	12.9x	13.7x	114.5	476.5	82.3	76.5	5.8	6.2
Loblaw Companies Limited	L	CAD	67.01	274.3	18 380	3.05	3.50x	22.0x	19.1x	4 498.0	22 878.8	1 860.0	2 125.0	12.3	10.8
Canadian Tire	CTC	CAD	70.00	81.2	5 684.0	2.89	3.25x	24.2x	21.5x	1 086.2	6 770.3	613.0	695.0	11.0	9.7

注：1 NDN FY2005E 调整的一次性诉讼法律费用为830万美元。

2 Family Dollar 2005E EBITDA从2004年8月执行。

3 净债务包括证券化资产负债表外债务。

资料来源：Respective company annual reports, Yahoo Finance and case writers' estimates.

附录16.5（续） 价值比较数据——加拿大零售业概览[33]

Sears

Sears是一个多渠道零售商，它一共有121家全线百货商场、219家非商场店铺、64个家装展厅、超过2 200个目录商品、112个Sears旅游办事处和全国性上门维护、修理和安装的网络。Sears通过各种各样的客户接触点存在于加拿大的所有省份和地区，以及www.sears.ca 的网站上。Sears把其业务分为三个业务部门：销售、信贷和房地产合资业务。在销售的业务中，Sears出售各种各样的商品，包括但不限于服装、家具和家电、家居服务（加热、修理和维护）金融服务。

Shoppers Drug Mart

Shoppers Drug Mart Corporation (SDM)是一家拥有870家零售药店（Shoppers Drug Mart/Pharmaprix）并为它们是提供全方位服务的加拿大授权商。截至2004年1月3日，在一个为期53周的周期里，处方药的销量大约占SDM系统销售额的46.9%。DSM其他商品在市场上也占有显著的份额。前线商店的销售类别包括非处方药、健康和美容用品、化妆品和香水（包括高档品牌的兰蔻和香奈儿）、日常必需品和季节性产品。商家还提供种类多样的高质量的Life Brand和Quo之下的贴牌产品，以及增值服务，如为病人提供药品咨询和疾病管理的HealthWatch项目。此外，SDM通过消费者OptimumTM优惠卡计划继续建立市场地位，目前，已有超过750万的持卡人。

Forzani集团

Forzani 集团 (FGL)是加拿大体育用品市场上最大的体育用品零售商，拥有Sport Chek、Coast Mountain Sports、Sport Mart和Intersport等品牌。截至2004年2月1日这个财政年结束，FGL已经有217家企业运营商店和174家专卖店。它的零售系统销售在过去的5年里大约每年累计增加17%，转化为16.4%的市场份额。从2001年到2003年，FGL在加拿大体育用品市场的年增长份额分别为5.2%、5.4%和3.1%。最近几年，从美国进入加拿大市场的零售商使该行业的竞争力明显增加。从综合的基础上看，每年的可比销售额降低了0.7%。从合并的基础上看，企业运营商店和专卖店销售的毛利增长率是34.4%。库存周转率是1.68倍。

Loblaw有限公司

Loblaw Companies Limited (Loblaw)是加拿大最大的食品分销商，并且经营一些旗帜商店，包括Loblaws、Provigo、No Frills、Valu-Mart和Lucky Dollar Foods。它的目标是集中为消费者提供最好的家庭日常需要的一站式食品零售服务。Loblaw扩大了某些非食品类业务，并遍布全国各地企业和专卖店。与前两年的财年相比，截至2003年1月3日和2002年12月28日，同店销售额均增长了4.6%。在上一个财年里，Loblaw的运营和净盈利利润增长率分别为5.8%和3.4%。

Canadian Tire

Canadian Tire 是一系列相关业务组成的网络商店，它包括Canadian Tire Retail(CTR)、Canadian Tire Petroleum、Mark's Work Warehouse（Mark's）和Canadian Tire Financial Services（Financial Services）。CTR是加拿大领先的耐用品零售商，它拥有Canadian Tire商店网络，并且在Canadian 毛收入中占71%。Petroleum 是加拿大最大的独立零售商，代理经营汽油连锁店、便利店和电话亭及洗车和丙烷加油站。Marks 是加拿大最大的专业鞋类和服装零售商之一，专门从事工业工作装和商务休闲服饰。Financial Services 的市场包括Canadian Tire零售卡、Options万事达卡、保险产品、商业信用卡、各种担保和称为加拿大Tire俱乐部的紧急路边援助服务。在上三个财年里，各零售部门的同店销售增长分别为4.7%、3.2%和1.4%，EBITDA为8.96%。

注释

1. This case has been written on the basis of published sources only. Consequently, the interpretation and perspectives presented in this case are not necessarily those of Bain Capital or Dollarama or any of its employees.
2. This section was written from the case writer' experience.
3. Dollarama, "Prospectus for Exchange of US $200mm Notes" August 7, 2006
4. Mintel, "Demographic Trends," *Dollar Stores-US-December 2005*, http://academic.mintel.com.proxy1.lib.uwo.ca:2048/sintra/oxygen-academic/search-results/show&/display/id=194595#hit1., accessed June 5, 2011.
5. http://www.dollarstoreservices.com/39.php, accessed June 5, 2011.
6. Ibid.
7. Mintel, "Marker Size and Trends" *Dollar Stores-US-December 2005*.
8. Mintel, "Numbers of Stores and Consolidation: Size Matters," Dollar Stores-US-December 2005.
9. http://www.dollarstorehelp.com/Dollar%20 Store%20 Retail.htm.
10. Mintel, "Executive Summary," Dollar Stores-US-December 2005.
11. Dollarama Supplemented Prep Prospectus, October 8, 2009, pp.4 and 8.
12. Dollarama Supplemented Prep Prospectus, October 8, 2009, p. 3 At November 17, 2004, Dollarama had 334 stores open, and five more were expected to open in time for fiscal year end in January.
13. Raymond James, "Equity Research Report," November 25, 2009.
14. Dollarama Supplemented Prep Prospectus, October 8, 2009, page 21.
15. Ibid, page 22.
16. Ibid, page 28.
17. Dollarama: August 7, 2006 Prospectus for Exchange of US $200mm Notes.

18. Dollarama Supplemented Prep Prospectus, October 8, 2009, page 23.

19. http://www.buckortwo.com/Franchising/, accessed June 5, 2011.

20. http://www.facebook.com/pages/Bain-Capital/104058346298093.

21. http://www.fundinguniverse. com/company-histories/Bain-amp; -Company-History. html.

22. http://www.baincapital.com/AboutBainCapital/Default. aspx?id=14

23. http://www.baincapitalprivateequity.com/Approach/Default.aspx

24. http://www.joinbain.com/global/faqs.asp.

25. http://community. seattletimes.nwsource.com/archive/?date=20000609&slug=4025712.

26. http://www.lexpert.ca/Magazine/deal.aspx?id=158.

27. http://www.google.com/finance?q=shoppers+drug+mart.

28. Kelly Holman, *The Deal*. http://www.accessmylibrary.com/article-1G1-125233376/bain-leads-885m-dollarama.html.

29. http://www.cbc.ca/news/business/story/2004/09/08/superpages-040908.html.

30. Dollarama 2009 Annual Information Form.

31. Assume all of $200,000 increase is attributable to an increase in inventory.

32. EBITDA is earnings before interest, taxes, depreciation and amortization; CAPEX is capital expenditures.

33. Descriptions are paraphrased and selected from each company's annual reports.

公司治理迷局

毅伟商学院的16堂经典案例课

上架建议：企业管理·公司治理

ISBN 978-7-301-29375-1

"北京大学经管书苑"
微信公众号

"北京大学出版社"
微信公众号

定价：58.00元